教育部高等学校旅游管理类专业教学指导委员会规划教材

会 展 概 论

HUIZHAN GAILUN

◎主编 高 峻 张健康

重庆大学出版社

内 容 提 要

本书是教育部高等学校旅游管理类专业教学指导委员会规划教材中的一本,根据教育部《旅游管理类本科专业教学质量国家标准》组织编写。本书内容包括:会展基本概念、中外会展发展简史、会展产业与城市经济、会展市场机制与开发、会展科技应用、会展大客流管理、会展场景设计、会展立项策划、会展招展管理、会展招商宣传、会展服务工作、会展配套活动等。本书语言简洁易懂,逻辑归纳清晰;学习要求明确,能够让人快速把握章节框架和脉络,快速厘清章节知识点;较多采用表格图片呈现基础知识点,突出教材易读性、易用性;案例丰富,紧密结合实际,突出应用型人才培养导向;课后思考题有针对性,有助于学生和使用者把握和深化章节核心知识。

本书作为高等院校会展经济与管理专业教材,也可供会展行业从业人员参考使用。

图书在版编目(CIP)数据

会展概论/高峻,张健康主编.--重庆:重庆大学出版社,
2019.1(2024.8 重印)

教育部高等学校旅游管理类专业教学指导委员会规划
教材

ISBN 978-7-5689-1379-9

Ⅰ.①会… Ⅱ.①高…②张… Ⅲ.①展览会—高等学校—教
材 Ⅳ.①G245

中国版本图书馆 CIP 数据核字(2018)第 217599 号

教育部高等学校旅游管理类专业教学指导委员会规划教材
会展概论
主 编 高 峻 张健康
策划编辑:尚东亮

责任编辑:李桂英　　版式设计:尚东亮
责任校对:邹 忌　　责任印制:张 策

*

重庆大学出版社出版发行
出版人:陈晓阳
社址:重庆市沙坪坝区大学城西路 21 号
邮编:401331
电话:(023)88617190　88617185(中小学)
传真:(023)88617186　88617166
网址:http://www.cqup.com.cn
邮箱:fxk@cqup.com.cn(营销中心)
全国新华书店经销
重庆华林天美印务有限公司印刷

*

开本:787mm×1092mm　1/16　印张:15.75　字数:365千
2019 年 3 月第 1 版　　2024 年 8 月第 3 次印刷
印数:6 001—7 500
ISBN 978-7-5689-1379-9　定价:39.50 元

一、出版背景

教材出版肩负着吸纳时代精神、传承知识体系、展望发展趋势的重任。本套旅游教材出版依托当今发展的时代背景。

一是落实立德树人这一根本任务,着力培养德智体美全面发展的中国特色社会主义事业合格建设者和可靠接班人。以习近平新时代中国特色社会主义思想为指导,以理想信念教育为核心,以社会主义核心价值观为引领,以全面提高学生综合能力为关键,努力提升教材思想性、科学性、时代性,让教材体现国家意志。

二是世界旅游产业发展强劲。旅游业已经发展成为全球经济中产业规模最大、发展势头最强劲的产业,其产业的关联带动作用受到全球众多国家或地区的高度重视,促使众多国家或地区将旅游业作为当地经济的支柱产业、先导产业、龙头产业,展示出充满活力的发展前景。

三是我国旅游教育日趋成熟。2012年教育部将旅游管理类本科专业列为独立一级专业,下设旅游管理、酒店管理、会展经济与管理3个二级专业。来自文化和旅游部人事司的统计,截至2017年年底,全国开设旅游管理类本科的院校已达608所,其中,旅游管理专业501所,酒店管理专业222所,会展经济与管理专业105所。旅游管理类教育的蓬勃发展,对旅游教材提出了新要求。

四是创新创业成为时代的主旋律。创新创业成为当今社会经济发展的新动力,以思想观念更新、制度体制优化、技术方法创新、管理模式变革、资源重组整合、内外兼收并蓄等为特征的时代发展,需要旅游教材不断体现社会经济发展的轨迹,不断吸纳时代进步的智慧精华。

二、知识体系

本套旅游教材作为教育部高等学校旅游管理类专业教学指导委员会(以下简称"教指委")的规划教材,体现并反映了本届"教指委"的责任和使命。

一是反映旅游管理知识体系渐趋独立的趋势。经过近30年的发展积累,旅游管理学科在依托地理学、经济学、管理学、历史学、文化学等学科发展基础上,其知识的宽度与厚度在不断增加,旅游管理知识逐渐摆脱早期依附其他学科而不断显示其知识体系成长的独立性。

二是构筑旅游管理核心知识体系。旅游活动无论作为空间上的运行体系,还是经济上的产业体系,抑或是社会生活的组成部分,其本质都是旅游者、旅游目的地、旅游接待业三者的交互活动,旅游知识体系应该而且必须反映这种活动的性质与特征,这是建立旅游知识体系的根基。

三是构建旅游管理类专业核心课程。作为高等院校的一个专业类别,旅游管理类专业需要有自身的核心课程,以旅游学概论、旅游目的地管理、旅游消费者行为、旅游接待业作为旅游管理大类专业核心课程,旅游管理、酒店管理、会展经济与管理 3 个专业再确立 3 门核心课程,由此构成旅游管理类"4+3"的核心课程体系。确定专业核心课程,既是其他管理类专业成功且可行的做法,也是旅游管理类专业走向成熟的标志。

三、教材特点

本套教材由教育部高等学校旅游管理类专业教学指导委员会组织策划和编写出版,自 2015 年启动至今历时 3 年,汇聚了全国一批知名旅游院校的专家教授。本套教材体现出以下特点:

一是准确反映国家教学质量标准的要求。《旅游管理类本科专业教学质量国家标准》既是旅游管理类本科专业的设置标准,也是旅游管理类本科专业的建设标准,还是旅游管理类本科专业的评估标准。其重点内容是确立了旅游管理类专业"4+3"核心课程体系。"4"即旅游学概论、旅游目的地管理、旅游消费者行为、旅游接待业;"3"即旅游管理专业(旅游经济学、旅游规划与开发、旅游法)、酒店管理专业(酒店管理概论、酒店运营管理、酒店客户管理)、会展经济与管理专业(会展概论、会展策划与管理、会展营销)的核心课程。

二是汇聚全国知名旅游院校的专家教授。本套教材作者由"教指委"近 20 名委员牵头,全国旅游教育界知名专家和教授,以及旅游业界专业人士合力编写。作者队伍专业背景深厚,教学经验丰富,研究成果丰硕,教材编写质量可靠,通过邀请优秀知名专家和教授担纲编写,以保证教材的水平和质量。

三是"互联网+"的技术支撑。本套教材依托"互联网+",采用线上线下两个层面,在内容中广泛应用二维码技术关联扩展教学资源,如导入知识拓展、听力音频、视频、案例等内容,以弥补教材固化的缺陷。同时,也启动了将各门课程搬到数字资源教学平台的工作,实现网上备课与教学、在线即测即评,以及配套老师上课所需的教学计划书、教学 PPT、案例、试题、实训实践题,以及教学串讲视频等,以增强教材的生动性和立体性。

本套教材在组织策划和编写出版过程中,得到了教育部高等学校旅游管理类专业教学指导委员会各位委员、业内专家、业界精英以及重庆大学出版社的广泛支持与积极参与,在此一并表示衷心的感谢!希望本套教材能够满足旅游管理教育发展新形势下的新要求,为中国旅游教育及教材建设开拓创新贡献力量。

教育部高等学校旅游管理类专业教学指导委员会

2018 年 4 月

前言

中国会展教育走过近二十个年头,其间中国会展业快速发展,会展教育乘风破浪,探索前行,蓬勃发展,局面可喜。当前,中国会展学历教育和行业培训规模不断增长,师资队伍不断壮大,研究成果数量质量不断提升。会展作为一个新兴的专业,其教材实现了从无到有,从有到优的过程,教材建设成果丰硕。当然,由于行业的快速发展和专业的快速建设,导致会展教材也存在着诸如理论与实际对接不足,与行业实践存在一定的脱节,没有紧密对接会展专业教育质量国家标准,教材质量参差不齐等问题。正是在这种背景下,作为分管会展教育的教育部高等学校旅游管理类专业教指委副主任,本人欣然接受重庆大学出版社的邀约,组织国内会展教育界的资深教授、年轻博士和行业专家参与"教育部高等学校旅游管理类专业教学指导委员会规划教材"的会展经济与管理专业系列教材的编写,并与浙江外国语学院张健康教授一起主持本教材的编写。

本教材根据教育部《旅游管理类本科专业教学质量国家标准》,积极吸纳时代精神,在努力构建会展核心知识体系的目标下,力求语言简洁易懂,逻辑清晰;学习要求明确,能够让人快速把握章节框架和脉络,快速厘清章节知识点;较多采用表格图片呈现基础知识点,突出教材易读性;案例丰富,紧密结合实际,突出应用型人才培养导向;课后思考题有针对性,有助于学生和使用者把握和深化章节核心知识。经过编写组的努力,本教材充分反映了教育部《旅游管理类本科专业教学质量国家标准》,科学实现了会展基础知识体系构建和会展发展趋势展望,并引导学生广泛应用"互联网+"技术,实现线上线下知识拓展等学习方式,彰显了新时代中国会展教育的应有特色。

本教材的编写者都是具有长期会展教学研究和行业实践经验,关注国际国内会展行业发展、积累了丰富的案例材料和教育经验的会展资深学者。本教材由教育部高等学校旅游管理类专业教学指导委员会副主任、上海师范大学旅游学院副院长高峻教授负责提纲设计、教材统稿。各章的具体分工是:高峻教授和浙江外国语学院张健康教授共同完成了第一章、第二章、第五章、第八章、第九章、第十章、第十一章、第十二章、第十三章、第十四章的撰写,上海师范大学旅游学院王承云教授主持完成了第三章的撰写,上海师范大学旅游学院刘德艳副教授主持完成了第四章的撰写,上海师范大学旅游学院卢晓副教授主持完成了第六章的撰写,上海师范大学旅游学院黄立萍博士主持完成了第七章的撰写。感谢以上为本教材的编写和出版付出努力的各位同仁。

教材编写是一项厚积薄发的工作,也是博采众长的过程。本教材编写除了编写者长期会展教育的积累之外,也参考了众多同行的学术观点,在此表示衷心感谢!

高　峻

2018 年 9 月

目 录

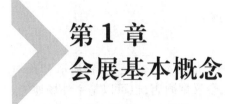

第1章
会展基本概念

【学习要求】

掌握会展和会展产业的定义;了解会展的分类;理解会展的经济功能、文化功能、政治功能和教育功能;掌握会展业是"城市的面包""城市的名片"的含义;掌握会展的市场主体。

会展的产生和发展是一个历史过程,与人类经济、文化、政治的发展状况息息相关。在现代经济体系中,会展活动是一颗闪耀的新星,成为现代社会经济活动的重要载体和经济发展的全新动力。

1.1　会展的定义

从会展经济与管理专业学习的角度,会展的界定更多应该是从企业营销传播的视角来进行界定的。虽然会展的形态和种类多种多样,但会展经济与管理专业所要学习的"会展"是指服务于企业的营销、推动地方经济发展的会展活动,盈利模式主要是展位收入和门票收入的市场化的会展活动,最典型的是中介性会展活动。所以只要不特意指出,就是指这类展会。换句话说,这种展会的举办是最具挑战性的,胜任这类展会的执行和管理,自然能够胜任其他类型的会展活动。

1.1.1　会展的定义

1)会展与会展产业

会展是指在一定地域空间,由多个人集聚在一起形成的,通过定期或不定期的产品展示、信息交换、贸易洽谈、新产品发布等方式进行的集体性、和平性的物质、文化交流活动。国际范围内,欧洲对会展的理解是 Convention(会议)和 Exposition(展览),可以简写为 C&E。美国对会展的理解是 Meetings(公司业务会议)、Incentive(奖励旅游)、Conference(协会或社团组织会议)和 Exhibition and Event(展览与事件活动),可以简写为 MICE。中国会展学者把"展览""会议""活动""比赛""演出"视为会展的五种基本形态,也有人把它简括为"展览""会议""活动"三种基本形态。

对于会展的这个定义,应该从以下几个方面来深入理解:

(1)会展一般在一个特定的时空内进行

会展一般在一个限定的地域空间内进行。会展的两个最基本特点是"实物展示""面对面交流"。这个限定的空间可以是会展馆场、会议中心、会议型酒店,也可以是室外场地等。人们在这样的限定地域空间内聚集,实现信息的密集交流。限定的空间使人们的聚集成为现实。在这个限定的空间里,采购商可以对展品进行近距离的考察观看,虽然有时候不远万里,花费巨大,但是百闻不如一见,只有在看实物,在面对面洽谈的基础上,才会对某个商品进行大批量的订购。而会展正是在一个特定的时空内搭建了这样一个平台,服务于参展商和采购商。

(2)会展是由多个人集聚在一起形成的活动

会展不是简单的个体经济行为,而是一种集体性的大规模物质、文化交流方式,参与主体包括办展机构、参展商、采购商、服务提供商、会展场馆等。其中的参展商、采购商数量庞大,往往数以万计。办展机构也是千方百计邀请企业参展,邀请采购商采购,尽可能多地邀请行业内的企业参与,使自己的展会成为行业的风向标和领航者。随着世界经济的一体化和全球化,现代大型展览和博览会的规模越来越大,形成了强大的人流、物流、信息流,而其中人是最活跃的主体,是会展运作中最值得关注和研究的对象。研究好了人,服务好了人,会展的举办才会成功。

(3)会展通过产品展示、信息交换、贸易洽谈、新产品发布等方式进行

会展是立体化的,往往包含会议、展览和活动等多种形态、多个项目,并且总是努力实现展示、信息、贸易、发布的会展四大功能。常常可以看到,办展机构在展览的同时召开相关的会议或活动,或者在召开会议的同时举行相应的展览或活动,因而一个会展往往呈现出立体化、多样化的内容。办展机构总是积极地实现展示、信息、贸易、发布四个方面的功能,满足参展商和观众的需求,而参展商越来越注重通过产品展示、新产品发布提升企业形象,以及通过参展收集市场信息,服务于企业长远发展和企业战略制定。

(4)会展是进行物质、文化交流的集体性、和平性活动

会展不仅能够满足人们的物质需求,而且能够满足人们的文化需求。参展商、采购商来自世界各地,不仅带来丰富多样的商品,而且带来各自不同的文化,在会展参与过程中实现了物质和文化的交流。会展为人们提供了这样一个平台。人们通过这样一个集体性的和平聚会,使自己能在较短的时间里高效率地实现经济、政治、文化或者说是物质需要和精神需要的交流。这种集体性活动往往传递商品信息和科技信息,以沟通产销,促进销售,同时也包含举办地的传统文化特色,在物质交流的同时促进文化交流,在繁荣经济的同时实现不同文化的交流交融,有利于实现世界的和平发展。

(5)会展是"城市的面包"

把会展称为"城市的面包"是因为会展的发展对交通、通信、住宿、餐饮、旅游、购

物、贸易、广告、印刷、物流等相关行业都有很强的联动性。国际测算:会展对相关产业的联动系数约为1:9,即会展场馆的直接收入如果是1,那么相关产业的收入就会是9。如日本大阪世博会关西经济带的形成、昆明园艺世博会对全省经济的拉动,都充分说明了这一点。

(6)会展是"城市的名片"

会展被称为"城市的名片",是因为通过发展会展能够实现一定的社会、政治和文化目标。首先,发展会展能够增强一个地区或城市的综合服务功能和服务意识,提高当地居民的综合素质,还可以重塑和提升该地区或城市的整体形象,从而达到一定的社会目标。其次,成功地举办国际会议和展览,还能促进国内和国际交往,增强国际合作和交流,解决某些争端,从而达到一定的政治目的;再次,通过举办会议和展览,可以促进科技文化的交流与合作,进而促进科技文化的发展。由于会展的社会功能强大,有人因此而将它比喻为"城市的名片"。原本是穷乡僻壤的博鳌通过成功举办博鳌亚洲论坛而兴起是一个会展活动提升举办地形象和知名度的最好例子。可见,会展在获得巨大的直接效益的同时,还能够对国民经济中其他相关行业和部门乃至对整个国民经济产生影响,形成全社会的间接经济效益。

案例

布鲁塞尔会议经济繁荣

布鲁塞尔是欧盟总部所在地。欧盟的5.5万名雇员大多在此定居。此外,布鲁塞尔云集了近2万名职业说客;另有超过5 000名外交官、1 000多名记者常驻布鲁塞尔;以及数以万计的供职于布鲁塞尔的各大公司、组织的雇员们。不算欧盟28个成员国首脑的定期造访,布鲁塞尔—欧洲联络办公室的统计数据显示,每年约有7万场会议及展会在布鲁塞尔召开。

年约700万的参会者直接拉动了布鲁塞尔的商务旅游业,有近10万个工作岗位与欧盟驻地的特殊身份有关,布鲁塞尔也因此成了名副其实的欧洲第一、全球第二会议城市。在国际金融危机的背景下,西班牙、葡萄牙巴不得买房送国籍,而布鲁塞尔却以霸气的"一房难求"羡煞眼球。

酒店订房难、买房难、租房难一直是布鲁塞尔的特征。布鲁塞尔的酒店,一间最普通的标房淡季时房价为90多欧元(约720元人民币),而同样一间房在会议集中的旺季房价近300欧元(约2 400元人民币)且依然抢手。随商务游走俏的布鲁塞尔酒店业从几年前便开始贡献每间房每夜10欧元的"城市税",这对布鲁塞尔市政府来说,可谓是一笔额外的税收。

虽然近些年欧盟机构新大楼多选盖至了市郊,以此缓和欧盟中心区的"供不应求",但却又变相托高了布鲁塞尔周边地区的房价。

与会展概念紧密相连的概念是会展产业。会展产业是指以现代化的会展场馆为基础,以完善的城市设施和健全的服务体系为支撑,通过举办各种形式的展览、会议、活动,吸引大批与会、参展人员及观众前来进行参观访问、经贸洽谈、文化交流等,从而在获得直接经济效益的同时带动城市一系列相关产业发展的一种经济现象。很显然,会展产业的概念要比会展的概念大得多,会展产业就是以会展活动为发展核心和发展动力,以此带动一个城市、地区乃至国家经济发展的综合经济活动。

会展是会议、展览、活动等的总称,而会展产业可以认为是会展自身的经济活动、会展带动的经济活动、会展带动的经贸交易活动、会展的软硬件环境建设活动、会展带动的区域经济发展活动。

会展产业发展推动的"四大模式"可分为:政府推动型,如德国、新加坡;市场主导型,如法国、瑞士和中国香港;协会推动型,如加拿大和澳大利亚;政府市场结合型,如美国等。中国会展产业的发展推动模式包含政府、市场、协会推动的因素,但主要可以归结为政府市场结合型模式。

2) 会展与广告的差异

会展、广告都是企业营销的重要工具,是现代企业营销的"两轮",相关产业已发展成现代市场经济发展中重要的产业类型。但是,会展、广告两者也有着明显的差异。(表1.1)

表1.1　会展与广告的差异

分　类	会　展	广　告
表现形式	展览、会议、活动等	电视广告、报纸广告、互联网广告等
媒介运用	线下	线上
目标受众	中间商	终端消费者
营销形式	推式营销	拉式营销

在企业营销的框架下,讨论会展、广告,能够更好地认识会展与市场营销的关系。会展是企业营销中的线下形式,侧重于B2B;广告是企业营销中的线上形式,侧重于B2C。会展的表现形态主要是展览、会议、活动,核心的要素是参展商与中间商之间面对面地进行实物展示、信息交流等,是现代企业线下的主要营销形态。广告的表现形态主要是电视广告、报纸广告、网络广告等,大部分是生产商与终端消费者之间借助大众媒介的产品信息传播,是现代企业线上的主要营销形态。线上的主要表现形式是电视、报纸、广播、杂志、互联网、电影院、户外七大媒介广告。线下的主要表现形式是展览、会议、活动,以及店面管理、促销活动、团队管理、公关、促销等手段为客户提供类似"一对一"的个性化品牌宣传、产品助销服务。会展面对面交流沟通、观看实物展示、亲身实地体验、商务考察等的线下形态具有更好的交互沟通性,能够很好地实现沟通目标和意向的达成,实现营销目标。美国有一句话"Meeting means success",翻译成中文就是"见面意味着成功"。会展魅

力无限！

　　会展因为其空间的局限性和单位沟通成本的高昂性，因此更多面向中间商，通过获得订单实现企业的营销目标，主要属于推式营销。会展主要通过展会期间买卖双方的沟通高效地达成大笔交易。而广告因为传播科技的发达性和单位沟通成本的低廉性，更多是面向终端消费者，通过激发消费者的购买行为实现企业营销的目标，主要属于拉式营销。广告主要通过反复播出实现消费者的劝服和购买。

　　推式营销是指生产商将产品经由中间商推入销售渠道，最后到达终端消费者手里，走的销售路径是"生产商—中间商—终端消费者"。拉式营销是指生产商通过营销手段吸引终端消费者，终端消费者向中间商提出购买需求，中间商为满足这些需求而采购生产商的产品，走的销售路径是"生产商—终端消费者—中间商—终端消费者"。需要指出的是，会展也有针对终端消费者的，广告也有针对中间商的。

3）关于线上线下

　　线上线下（Online To Offline，简称 O2O），是指将线下的商务机会与互联网结合，让互联网成为线下交易的前台，也就是让用户在线支付购买线下的商品和服务后，到线下去享受服务。这里的"线"主要是指以互联网为代表的大众媒体。O2O 的概念非常广泛，只要产业链中既可涉及线上，又可涉及线下，就可通称为 O2O，也就是不管是 Online To Offline，还是 Offline To Online，都属于 O2O 概念的范畴。会展业形态随着 O2O 的发展已经发生了深刻的变化。在互联网时代，会展业面临着深刻转型，会展的各环节日益被互联网化，会展 O2O 模式的出现是会展活动不断适应互联网技术快速发展的结果。会展 O2O 使得展会成为一个检验商业模式、营销能力、行动力，提升操作能力的重要场景。会展 O2O 的营销体验设计需要有趣、能玩、可晒，运营上注重"传播+客户+体验+口碑"。会展是侧重线下的，但必然整合线上，会展 O2O 是会展活动的影响力从线下向线上延伸的过程，是借助互联网技术的创新发展。

　　前述"线上线下"的"线"是指包括互联网、报纸、电视、广播等所有大众媒介。广告是典型的线上营销工具，侧重于 B2C（Business To Customer，即生产商对终端消费者模式）；会展是典型的线上营销工具，侧重于 B2B（Business To Business，即生产商对经销商模式）。在企业营销中，往往会整合运用线上线下，广告、会展并用来实现企业的营销目标。

　　目前，70%以上的品牌沟通是在线下完成的，也就是面对面交流沟通、观看实物展示、亲身实地体验、商务考察等来完成，这些线下形式实际上是可以纳入会展的环节，属于会展的范畴。会展主要是线下的形态，在会展运作过程中也会运用到线上工具，但是这个线上工具是会展这个线下工具的补充和延伸。线下的营销工具有其特殊性和独特功能，与线上营销工具相互不可替代，因此两个必然会协同发展。随着营销传播行业的不断发展，对会展、广告的狭义界定已经不能很好地反映行业发展状况，业界主张把线下的营销形式统称为"会展"，把线上的营销形式统称为"广告"。

1.1.2　会展的基本特点

从参展企业来说,会展是营销工具,参展是营销行为;从办展机构来说,办展机构销售的是服务,展台销售是服务销售的表现形式。参展企业利用办展机构搭建会展这一平台,和专业观众进行贸易洽谈和沟通交流,实现营销目标。办展机构通过为参展企业和专业观众提供服务获利。

1)展览与会议、活动结合

随着会展业的快速发展,展中有会、会中套展,展览与会议、与各类活动的结合成为现代会展业的鲜明特点。为了更好地实现会展的功能,提高展会效益和吸引力,办展机构在举办会展时候,往往同期举办研讨会、推介会、发布会、比赛、评奖等配套活动。如"新加坡海事展"在举办海事展览同时举行了有关海运、港口、造船与维修、集装箱、船舶燃油、海事科技与防御、中国运输前景等国际研讨会。

2)平台性和专业性

会展的平台性是指会展活动搭建起了参展商与采购商之间广泛的双向互动交流的平台。通过这个平台,不仅有参展商与观众之间的相互交流,而且还有参展商与参展商之间,观众与观众之间的多向交流。随着会展业的不断发展,社会分工细化,会展的发展趋势是专业性,帮助特定领域的参展商和采购商实现行业领域内的产品展示、信息交换、贸易洽谈、新产品发布的需要。专业性不仅体现在展品范围,而且也体现在举办方式、服务提供等方面。

3)实物性与艺术性

会展活动主要是围绕实物——展品开展的,实物展品是构成展览的核心,展品必须是具有特定形态的客观事物,主要是实物以及辅助之传递实物信息的有关载体,如文字资料、图像资料等。俗话说,"百闻不如一见",确切地说明了实物展品在会展活动中的重要作用。作为企业营销的手段或工具,参展商十分注重展品的真实性。同时,现代的会展运作总是积极融汇视觉艺术、听觉艺术、时间艺术、空间艺术,将展馆、环境、展品布置得美轮美奂。因此,参观展会已经成为人们学习和休闲的一种时尚方式。

4)经济性与时效性

企业参与会展活动,是把会展作为市场营销的重要工具来使用的。会展本质上是一种市场经济行为,贸易型会展活动数量不断增长。会展作为促进企业市场销售并进而推进国家、地方特色产业和经济发展的功能已经呈现得越来越充分和明显。同时,市场机会稍纵即逝,企业的采购都有很强的时间要求,因此会展的时效性要求办展机构对展览主题的确定和展览时机的选择,能够紧密配合市场的需要,反映行业发展的热点问题和最新趋势,体现出前瞻性、针对性。

1.2　会展分类与功能

1.2.1　会展的分类

对会展进行科学的分类并研究各类会展的特点和规律,能够使我们依据各类会展的特点和规律更好地从事会展实践,推进会展的科学发展。

1) 会展的整体性分类

从整体性上来说,会展可以分为政府主导型会展活动和市场主导型会展活动,行业性会展活动和企业性会展活动。

(1) 政府主导型会展活动和市场主导型会展活动

政府主导型会展活动是由政府机构直接策划主办,以会展项目为载体实施公共服务的一种重要方式,旨在宣传本地形象,扩大本地影响,带动本地产业发展。政府主导型会展活动是市场经济体制下我国各级政府积极利用的会展活动,也是中国会展业一个独特的现象和重要组成部分。政府主导型会展活动也注重市场化运作,"政府搭台,企业唱戏"是我国现阶段政府主导型会展活动举办形态的形象描述。我国最有影响力的政府主导型会展活动有中国进出口商品交易会(广交会)、中国国际投资贸易洽谈会、中国国际高新技术成果交易会、中国吉林·东北亚投资贸易博览会等。市场主导型会展活动则是市场主体策划主办,以会展作为服务内容售卖给参展企业,旨在获得利润。市场主导型会展活动是我国会展活动的主要部分,并会随着市场经济的不断发展更加发达。在市场主导型会展活动举办中,因为政府为了支持会展业的发展,往往给予办展机构资金支持或奖励性扶持,政府在这个过程中发挥着重要的指引作用。

(2) 行业性会展活动和企业性会展活动

行业性会展活动是整个行业中众多企业参与的会展活动,数量相对有限,如汽车行业协会举办的汽车展。企业性会展活动是某家企业自行举办的会展活动,数量众多,如宝马自行举办的新款汽车的品鉴会。会展经济与管理专业的学生应该更多关注企业性会展活动,因为这些会展活动数量众多,能够为会展经济与管理专业的学生提供就业的蓝海,同时也更加适合学生创新创业才能的发挥,获得更多的成就感。

2) 会展基本形态的分类

在认识会展活动整体分类的基础上,下面对会展的展览、会议、活动三种基本形态进行简要的区分。

(1) 展览的分类

展览是指参展商利用办展机构提供的平台,出于商贸洽谈、产品发布等目的而公开展示企业生产的实物产品及相关资料,吸引采购商洽谈贸易的行为。展览的分类标准包括内容、规模、时间、地域、功能、方式等。(表1.2)

表1.2　展览的分类

分类标准	划分类别
内容	综合性展览会、专业展览会、消费展览会
规模	国际展览会、全国展览会、地方展览会、独家展览会
时间	定期展、不定期展;短期展、长期展、常年展
地域	国内展、出国展
功能	教育性展览会(观赏展、教育展、公益推广展)、中介性展览会(商业推广展、贸易型展览会、消费型展览会、综合型展览会)
方式	实物展览会、网上展览会

案例

广交会——中国第一展

中国进出口商品交易会因为在广州举办,故又称广交会。广交会以出口贸易为主,也做进口生意,还可以开展多种形式的经济技术合作与交流,以及商检、保险、运输、广告、咨询等业务活动。中国进出口商品交易会除传统的看样成交外,还举办网上交易会。

组织单位

主办单位:中华人民共和国商务部、广东省人民政府

承办单位:中国对外贸易中心

组织机构:"中国进出口商品交易会领导委员会"由中华人民共和国商务部、广东省人民政府、广州市人民政府领导,各交易团团长、各展馆馆长、有关部门领导共同组成。

举办地址:广州市海珠区阅江中路382号琶洲国际会展中心

开展期

春季开展时间:每年4月15日—5月5日

秋季开展时间:每年10月15日—11月4日

参展范围

第一期:大型机械及设备、小型机械、自行车、摩托车、汽车配件、化工产品、五金、工具、车辆(户外)、工程机械(户外)、家用电器、电子消费品、电子电气产品、计算机及通信产品、照明产品、建筑及装饰材料、卫浴设备、进口展区

第二期:餐厨用具、日用陶瓷、工艺陶瓷、家居装饰品、玻璃工艺品、家具、编织及藤铁工艺品、园林产品、铁石制品(户外)、家居用品、个人护理用具、浴室用品、钟表眼镜、玩具、礼品及赠品、节日用品、土特产品

第三期:男女装、童装、内衣、运动服及休闲服、裘革皮羽绒及制品、服装饰物及配件、家用纺织品、纺织原料面料、地毯及挂毯、食品、医药及保健品、医疗器械、耗材、敷料、体育及旅游休闲用品、办公文具、鞋、箱包

讨论:广交会属于哪种展览类型?

(2)会议的分类

会议是人们为了解决某个共同的问题或出于不同的目的聚集在一起进行讨论、交流的活动,它往往伴随着一定规模的人员流动和消费。会议的分类标准包括举办主体、会议特征、会议内容等。(表1.3)

表 1.3　会议的分类

分类标准	划分类别
举办主体	公司类会议、协会类会议、其他组织会议
会议特征	商务型会议、专业学术型会议、度假型会议、文化交流型会议、政治性会议、培训性会议
会议内容	研讨会、论坛、年会、静修会议、专业会议、代表会议、专题讨论会、讲座、培训性会议

案例

达沃斯论坛与夏季达沃斯论坛

世界经济论坛(World Economic Forum)因每年年会都在瑞士达沃斯召开,故也被称为"达沃斯论坛"。该论坛是以研究和探讨世界经济领域存在的问题、促进国际经济合作与交流为宗旨的非官方国际性机构,总部设在瑞士日内瓦。其前身是1971年由现任论坛主席、日内瓦大学教授克劳斯·施瓦布创建的"欧洲管理论坛"。1987年,"欧洲管理论坛"更名为"世界经济论坛"。论坛会员是遵守论坛"致力于改善全球状况"宗旨,并影响全球未来经济发展的1 000多家顶级公司。论坛一般是在每年1月下旬举办,会议持续约1周时间,每年都要确定一个主题,在此基础上安排200多场分论坛讨论。

每年的世界经济论坛年会均有来自数十个国家的千余位政界、企业界和新闻机构的领袖人物参加。世界经济论坛已经成为世界政要、企业界人士以及民间和社会团体领导人研讨世界经济问题最重要的非官方聚会和进行私人会晤、商务谈判的场所之一。随着国际形势的发展和变化,世界经济论坛所探讨的议题逐渐突破了纯经济领域,许多双边和地区性问题以及世界上发生的重大政治、军事、安全和社会事件等也成为论坛讨论的内容。

世界经济论坛于2007年开始每年在中国举办世界经济论坛全球行业峰会暨全球成长型企业年会,即"夏季达沃斯"论坛。世界经济论坛全球行业峰会暨全球成长型企业年会是世界500强企业与最有发展潜力的增长型企业、各国和地区政府间的高峰会议。在中国举办的"世界经济论坛全球行业峰会暨全球成长型企业年会",鉴于"达沃斯"这个名称所包含的意义已经约定俗成,被世界各国和地区的政府、经济界广泛熟知和认可,所以在中国举办

的"世界经济论坛全球行业峰会暨全球成长型企业年会",简称为夏季达沃斯论坛或夏季达沃斯年会。该年会的目的是为"全球成长型公司"创造一个与成熟企业共同讨论、分享经验的平台。

讨论:达沃斯论坛属于哪种会议类型?

(3)活动的分类

活动是指为了促进地方经济发展和文化交流,在固定或不固定的日期内,在较大的空间范围内以特定主题活动方式举行的社会活动。这些社会活动既有约定俗成、世代相传的,也有根据地方特色经济资源和文化资源而新创的。活动的分类标准包括活动主题、活动属性等。(表1.4)

表1.4　活动的分类

分类标准	划分类别
活动主题	节庆活动、商业活动、媒体活动、体育赛事、公益活动、奖励旅游
活动属性	大型传统节日活动、大型现代庆典活动、其他重大活动

案例

青岛国际啤酒节

青岛国际啤酒节始创于1991年,每年在青岛的黄金旅游季节8月的第二个周末开幕,为期16天。节日由国家有关部委和青岛市人民政府共同主办,是以啤酒为媒介,融经贸、旅游、文化为一体的国家级大型活动。

青岛国际啤酒节是亚洲最大的啤酒盛会,由开幕式、啤酒品饮、文艺晚会、艺术巡游、文体娱乐、饮酒大赛、旅游休闲、经贸展览、闭幕式晚会等活动组成,由国家有关部委和青岛市人民政府共同主办。啤酒节的主题口号是"青岛与世界干杯!"节日期间,青岛的大街小巷装点一新,举城狂欢;占地近500亩(1亩约为667平方米)、拥有近30项世界先进的大型娱乐设施的国际啤酒城内更是酒香四溢、激情荡漾。节日每年都吸引20多个世界知名啤酒厂商参节,也引来近300万海内外游客举杯相聚。

世界上的很多城市,如英国的爱丁堡、法国的阿维尼翁、奥地利的萨尔茨堡都是因为当地节庆活动而在国际上声名鹊起。而青岛国际啤酒节的成功,从啤酒文化的角度塑造了青岛城市的形象,增加了青岛的魅力,扩大了青岛的知名度。

讨论:青岛国际啤酒节对城市的影响。

1.2.2　会展的功能

1)经济功能

经济功能是会展最主要的功能,产品展示、信息收集、贸易洽谈、产品发布是会展的四大经济类功能体现。会展的策划和运作要牢牢扣住和有利于这四个方面的实现。

（1）产品展示

会展具有强大的产品展示功能。产品的展示是经济和贸易活动的核心和关键，只有通过不同方式和途径的展示，产品才能为大多数人所认识和接受，并最终实现终极消费。许多具有划时代意义的发明和创造都是通过大型的会展而走向世界的，如电话机、留声机、蒸汽火车、电视机等都是首先在展览上亮相，然后迅速得以推广的。

（2）信息收集

一个成功的会展需要和应该反映行业发展的热点问题、最新趋势和最新态势。大型的专业展览基本上能够囊括专业内所有的信息，包括专业内最新的产品、最新的成果、最新的技术、最大的厂商、最有名的品牌等一系列信息在展览上都能够得到。企业通过参展，获得行业发展的最新趋势和态势，为企业的正确决策提供指引，在市场中立于不败之地。

（3）贸易洽谈

在中介性展会中，贸易洽谈功能是会展的核心功能之一。会展为参展的供需双方提供相互贸易洽谈和交易的平台，促进经济、技术和贸易的交流与合作，贸易洽谈因此而成为会展的重要功能之一。展览上达成的购销意向和购销合同成为举办展览是否成功的重要衡量指标之一。

（4）产品发布

一些企业会把展会作为自己发布新产品的重要平台。产品发布会一般推出企业的年度新产品或者是具有较大创新的产品，邀请对象包括客户和新闻记者。会展举办期间，不仅自己的客户会来展会，同时行业的采购商、媒体等都会聚集在场馆，这个时候举办产品发布会，能够确立行业地位，事半功倍，且成本低，效率高。

2）文化功能

会展活动不仅仅是物质交流活动，同时也是文化交流活动。会展是各种社会文化、社会意识形态和价值观的载体，是不同文化相互交流与沟通的重要渠道。如在 2010 年上海世博会上，中国国家馆以城市发展中的中华智慧为主题，表现出了"东方之冠，鼎盛中华，天下粮仓，富庶百姓"的中国文化精神与气质，让人深刻地感悟到了中华价值观、中国城市的底蕴和传统及其未来发展之路，受到国外观众的热烈欢迎和高度评价，被评为"五星级会展馆"之一。国际文化交流使会展迸发无限魅力，有利于世界各国破除文化保守与封闭，推进对世界各国文化的理解和认识。

3）政治功能

会展活动是政治交往的重要方式之一，发挥着联结和促进国际国内政治交流作用。有人说：会展是离政治最近的活动。2008 年北京奥运会有 101 个国家的政要应邀参加开幕式，2010 年上海世博会有 102 位副总统以上政要莅临开幕式、闭幕式或各国国家馆日，并借机对中国进行了正式或非正式访问，与中国领导人沟通政治事务。中国通过举办这两个具有世界影响力的大型会展活动,提升了国家形象和国际地位,取得了很好的政治效果。在国内,通过会展可以邀请到上级领导前来参加会展活动,创造与各级领导接触和沟通的机会,及时汇报政绩和请示工作,取得领导的肯定和赞赏,获得上级领导的支持和帮助,促进官员自身政治道路和地方经济的发展。

4)教育功能

会展活动可把抽象、复杂、深奥的思想、理论和知识转化为可视、可听、可触的直接形象,把理论性、知识性与艺术性、趣味性融为一体,为公众喜闻乐见,从而能够很好地发挥教育功能。世界各国都十分重视用博物馆、科技馆举办各类科技会展的形式向全社会普及科学技术知识。博物馆、科技馆已经成为社会政治、经济、文化发展的重要标志之一。德国慕尼黑的自然科学与技术成就博物馆有 28 个分馆,15 000 多种展品,其中有 4 000 余件可以由观众自由启动操作,参观路线长达 16 千米,成为普及知识的重要场所。随着社会经济文化和人民生活水平的提高,会展将成为人们接受教育的重要场所。

一个优秀的会展项目的经济功能、文化功能、政治功能、教育功能往往是兼具的。如在国际性贸易性会展活动中,有意地运用当地特有的文化元素、邀请其他国家或地区的领导人参与、传播和普及科技知识,而使会展在具有经济功能的同时,又具有了文化传播、政治交流、大众教育等功能。

1.3　会展的市场主体

会展的市场主体包括办展机构、参展商、观众、服务提供商、会展场馆等。会展运作中的主要环节都离不开这些会展市场主体的身影。

1.3.1　办展机构

办展机构分为主办单位、承办单位、支持单位等。

1)主办单位

主办单位是指拥有展会并对展会承担主要法律责任的办展单位。主办单位在法律上拥有展会的所有权。在实际操作中,主办单位有三种形式:一是拥有展会并对展会承担主要法律责任,并负责展会的实际策划、组织、操作与管理;二是拥有展会并对展会承担主要法律责任,但不参与展会的实际策划、组织、操作与管理;三是名义主办单位,既不参与展会的实际策划、组织、操作与管理,也不对展会承担法律责任。主办单位往往具有强大的行业号召力。

会展的主办单位的类型包括各级政府部门、各级贸易促进机构、各类行业协会、商会、部分规模较大的企业等。为了避免展会运作风险可能带来自身权威性的可能不利影响,政府部门越来越少在展会中担任主办单位。我国大多数举办成功的国际性展览,其主办单位大多是中国的行业协会。行业协会主办专业展览的特点和优势在于掌握全面的行业信息和发展动态,办展具有针对性,能较好地满足行业、参展商和用户的需要;拥有众多的会员单位,与国内外同行具有广泛的联系,拥有庞大的网络系统和较大的影响力;在办展的同时,往往还要举办一些对行业发展有针对性的学术交流活动和新产品、新技术介绍活动,以及行业的重要会议等,这是其他单位办展所不具备的;容易得到政府部门和国际行业组织的支持和帮助,以及行业企业的信赖。

2) 承办单位

承办单位是指直接负责展会的策划、组织、操作与管理,并对展会承担主要财务责任的办展单位。承办单位对举办展会的招展、招商和宣传推广等各个方面都会产生重大影响,是办展机构中较为核心的单位。业内常用"主办方"一词指代承办单位为主的所有办展单位。

一般的会展承办单位需要具有工商部门审定的企业经营许可证,承办大型国内外会展的企业还有其他相关要求。会展项目运作,一种情况是会展企业策划会展项目,然后寻求政府部门、各级贸易促进机构、各类行业协会、商会支持,邀请他们担任主办单位,使展会成功举办获得更多保障;一种情况是通过参与招标取得承办资格。为了提高会展的经济效益,扩大会展的影响,体现会展管理的科学性和公开、公正、公平的原则,主办单位也常常通过招标的方式确定会展承办单位。

3) 支持单位

支持单位是指对展会主办或承办单位的展会策划、组织、操作与管理,或者是招展、招商和宣传推广等工作起支持和辅助作用的办展单位。支持单位可以是政府部门、公益组织、行业协会、大众媒体、金融机构等。一个会展项目的顺利运作,需要得到社会各界的大力支持,具备良好的社会运作环境。一个项目的成功运作离不开这些来源广泛的支持单位的帮助。主办单位、承办单位需要注意和支持单位搞好关系,更好整合资源,在他们的支持下把展会运作成功。

1.3.2　参展商

参展商是受办展机构邀请,通过订立参展合同,于特定时间,在场馆展示产品或者服务以求获得贸易机会的企业。专业展会汇聚同行业的众多企业参加,参展企业之间在技术、产品方面有着很强的可比性,因此展会形成了一个直接竞争的氛围,采购商在全面比较的基础上,确定自己的合作伙伴。

参展商支付的参展费用是办展机构获得收入的最直接的来源。参展商只能展示申报的展品。办展机构为参展商发放参展许可证件,参展商凭许可证在办展机构限定的时间内可进出展场。参展商展出的所有物品或宣传品或服务应遵守国家法律和符合相关标准。参展商应确保其展品符合与之相关国家安全标准和环境保护的规定;不能在展出期间危及人身安全和对环境造成损害;并确保其展出物不侵犯或不可能侵犯任何其他方与专利、商标、版权和知识产权相关的权益等。

对于会展经济与管理专业的学生而言,特别需要关注参展商需求,立志于服务参展企业。参展商的数量成千上万,每个参展商都有大量的参展策划、自办展两方面的会展工作,这里会产生巨大的会展用人需求。而且参展商属于甲方单位,往往具有较高的薪酬和独当一面的机会。

1.3.3 观众

观众是通过购买门票或提前注册入场参观、与参展商进行洽谈的自然人、企业以及其他相关的市场主体。观众可以分为专业观众与非专业观众。专业观众是指那些从事会展产品的研究、设计、生产、销售和收藏的专业人员。专业观众中的采购人员称为采购商,采购商是专业观众的主体。非专业观众是指那些本身并不从事该会展相关产品的设计、生产、研究、收藏等工作的参观者。观众里面最重要的是专业观众,专业观众里面最主要的是采购商,因此业内常用"采购商"一词。

专业观众是参展商参加展会获得收益的最终来源。参展观众的数量和质量是衡量一个展会层次的重要标志。专业观众、境外观众的数量和在观众中所占的比例,是一个展会水平和档次的标志。中华人民共和国商业行业标准《专业性展会等级的划分及评定》(SB/T 10358—2002)将专业性展会的等级评定分为四个级别,由高到低依次为 A 级、B 级、C 级、D 级。其中对专业观众和境外观众的比例提出明确标准。(表 1.5)

表 1.5 专业性展会等级的划分及评定标准

专业展会级别	专业观众人次与观众总人次的比值	境外观众人次与观众总人次的比值
A 级	不少于60%	不少于5%
B 级	不少于50%	不少于2%
C 级	不少于40%	不少于1%
D 级	不少于30%	无要求

1.3.4 服务提供商

会展是一个"外包"取胜的行业,也是强调"专业的人做专业的事"的行业。作为一个系统工程,会展需要多家单位共同合作来为参展商和观众提供高质量的专业服务。现实操作中,办展机构的更多工作和责任是选择和监督专业服务商来给展会提供专业而优质的服务,整个会展项目运作也呈现出一个"服务外包"的团队合作景象,即招商招展、展台搭建、展品运输,也包括旅游观光、保安清洁、餐饮住宿等企业联合成"商会"的形式,来共同操作会展项目。办展机构往往会为参展商和采购商提供一本完善的会展服务手册,让他们根据服务手册按图索骥,迅速找到自己所需要的服务。德国的各个会展中心都设有会展专业服务提供商的办事机构,能够为展会运作提供各种各样专业的服务。

会展服务质量的高低,直接影响到展会的质量。办展机构需要选择、管理、监督好会展服务提供商切实做好相关服务工作,因为办展机构虽然外包了服务,但是会展参与者把这些服务视为办展机构提供给他们的服务。一旦这些服务出问题,最后受损的都将是会展的品牌。

1.3.5　会展场馆

会展场馆是会展的载体,包括会展中心、会议中心、会议酒店等,是举办会展不可或缺的载体。近年来,会展综合体作为会展场馆建设的新形态闪亮登场。会展综合体是把会展业发展所需的展览中心、会议宾馆、节庆活动场地等专业场馆及其配套的商业、办公、文娱、交通、居住等生活空间进行组合,并在各部分之间建立一种相互依存、相互助益的能动关系,从而形成一个多功能、高效率的会展场馆类城市综合体。会展综合体集展览、会议、旅游、餐饮娱乐、商务贸易于一体,配备专业的语音通信、网络信息、公共安防、中央空调和消防自动监控系统,拥有先进的数字会议系统、同声传译、远程视频会议和公共广播系统,全部采用智能化管理。

案例

世界最大的会展综合体——国家会展中心(上海)

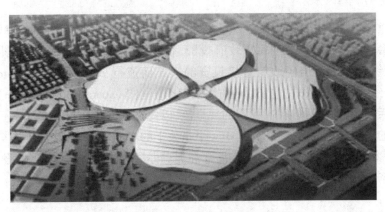

国家会展中心(上海)由国家商务部和上海市政府合作共建,总建筑面积 147 万平方米,地上建筑面积 127 万平方米,2015 年 6 月全面投入运营,是目前世界上面积最大的建筑单体和会展综合体。国家会展中心以突破性的规划设计,完善的服务功能,立足长三角,服务全中国,面向全世界,推动中国产业结构调整,促进经济发展方式转变,服务中国经济社会又好又快发展。

国家会展中心位于上海市虹桥商务区核心区西部,与虹桥交通枢纽的直线距离仅 1.5 千米,通过地铁与虹桥高铁站、虹桥机场紧密相连。周边高速公路网络四通八达,2 小时内可到达长三角各重要城市,交通十分便利。国家会展中心由展览场馆、配套商业中心、配套办公楼和配套酒店四大部分构成,通过位于 8 米标高的会展大道联成一体,各类人群可便捷地穿越展览、商业、办公楼、酒店等场所。国家会展中心可展览面积 50 万平方米,包括 40 万平方米的室内展厅和 10 万平方米的室外展场,室内展厅由 13 个单位面积为 2.88 万平方米的大展厅和 3 个单位面积为 0.97 万平方米的小展厅组成,货车均可直达展厅。各展厅周边配套了充足的会议设施,由60多个大小不等的会议厅组成,可以分别组织几十人至3 000人大小不等的会议。

国家会展中心总体布局突破了以往大型展馆呈单元行列式布局的模式特征,形成了更具标志性和视觉冲击力的集中式构图,突出了展览与非展览功能的有机整合,通过会展配套功能的合理布局,创造出具有高效会展运营效率的新型会展模式。展厅以中央广场为中心放射形对称布局,每个展厅有一个长边面向周边广场,很好地解决了以往大型展厅方形集中式布置不便于采光通风和人员疏散的问题。

国家会展中心立足长三角,服务全国,面向世界,以"一流场馆、一流配套、一流建设"为目标,汇全球的视野,展中国的精神,并充分体现以人为本、科学性、实用性和标志性的场馆建设理念。该项目将以中国华东进出口商品交易会、中国(上海)工业博览会为基础,每年举办两届"中国博览会",同时办好汽车、电子、家具等专业展览会,并积极承接国际会展产业的转移和积极引进境外大型展览会,努力打造国际会展中心城市,推进上海会展业将市场化、专业化、国际化联动发展,成为上海和中国转变贸易结构、推动经济转型的重要载体。

国家会展中心的建成实施,将有效带动上海及长三角地区会展服务、国际采购、总部经济、专业服务等高附加值服务业的共同发展,推动贸易结构优化和经济转型,更好地对接中国与世界贸易的长远发展。

现代展馆建设周期长,投入很大,公益性很强,因而它从规划到建造得到政府的大力支持。如我国会展场馆的建设多采取"政府投资,企业运营""企业投资,政府补助"等方法。国际上,会展综合体已走出了政府直接投资的模式而流行BOT(Build-Operate-Transfer)模式,即建设—经营—移交模式,也称为暂时私有化过程(Temporary Privatization)。该模式操作的前提是后期经营有可预期的、稳定的现金流,以便投资方收回投资。

会展业的发展需要政府的作为,其中一个是公平的市场环境,维持和推进会展市场的良性竞争;另一个是设立会展发展基金,来培育和促进办展机构、参展商、观众、服务提供商、会展场馆等市场主体的壮大。

思考题

1.请根据自己的理解对会展进行界定。

2.如何理解会展产业的定义?

3.如何理解会展业是"城市的面包"?

4.如何理解会展业是"城市的名片"?

第2章
中外会展发展简史

【学习要求】

了解会展历史演变的四个阶段;国际会展业发展的简况;欧洲现代会展产业的形成与发展的两个阶段;中国会展业发展的简况;中国会展经济产业带分布格局;中国会展业的发展趋势。

2.1 会展的历史演变

会展活动的形成是人类物质文化交流活动发展到一定阶段的产物。会展的形式不断演变是适应社会、经济和贸易发展的需要。会展的演变过程可以分为原始、古代、近代和现代四个阶段。(表2.1)

表 2.1 会展的演变过程

阶段	标　志	活动范围	典型形式	活动目的	组织方式
原始	原始社会	地方	物物交换	交换物品	自发
古代	工业社会前	地区	集市	市场	松散
近代	1978 年法国工业产品大众展	国家	工业展览会	展示	有组织
现代	1894 年德国莱比锡样品博览会	国际	贸易展览会和博览会	市场、展示	专业组织

2.1.1 会展的原始阶段:物物交换

人类原始社会后期的新石器时代,人类社会完成了第一次大分工,分工促进了生产的发展,开始出现剩余产品,从而导致物物交换。

在物物交换时期,货币及商人还都未产生,因而这种物物交换还不具备商业的特征。但是,物物交换却具备了会展最基本的形式——展览的最基本特征,即"实物展示"和"面对面交流"。但是,由于当时的交换还是偶然的,时间和地点还不固定,也没有组织,因此,物物交换的形式只能作为会展的原始形式。

由此可见,会展的萌芽在人类早期就已经出现,与人们所说的"展览与人类文明同步"的观点相契合;同时由于近代会展业的发展时间不长,我们也经常说"会展很古老也很年轻"。

2.1.2　会展的古代阶段:集市

集市是会展的古代阶段。随着社会和经济的发展,物物交换逐渐增多,交换市场的地点和时间慢慢地固定下来,规模也不断扩大,形成了集市。集市已经基本具备了展览会的特征,是展览的初级阶段。

1) 中国的古代集市

中国集市的历史非常悠久。在古代,集市是市、集、庙等多种市场形式的统称。

公元前 11 世纪,原始交换逐渐发展成集。《诗经·卫风·氓》就有"抱布贸丝"的描写。集的主体是在农村自然形成、自然发展的集市。集在不同的地区有着不同的名称,如墟、场等。

在宗教节日,寺庙及祭祀场所都会云集求神拜佛的人,这些人带来的商机在宗教场所自然形成了集市,称为庙会,也称庙市。庙会除了产品交换之外,往往还包含有宗教活动和文化娱乐。

2) 欧洲的古代集市

欧洲的古代集市大概在 9 世纪成形,11—12 世纪达到鼎盛期。欧洲集市形式虽然比较单一,但是其功能却相当齐全,涵盖了零售、批发、国际贸易、文化娱乐,甚至已经有了政治功能。许多现代闻名的欧洲大型综合性博览会就是在这个时期建立的,如世界最古老的博览会德国莱比锡博览会源于 1165 年、德国法兰克福博览会源于 1240 年等。

欧洲的集市同样始于交换产品的偶然聚会。聚会的地点一般靠近某一地区最大村庄的交通要道。时间大都在有空闲时间和交换物品的秋收之后。欧洲的集市最早出现在希腊,起源于古希腊的奴隶市场,一般一年或两年一次。古希腊集市与战争、体育和政治有密切的关系,每次集市都与运动会、会议或聚会同时进行,即使在战争期间也不中断。当然,宗教活动也是欧洲集市产生的原因。

从原始的偶然的产品交换发展到在固定地点、定期举行的集市是展览形式的一个大飞跃。集市虽然已基本具备了展览的性质和形式,但是从组织手段上来讲,集市还无法与现代展览会相提并论。

2.1.3　会展的近代阶段:工业展览会

工业革命促进了会展业的极大发展。从 1667 年纯展示性质的法国艺术展览会为起点,到 1851 年英国世界博览会为顶点的这段时间里,世界会展业经历了具有革命性的急剧发展,采用了全新的组织方式,规模逐渐国际化。这一时期的展览会具有很强的展示性,有着明显的工业社会特征。

1) 中国的近代展览

在清末和民国时期,政府主持和举办了一些具有近代特征的博览会和贸易展览会。其中具有广泛影响力的是 1910 年在南京举办的南洋劝业会和 1929 年在杭州举办的西湖博览会。1935 年 11 月 28 日—1936 年 3 月 7 日在伦敦举办的伦敦中国艺术国际展览会,则是中国近代第一次出国展览。

抗日战争前后,共产党政府和国民党政府分别举办了大量宣传性质的展览会。这些展览会的目的基本是显示成就、鼓舞士气、促进经济发展,以抵抗日本的侵略,"官方"色彩浓郁,具有较强的政治性质和宣传意义。这些展览会从性质、意义和特征上看,相当于欧洲的国家工业展览会,但是规模和展示手法比较落后。虽然中国近代形式的展览会的目的不在于促进商品流通,但它对中国近代经济的发展起到了一定的促进作用。

2) 欧洲的近代展览

17—19 世纪的欧洲,会展业发生了革命性的变化,出现了诸如纯展示性的艺术展,纯宣传性的国家工业展等许多新形式。这些不同形式的会展活动的发生、发展和融合,导致了工业展览会的产生。工业展览会是近代展览会的代表形式,是一种有很强展示性和宣传性,有着严密的组织体系的展览会。

1756 年,英国组织了第一次介于艺术和手工业的展览,展出挂毯、地毯、瓷器等。这个展会引入了竞争条例和奖励政策,因而发明性展品,特别是机械或机械模型等的比重不断增大,最终发展成为发明博览会。工业展览起源于艺术展,但发明博览会被认为是工业展览会的真正开端。

1798 年,法国政府举办了工业产品大众展。这是世界上第一个由政府组织的国家工业展览会。当时,面临着英国这一具有强大工业优势的竞争对手的法国,把工业发展视为民族生存的条件,把国家工业展览会作为促进工业发展的手段。因而,这次展览会具有很强的政治色彩,是一种宣传鼓舞性质的展览会。但由于当时国家保护主义盛行,展览会也因此未能发展到国际规模。

19 世纪中期,英国想通过自由贸易来获得国外资源和市场,因此率先举办了国际规模的工业展览会。1851 年,英国在伦敦主办了"万国工业大展览会",即第一届世界博览会。第一届世博会的成功极大地鼓舞了其他国家的举办热情,在随后的若干年间,巴黎、纽约、奥地利、荷兰、瑞士、意大利、美国等城市和国家均数次举办世博会,不仅使本国的经济得到了带动,同时也为自身成为国际化大都市奠定了基础。世博会对人类社会、文化、科技和贸易的发展起着积极的引导和推动作用,因此被视为和平和进步的象征。

2.1.4　会展的现代阶段:贸易展览会和博览会

工业革命导致商品的大规模流通和交易,现代形式的贸易展览会和博览会应运而生。

具有农业社会形态的集市是自然经济(主要是农业)流通的主渠道,但是它满足不了大规模工业经济的流通需要。具有工业社会形态的工业展览会有着很强的宣传性质,对促进经济发展发挥着重要作用,但是它缺乏市场功能。贸易展览会和博览会是市场性的集市和展示性的工业展览会相结合的产物,不仅具有促进经济发展的作用,而且是产品流通的重要渠道。

贸易展览会和博览会形成的标志是1894年的德国莱比锡样品博览会。样品博览会以展示作为手段,以交换作为目的。其原理是展示样品,看样订购,展览后交货。样品博览会是展览会形式最终成型的标志。(表2.2)

表2.2　现代会展产业发展的两个阶段

阶　段	时　间	特　征
现代会展产业初始阶段	始于第一次世界大战后	综合性质的贸易展览会和博览会迅速发展并成为主导形式
现代会展产业成熟阶段	始于第二次世界大战后	专业化的贸易展览会和博览会迅速发展并成为主导形式

欧洲现代会展产业发展的过程可以分为两个阶段。第一阶段的背景是:世界大战导致各国建立贸易壁垒,各国主要通过国内市场来建立内向型经济以维持国家生存。作为促进经济发展的一个重要手段,综合性贸易展览会和博览会获得了很大发展,如1916年法国举办的里昂国际博览会。这种展览会不但有经济流通的功能,而且还有了解地区或国家工业整体规模和发展水平的作用。

为了建立会展业的秩序,提升展出水平和经济效益,1924年,国际商会在巴黎召开了国际展览会议。在此基础上,国际博览会联盟(UFI)于1925年在意大利米兰成立。国际博览会联盟成立后,通过制定一系列展览规章制度和采取一系列措施,维护国际会展业的正常秩序和正常发展道路,从而很好地促进了贸易展览会和博览会完整体系的形成。至此,贸易展览会和博览会成了提高生产力、引导市场发展方向的重要手段。

欧洲贸易展览会和博览会发展第二阶段的背景是:生产力迅速发展,世界经济走向繁荣,专业化的贸易展览会和博览会以其全面深入地反映工业和市场的呼声,便于组织、人性化的特点受到广泛欢迎。第二次世界大战后,专业化贸易展览会和博览会逐渐成为主导形式。专业贸易展览会和博览会不但展出者、参观者都是专业化的,而且展览会的内容也限制在一个或少数几个相邻的行业。专业化的展览会具有汇集信息的功能,能够反映行业的整体发展状况,使参加展览会的行业内人士在最短时间内了解全行业的状况和发展趋势,具有很好的市场价值。

2.2　国际会展业发展概述

从经济总量和经济规模的角度来考察,当今世界会展业在世界各国的发展很不平衡。欧洲的德国、法国、意大利、英国,北美的美国都是世界级的会展业大国,在全球会展市场上占有较大的份额。而发展中国家由于受经济体制、技术发展水平的制约以及观念的影响,会展业的发展水平明显落后于发达国家。

2.2.1　欧洲会展业发展现状

欧洲是世界会展业的发源地,经过 150 多年的积累和发展,欧洲会展业实力雄踞世界前列,世界上最大的展览场馆绝大多数都集中在欧洲,绝大多数世界性大型和行业顶级展览会都在欧洲举办。

1) 德国会展业

德国是世界展览王国。德国会展业的突出特点是专业性、国际性的展览会数量最多、规模最大、效益好、实力强。在国际性贸易展览会方面,德国是世界会展强国,世界著名的国际性、专业性贸易展览会约 2/3 由德国主办。按营业额排序的世界十大知名展览公司中,6 个是德国的。

汉诺威、杜塞尔多夫和慕尼黑是德国三大会展中心城市。汉诺威每年春季举办世界上两个最大的博览会——"工业博览会"和"信息、通信及办公室自动化博览会"。杜塞尔多夫的重要展览活动有"印刷与纸张""塑料博览会""计量技术与自动化""包装技术"以及国际时装博览会。慕尼黑的重要博览会有"国际建筑机械博览会""国际手工业博览会""饮料技术展览会"以及"国际体育用品博览会"。

为了更好地利用海外展览促进德国出口经济增长,提高展览业对经济的贡献率,德国展览机构特别注重全球化展览网络的建设,至今已经在世界各地设立了近 400 处办事机构,形成了国际化的网络。

2) 法国会展业

与德国相比,法国会展业的优势是综合性展览会。法国拥有分布于 80 个城市约 160 万平方米的展馆,每年举办的展览会有 1 500 个之多。1967 年,法国的主要展览公司共同发起组织了"法国国际专业展促进会"。借助这个组织,法国大型展览会的国际参与程度不断提高,其中部分展会国外参展商超过总数的 50%,国外参观者占总数的 15% 以上。法国展览公司把工作的重点放到参观观众的组织上来。从某种意义上讲,展会的成功与否,最关键的是观众的组织。

巴黎是法国展览业的中心城市,是"展览之都",法国每年的展览会有近一半是在巴黎举办的。其次为里昂、波尔多、里尔等城市。法国的展览和德国不一样,展览公司不拥有场馆,而场地公司不主办展会。法国的展览业人士坚持这种做法,认为这样能够促进展览公司之间的公平竞争,也有利于场馆公司专心做好自己的场馆服务工作。

3)意大利会展业

意大利享有"中小企业王国"的称号,众多的中小企业是意大利的经济支柱,其无力单独承担向国际市场促销的巨额广告费用。因此为了扩大出口,意大利每年在全国各地举办无数次各种类型的展览会,因此意大利是欧洲办展最多的国家。举办地点集中在米兰、波洛尼亚、巴里和维罗纳。

意大利展览会项目展出内容多为领导市场潮流的新产品、新技术,范围广泛,几乎涉及了各个生产领域。重要的生产领域,如时装业、家具与室内装饰业、机床和精密机床、木材加工和纺织机械等都把国际博览会作为向国际拓展的跳板。意大利的展览会一般是与该领域的企业协会或贸易协会联合。

2.2.2　美洲会展业发展现状

美洲展览会起源于专业协会的年度会议。直到目前,仍有很多美国展览会与专业协会的年度会议合在一起同时举办。展览只是作为年会会议的一项辅助活动,仅仅是一种信息发布和形象展示的媒介,贸易性不及欧洲。

美国是美洲会展业的发达国家,举办展览最多的城市是纽约、芝加哥、洛杉矶、奥兰多、拉斯维加斯等。作为世界第一经济体,美国自然成为举办国际贸易博览会的主要国家,吸引着世界各国的客商。

拉斯维加斯是美国著名的会展城市,许多著名展览包括 Comdex 电脑展、汽车售后服务展、MAGIC、全美五金展等都在这里举行。为博彩业建造的大量高档宾馆,成为会展业发展的独一无二的资源;特别是博彩业淡季,这些宾馆需要会展业给它们带来客源。会展业已经成为拉斯维加斯城市经济的重要增长极。

案例

拉斯维加斯:从"罪恶之城"到"世界会议之都"

拉斯维加斯以博彩业闻名于世,曾因社会治安问题严重、犯罪率高而被称为"罪恶之城",如今拉斯维加斯则以"世界会议之都"享誉全球。

拉斯维加斯是全球拥有客房最多的城市,酒店总房间数约 17.5 万间;拥有数量众多的博彩场馆,世界上没有一个城市能够同它一样在同一时间接待如此大量的游客。如米高梅酒店拥有5 000多间客房、20 家餐厅、超大购物中心、全方位豪华 SPA 乃至婚礼教堂。但是,博彩和旅游都有明显的淡季旺季,旺季时酒店人满为患,淡季时酒店却因为旅客稀少而苦恼。鉴于这种状况,拉斯维加斯利用巨大的酒店容量和博彩场馆大力发展会展业,使酒店餐饮资源能够在博彩业的淡季通过会展业而被充分利用,推动地方经济发展。

目前,拉斯维加斯平均每年举办展会 22 500 余场,几乎每天都有重要的展览或会议在此召开。先进完备的会展设施、卓越的服务接待能力和多姿多彩的休闲旅游资源,拉斯维加斯应有尽有,被誉为"世界会议之都"。拉斯维加斯拥有超过 970 万平方英尺(1 英尺 ≈ 0.304 8 米)的会展场地,包括拉斯维加斯会展中心、曼德勒海会展中心以及金沙会展中心等。其中不乏各行各业的顶级展会,可谓是行业的风向标,如北美改装车展(SEMA)、全美广播电视展(NAB)和国际消费电子展(CES)等。拉斯维加斯会展业的发展的启示是必须利用自身特有的资源,将特有的资源转化为独特的竞争优势,实现富有生命力的会展业发展。

讨论:拉斯维加斯会展业的发展对其他城市有何启示?

除美国之外,加拿大也是美洲会展业发达的国家。另外,近些年拉美地区的会展业也有所发展。其中,巴西位居第一,阿根廷紧随其后,排在第三位的是墨西哥。

2.2.3　亚太会展业发展状况

亚太地区是世界上会展业发展最快的地区之一,也是全球会展业发展最有潜力的地区。亚洲会展业的规模和水平仅次于欧美。由于会展业本身是一种无污染产业,且对整个城市经济发展具有较大的带动和促进作用,因此发展会展业常常成为城市经济发展的首选战略之一。

在亚洲,日本、中国香港、新加坡,或凭借其广阔的市场和巨大经济发展潜力,或凭借其发达的基础设施、较高的服务业发展水平、较高的国际开放度以及较为有利的地理区位优势,分别成为亚太的展览大国或地区。

中国香港是亚洲重要的会展中心之一,被誉为"国际会展之都",连续多年被英国《会议及奖励旅游》杂志评为"全球最佳会议中心"。作为现代服务业,香港会展业渗透到国民经济的各个部门,直接带动了交通运输业、物流业、建筑业、商业、广告业、旅游业、金融业等相关行业的发展。香港举办的许多展览会,特别是玩具展、服装节、钟表展、珠宝展等,规模、知名度和排名都位居世界或亚太地区前列。

新加坡的国际展会规模和次数均居亚洲第一位,在世界分别居第五、第六位。新加坡采取各种措施,努力把自己建设成为亚洲一流的会议展览举办地。新加坡政府专门成立新加坡会议展览局和新加坡贸易发展局专门负责推广会展业,宣传新加坡的会展活动,吸引各国厂商到新加坡参展。新达新加坡国际会议与展览中心直接通往 5 200 间五星级的旅馆客房,1 200 间商店,500 家餐馆以及包罗万象的娱乐设施,中心还拥有新加坡最大的宴会厨房以及一支极富声誉的餐饮团队。

除了欧洲、美洲、亚太地区,非洲的会展业也正在随着其经济和社会的发展而发展起来。非洲的会展业主要集中于经济较发达的南非和埃及。南非的会展业因其雄厚的经济实力及对周边国家的辐射能力,遥遥领先于整个非洲南部地区。埃及则是非洲北部会展业的代表,其展会在规模和国际化程度上都较为突出;但因为近年政局动荡,会展业发展深受影响。除南非和埃及外,非洲其他地区的展会规模都很小,且受气候条件的限制较大。

纵观世界会展业在全球的发展情况,可以得出结论:①一国会展业实力和发展水平是与该国综合经济实力和经济总体规模及发展水平相适应的。②会展业与相关产业联动效应明显。发达国家凭借其在科技、交通、通信、服务业水平等方面的优势,在世界会展业发展过程中处于主导地位,占有绝对的优势。而且,会展业本身反过来对科技、交通、通信、服务业发展具有较大的推动作用,形成联动效应。③世界各国政府都十分重视会展业的发展,在制定经济发展战略和城市发展规划时,积极对本国会展业的发展作出有利的安排。尤其是为促进本国对外贸易发展,政府常在中央财政中列出专门预算,为出国展览事业提供经费支持。(表2.3)

表 2.3　世界著名会展公司 50 强(排名不分先后)

1.Messe Frankfurt Exhibition(德国,法兰克福国际展览公司)	26.Allworld Exhibitions(英国,奥伟展览集团)
2.Deutsche MesseAG,Hannover(德国,汉诺威展览公司)	27.FMI(意大利,米兰国际展览公司)
3.Messe Düsseldorf(德国,杜塞尔多夫展览公司)	28.Rivadel Garda Fierecongressi S.p.a.(意大利,里瓦德尔 Fiereongressi 股份有限公司)
4.Koelnmesse(德国,科隆国际展览有限公司)	29.Fiera Milano S.p.a.(意大利,米兰博览会集团)
5.Messe München International(德国,慕尼黑国际展览集团)	30.Rimini Fiera S.p.a.(意大利,里米尼展览公司)
6.Messe Berlin GmbH(德国,柏林展览公司)	31.Bologna Fiere Gruppo(意大利,博洛尼亚展览集团)
7.Messe Stuttgart(德国,斯图加特展览公司)	32.GROUPEXPOSIUM(法国,爱博集团)
8.Messe Essen GmbH(德国,埃森展览公司)	33.COMEXPO Paris(法国,巴黎展览集团)
9.Leipziger Messe(德国,莱比锡展览公司)	34.SAFIM(法国,马赛国际展览公司)
10.DEMAGE(德国,德马吉展览公司)	35.CMP Japan Group(日本,CMP 集团)
11.E.J.KRAUSE & ASSOCIATE,INC(美国,克劳斯公司)	36.日本,康格株式会社
12.Freeman Decorating Company(美国,富瑞门集团)	37.JTB COMMUNICATIONS,INC(日本,杰科姆会展服务公司)
13.IDG World Expo(美国,爱奇会展有限公司)	38.Alcantara Machado(巴西,奥冈达拉·马夏度展览公司)
14.MAGIC(美国,麦杰克国际公司)	39.Diretriz Group(巴西,Diretriz 集团)
15.PMMI(美国,美国包装机械协会)	40.Singapore Exhibition Services Pte Ltd.(新加坡,新加坡展览有限公司)
16.International Housewares Association(美国,全美家庭用品制造商协会)	41.Singex Group(新加坡,新加坡国际展览集团)
17.Questex Media(美国,Questex 传媒集团)	42.CEMS(新加坡,新加坡会议与展览管理服务有限公司)
18.CEA(美国,美国消费电子产品协会)	43.VNU Exhibitions(荷兰,万耀企龙展览集团)
19.PennWell(美国,PennWell 公司)	44.Middle East Exhibition Union(中东,中东展览联盟)
20.American Gaming Association(美国,美国博彩协会)	45.IFEMA(西班牙,马德里国际展览中心)
21.Reed Exhibitions(英国,励展博览集团)	46.Be Youthful Surpassor International Exhibition Group Ltd.(中国香港,白杨树国际展览集团)
22.Montgomery(英国,蒙歌马利展览有限公司)	47.DMG World Media(加拿大,DMG 传媒集团)
23.ITE Group Plc(英国,英国国际贸易与展览有限公司)	48.CMP(中国香港,亚洲博闻有限公司)
24.IIR(英国,国研会展集团)	49.Restec Exhibition Company(俄罗斯,Restec 展览公司)
25.Brintex(英国,Brintex 公司)	50.EXPONOR-Feira International do Porto（葡萄牙,EXPONOR 国际展览公司）

2.3　中国会展业发展概述

中华人民共和国成立以来,伴随着经济的快速发展和国际交往的日益频繁,中国会展业获得了前所未有的发展,成为中国经济发展的催化剂。

2.3.1　中华人民共和国会展业发展历程

1) 会展业的初期

中华人民共和国成立后不久,1951 年 11 月至 1952 年 4 月 14 日,中国派出企业和人员参加印度国际工业博览会、巴基斯坦国际工业博览会。1952 年 5 月 4 日,中国国际贸易促进委员会正式成立。自此,中国以展会的方式开始了国际经贸往来。

1955 年,由当时的城市服务部组织的全国供应大会在北京两苑大旅社(今西苑饭店)召开,这成为全国糖酒会的开端,性质属于计划经济体制下的供应会。1956 年 11 月,中国出口商品展览会在广州召开。1957 年 3 月,外贸部正式下发文件,批准举办"广交会",侧重于出口物资的交流。当时,糖酒会和广交会就已经影响深远,被称为"天下第一会"和"天下第一展"。

2) 会展业的转型期

会展业伴随着中国改革开放而发展。1978 年 10 月,由中国国际贸易促进委员会主办的北京多国农业机械展览会在北京全国农业展览馆举行,这是中国国际贸易促进委员会接待的第一个国际性的专业博览会。多国农机展同时也是中国主办的第一个商业性展会,为中国会展业市场化开了先河,是中国会展史上的里程碑。

随着商业展会的出现,中国展馆、专业组展公司也不断发展。1984 年,上海市国际展览有限公司成立,并实施"两条腿走路"战略:一方面与境外公司合作,另一方面推出一系列由自己策划、运作的展览会。1985 年,北京中国国际展览中心竣工并投入使用,彻底改变了中国没有商业场馆的历史,中国会展业也逐步开始了商业化的管理,并有了自办展会。另外,中国展览馆协会也于 1984 年在国家民政部登记注册成立,这是中国最早的全国性展览行业组织。

1988 年,对外贸易部发布了《对外经济贸易部关于举办来华经济技术展览会审批规定》(以下简称《规定》),该《规定》明确了来华展须报中国国际贸易促进委员会审批,并报对外经济贸易部备案,以及来华展展品的展示范围等相关规定。

多年的实践启示是,出国举办经济贸易展览会和接待外国来华经济贸易与技术展览会,是促进中国对外经济贸易活动、引进外国先进技术与设备的重要渠道,也是配合开展外交工作的途径之一。

3）会展业的快速发展期

20世纪90年代,中国会展业进入了快速发展期,国际展览巨头开始进入中国。1995年,德国慕尼黑国际博览集团亚洲公司与中国国际展览中心集团公司合作,共同组建了京慕国际展览有限公司,这是中国会展业内的第一家合资公司。2001年年底,上海新国际博览中心落成。上海新国际博览中心的外方投资方是德国的慕尼黑国际博览集团、汉诺威展览公司、杜塞尔多夫展览有限公司。

在中国会展市场越来越国际化的同时,商务部于2004年1月发布了《设立外商投资会议展览公司暂行规定》,外资展览公司获得了在中国境内独立办展的权利。在这个背景下,慕尼黑国际博览集团、汉诺威展览公司、英国的励展,以及新加坡环球万通会展、新加坡国际展览集团和意大利的米兰国际展览中心、博洛尼亚集团,日本的康格株式会社等,都开始了在中国会展市场的"跑马圈地"。

中国的崛起受到了国际会展组织的重视。2003年12月,第134次国际展览局全体大会一致通过,中国资深外交官、中国原驻法大使吴建民当选为国际展览局新一届主席。2004年11月,在国际展览业协会(UFI)第71届周年大会上,中展集团副总裁陈若薇当选为UFI亚太区主席。

2005年1月,首届中国会展经济国际合作论坛(CEFCO)在北京中国大饭店举行,会议明确了中国会展业"法制化、市场化、产业化、国际化"的发展方向。2006年11月,UFI第73届年会在北京举行,这是国际展览业协会首次在中国内地城市举办的重大活动。截至目前,中国已经有58个会展项目通过了UFI的认证。(表2.4、表2.5)

表 2.4　取得 UFI 认证的条件

1.首先必须获得展览会所在国家有关部门的认可,认可其为国际展会。
2.直接或间接外国参展商数量不少于总数量的20%。
3.直接或间接外国参展商的展出净面积比例不少于总展出净面积的20%。
4.外国观众数量不少于总观众数量的4%。
5.在具体接待服务方面,展会主办者必须可以提供专业的软硬件服务,展场必须是适当的永久性设施。
6.所有相关申请表格、广告材料及目录必须使用尽可能广泛的外文,包括英语、法语、德语等。
7.在展会举办期间不允许进行任何非商业性活动。
8.参展商必须是生产商、独家代理商或者批发商,其他类的商人不允许参展。
9.严格禁止现场销售展品或者现场买卖。
10.展会定期举办,展期不超过两周。
11.申请认可时展会最少定期举办过三届。

世界经济论坛于2007年开始每年在中国举办世界经济论坛全球行业峰会暨全球成长型企业年会,即"夏季达沃斯"论坛。该年会的目的是为"全球成长型公司"创造一个与成熟企业共同讨论、分享经验的平台。

随着中国会展业国际化、市场化、规范化程度逐步加深,2008年6月,全国会展业标准化技术委员会成立大会暨委员会第一次工作会议在北京召开,中国会展业开始推进会展发展的标准化工作。

表 2.5　中国取得 UFI 认证的展会项目

1.上海国际汽车工业展览会	29.中国国际流体机械展(新加坡)
2.中国国际工程机械、建材机械、工程车辆及设备博览会	30.中国国际通信设备技术展览会
3.北京国际工程机械展览与技术交流会	31.上海国际广告印刷包装纸业展览会
4.中国长春国际汽车博览会	32.中国(深圳)国际品牌服装服饰交易会
5.中国国际服装服饰博览会	33.深圳国际礼品、工艺品、钟表及家庭用品展览会
6.中国国际投资贸易洽谈会	34.深圳国际玩具及礼品展览会
7.国际医疗仪器设备展览会	35.中国深圳国际机械及模具工业展览会
8.北京国际印刷技术展览会	36.中国国际石材产品及石材技术装备展览会
9.国际制冷、空调、供暖、通风及食品冷冻加工展览会	37.中国国际林业、木工机械与供应展览
10.中国东莞国际鞋展·鞋机展	38.义乌国际袜子、针织及服装工业展(香港)
11.中国(深圳)国际钟表珠宝礼品展览会	39.华南国际印刷展(香港)
12.中国国际医药(工业)展览会暨技术交流会	40.中国国际电力展(香港)
13.中国国际机床工具展览会	41.中国国际塑料橡胶工业展览会(香港)
14.中国国际石油石化技术装备展览会	42.顺德木工展(香港)
15.中国国际纺织机械展览会暨 ITMA 亚洲展览会	43.华南国际包装技术展(香港)
16.中国国际安全生产及职业健康展览会	44.中国国际线缆及线材展
17.中国(大连)国际服装纺织品博览会	45.中国国际管材展
18.中国国际模具技术和设备展览会	46.中国(上海)国际建材及室内装饰展览会
19.中国国际地面材料及铺装技术展览会	47.中国国际染料工业暨有机颜料、纺织化学品展览会
20.国际食品、饮料、酒店设备、餐饮设备、烘焙及服务展览	48.中国(深圳)国际文化产业博览交易会
21.中国国际家具生产装潢与装饰机械及配件展览	49.中国国际全印展—中国国际印刷技术及设备器材展
22.中国国际高新技术成果交易会	50.中国国际社会公共安全产品博览会(CPSE)
23.国际名家具(东莞)展览会	51.深圳国际家具、家居饰品、家具配料展览会
24.广州(锦汉)家居用品及礼品展览会	52.中国国际家居博览会
25.锦汉纺织服装及面料展览会	53.亚洲国际流体机械展
26.中国国际铸造、锻造及工业炉展览会	54.中国国际中小企业博览会
27.多国仪器仪表学术会议暨展览会	55.中国(上海)国际建筑节能及新型建材展览会
28.中国国际加工、包装及印刷科技展览	56.中国(东莞)国际纺织制衣、鞋机鞋材工业技术展
	57.中国国际光电博览会(CIOE)
	58.中国义乌国际小商品博览会

2008 年,中国主办奥运会。2010 年,中国主办世博会。这些会展活动,不仅提升了中国的国际形象和国际地位,而且较好地拉动了中国经济的发展。中国会展业的运作能力和水平得到了国际会展业界的认可,会展很好地发挥了"国家名片"的作用。

2.3.2 中国会展经济产业带分布格局

会展经济的发展与一个城市的产业结构、区位优势、开放和市场化程度、基础设施建设以及服务贸易发达程度等因素密切相关。由于各城市和地区的产业结构、地理位置、开放程度等的差异,中国形成了五大会展经济产业带。(表 2.6)

表 2.6　中国五大会展经济产业带分布情况

产业带	核心城市
京津—华北会展经济产业带	北京
长江三角洲—华东会展经济产业带	上海
珠江三角洲—华南会展经济产业带	广州、香港
东北边贸会展经济产业带	大连、哈尔滨
中西部会展中心城市	武汉、郑州、成都、西安、昆明

1)以北京为中心的"京津—华北会展经济产业带"

该会展经济产业带中的核心部分——京津地区是世界上 6 个绝无仅有的在直径不足100 千米的地域内集中了两个超大型城市的区域,拥有各类科研院所近千所,高等院校近百所,科技人员 150 余万人,是全国知识较密集、科技实力较强的区域。

首都北京是中国的政治、经济、文化中心,发展会展经济具有得天独厚的优势。就会展经济发展实力和知名度来看,北京属于中国一级会展中心城市。天津作为北京的门户,也是国际性现代化港口城市。天津可以利用处于环渤海经济中心和与北京毗邻的区位优势,通过整合会展资源将天津培育成中国二级会展中心城市。因此,"京津—华北会展经济产业带"形成了以北京举办大型国际会议、论坛和高技术含量、高附加价值的展览会为主,以天津的经贸交易会为补充的展会结构。随着雄安新区的建设,城市功能的疏导和优化,该区块的会展业将会进一步科学化发展。

2)以上海为中心的"长江三角洲—华东会展经济产业带"

以上海、南京、杭州、宁波、苏州为代表的长江三角洲城市群,汇聚了中国约 6%的人口和近 20%的国内生产总值,堪称中国经济、科技、文化最发达地区之一。上海、江苏、浙江三资企业众多,世界五百强企业基本全部进入这一地区。"长江三角洲—华东会展经济产业带",因其城市大部分都是沿海城市,经济国际化程度比较高,适合发展各种形式的以经济为主题的会议和展览。

长江三角洲区域经济的龙头——上海的会展经济整体实力在全国居于前列。近年来，上海展会面积在 3 万平方米以上的会展数量名列全国第一，上海展览场馆的租用率高达60%，远远高于国内 25% 及国际上 35% 的平均水平。上海 APEC 会议的举办，空前提升了上海会展城市的国际形象和知名度。因此，上海是名副其实的中国一级会展中心城市。在加快向国际化大都市迈进的过程中，上海已经成为亚洲乃至世界会展的中心城市，并以其与周边城市紧密的经济区位联系，通过各城市之间相互协调和配合等，形成一体化区域会展经济，使长江三角洲会展经济产业带成为亚洲较大的会展城市群。随着国家会议中心的建成运营，中国乃至世界级大展向上海转移将成为趋势。

3）以广州、香港为中心的"珠江三角洲—华南会展经济产业带"

以广州、香港为中心的"珠江三角洲—华南会展经济产业带"具有较强的产业优势、区位优势和开放优势。首先，珠江三角洲—华南地区发展会展经济具有强大的产业支撑。目前，珠江三角洲地区一些新的中心城市，如深圳、东莞、顺德等城市因其经济的发展已率先成为中国重要的电子信息、生物技术、光机电一体化、新材料等领域的高新技术产业群。珠江三角洲—华南地区主要发达的产业有钟表、玩具、建材、家用电器、石油化工、医药制品、化工制品、纺织服装、食品制造、电子通信、信息产业和高新技术产业等。这些发达的产业为华南地区展览市场提供了丰富的项目资源，使其适合发展具有地方产业特色的专业会展。其次，具有与香港地区毗邻的区位优势。珠江三角洲的城市，如深圳、东莞可以与香港地区合作，提升办展层次，迈向国际市场。

整体而言，"珠江三角洲—华南会展经济产业带"中的各城市依据自身特色开发各类展会，形成多层次、相互补充的会展市场结构：广州作为华南会展业的中心城市，以继续举办"广交会"这样大型的综合性展览为主，以"规模大、参展商多"见长；深圳以举办高科技专业展会为主；其他珠江三角洲各城市依托特色产业，举办具有浓厚产业色彩的展会，如虎门的服装节、东莞的民博会等；而海南三亚和博鳌将以大型论坛和研讨会为主，南宁和桂林以专业会展为主，突出"小而精"的特色。

4）以大连、哈尔滨等城市为中心的"东北边贸会展经济产业带"

随着中俄经贸合作的稳步发展，沿"京津—华北会展经济产业带"向北，形成了以大连、哈尔滨、长春、沈阳为中心的"东北边贸会展经济产业带"。东北地区与中国其他经济区域相比，最大的优势就是与俄罗斯、韩国、朝鲜相邻，边境贸易具有相当大的发展潜力。因此，东北地区这几大城市可以利用自身的特色产业开展对俄、对韩等经贸类展会，培育具有地区特色的会展经济。

在该会展经济产业带中，大连会展业虽然与北京、上海无法相比，但因其作为港口城市具有较强的经济优势和区位优势，属于中国二级会展中心城市。黑龙江、吉林、辽宁三省的省会城市哈尔滨、长春、沈阳应通过依托当地产业特色，重点开展对外贸易洽谈会和体现地方产业特色的专业展览会。

5) 以武汉、郑州、成都、西安、昆明等城市为龙头的中西部会展中心城市

中西部会展中心城市的发展突出个性,培育地区特色展会。如作为中国西部特大中心城市的成都,是西南地区的"三中心两枢纽",具有较强的地缘优势,其城市的辐射功能较强,对中国西部大市场的培育与发展有着举足轻重的影响。因此,成都根据其经济、环境等特色,形成节、会、展相结合的会展经济发展模式,成功举办四川国际熊猫节、全国春季糖酒会等具有影响力的展会。

鉴于西部地区基础设施薄弱,经济还落后于沿海地区,西部城市一方面加强基础设施建设,完善交通、通信、运输、餐饮、宾馆等基础条件,增强市场服务和竞争意识,形成对会展业强有力的支撑。另一方面,依据中西部地区在重工业、能源、旅游业、农牧业、种植业和吸引外来投资等方面的优势,积极培育与产业结构关联度高的专业展览会,并努力向国际化、规模化方向发展,已经培育了一批在国际上有影响力的品牌展览会。

总之,中国各地区、城市经济整体水平和特点以及会展业发展水平存在很大的地区差异。就整体利益而言,各地区通过挖掘本地的资源优势,制订科学的、侧重点不同的会展经济发展规划,使各地区、城市之间相互错位,避免恶性竞争。而中国各大城市也从区域经济发展的角度出发,加强城市间的交流与合作,根据自身的资源特点培育有地方特色的专业展、品牌展,实施相互错位的发展战略。

2.3.3　中国会展业的发展趋势

为了跟进国际会展业的发展,中国会展业必须把握好自身的品牌化、信息化、生态化、专业化、多元化、国际化、集团化、人文化、创新化等发展趋势,实现跨越式发展。

1) 品牌化趋势

品牌是会展业发展的灵魂,也是中国会展业在 21 世纪实现可持续发展的关键。实现品牌化经营是增强中国会展业竞争力的必由之路。目前,中国会展品牌与国际性会展公司或展会相比,还存在着巨大的差距。为此,中国会展需要进一步明确市场定位、形象包装策略和市场推广计划,建立强大的营销网络,并在操作模式上实现从政府办展为主向行业协会、专业公司办展为主的方向转变。

2) 信息化趋势

信息技术的迅速发展和互联网的快速普及,使得网上采购、网上销售、网上会展,以及提供网上招商、网上交易平台、网上广告等服务的多种形式的电子商务层出不穷,不断发展。会展业是信息密集型产业,现代信息技术是保证会展业可持续发展的重要支持力量,是实现会展经营管理现代化和高效化的重要途径。中国会展业需要加强数据库建设,推进互联网思维,把握会展业发展的信息化趋势。

3) 生态化趋势

可持续发展是人类社会永远的话题,任何一项经济产业要持续、健康地发展,都必须寻求经济效益、社会效益和生态效益的统一,既满足当代人的需求,又不危及后代人满足其需求的发展。会展业正在作为"无烟产业""绿色产业"受到人们的关注。会展业要以循环经济的理念和思想为指导,通过构建会展与旅游的可持续发展模式,树立"绿色服务"的理念,加强场馆的综合利用与可持续利用,要设立专门的研究机构和评价机构,推进会展运作的生态化。

4) 专业化趋势

随着中国加入世贸组织(WTO),国内会展公司之间、国内会展公司与国际会展公司之间的竞争将形成"内挤外压"的形势,中国会展业的专业化趋势日益明显。会展专业化经营为会展资源的重新整合提供准备,而会展资源的重新整合又为会展专业化经营提供动力和保证。实现会展专业化,走集约化之路,可减少内耗,形成合力,扩大受众,开发市场,必将取得更大的社会效益和经济效益。专业化是中国会展业发展的必然选择。中国会展业需要积极推进会展的专业化,在适应市场竞争的同时满足不同层次、不同类别会展市场的多样化需求。

5) 多元化趋势

从整体上看,世界会展业正在向多元化方向发展,包括展会类型的多行业化、活动内容的多样化和经营领域的多元化。中国的会展公司都会努力拓展本企业的经营项目,形成"一业为主,多种经营"的格局,以分担经营风险,增强企业综合竞争力。中国会展企业在推进专业化的同时,还需要从传统的展会向融商务洽谈、展会参观、旅游观光、文化娱乐等项目于一体的多元化经贸活动推进。

6) 国际化趋势

经济全球化是当代经济发展中不可抵挡的趋势和潮流,是市场经济发展的必然逻辑。中国加入WTO以后,包括会展业在内的各行业都面临着经济全球化带来的挑战和机遇。会展业是一个高度国际化的产业。中国会展业除了应该抓紧制定行业法规,更应该重视:对外尽快熟悉国际规则,参与国际竞争与合作;实施强强联合战略,组建中国会展业的跨国企业集团;加强对会展知识产权的保护,以抓住全球化发展的机遇。

7) 集团化趋势

集团化是国内各个产业部门伴随市场竞争而产生的一种企业经营战略。在WTO背景下,为了实现会展企业间优势互补、提高国际竞争力的目标,中国会展业必须走集团化发展的道路,采取联合和跨界合作,实施品牌经营,积极实行海外扩张,积极引进先进管理理念和运作技术。

8) 人文化趋势

以人为本包括以人为本的发展观和以人为本的管理艺术。以人为本的发展观是把人作为经济和社会发展的本原、本体和核心,把人的发展视为发展的本质,发展的目标和发展的标志,是实现经济社会一体化发展的一种发展观念,是发展会展经济的指导思想。"人文会展"应成为中国会展的特色。在会展产业发展过程中,要坚持以人为本的原则,即中国发展会展经济的市场定位必须以人为中心,一切为了人,一切依靠人,通过实践以人为本的思想,最终真正促进人的全面发展。

9) 创新化趋势

创新是会展的源头活水。市场总是偏爱那些最具创新能力的公司,这些公司往往能够取得骄人的业绩和令人向往的利润。会展创新是会展活动的生命之源,是品牌会展的特质。只有不断地创新,才能与时俱进,增强会展的吸引力和感召力,才能及时而有效地赋予会展以新的内容和新的时代精神,使其不断地焕发出新的光彩与活力。中国会展业需要在经营观念、会展产品、运作模式和服务方式上开展创新,实现跨越式发展。

作为一项新兴的经济产业,中国会展业只有把握品牌化、信息化、生态化、专业化、多元化、国际化、集团化、人文化、创新化等发展趋势,不断创新,实现跨越式发展,才能最终成为真正的会展强国,推进中国经济、文化的全面发展。

思考题

1.拉斯维加斯会展业的发展对其他城市有何启示?

2.简述会展演变的四个阶段及其特点。

3.简述中国会展经济产业带的分布及其特点。

4.中国会展业的发展趋势有哪些?

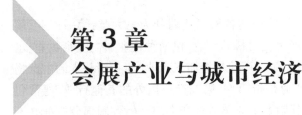

第 3 章
会展产业与城市经济

【学习要求】

了解并掌握城市产业分类与产业结构,明确会展业在城市产业结构中的地位;了解与会展业关联程度较高的主要城市经济部门;熟悉会展业同相关产业之间的相互作用;掌握会展业的绩效评估方法。

3.1 会展业与城市产业结构

会展业与旅游业、房地产业并称为世界三大"无烟产业"。作为现代新兴服务业的组成部分,会展业正日益成为城市经济发展的重要引擎之一。当前,我国已经形成了五大会展业集中地带:以北京为中心的"京津—华北会展经济产业带";以上海为中心的"长江三角洲—华东会展经济产业带";以广州、香港为中心的"珠江三角洲—华南会展经济产业带";以大连、哈尔滨等城市为中心的东北边贸会展经济产业带;以武汉、郑州、成都、西安、昆明等城市为龙头的中西部会展中心城市。上述会展业集中地带恰好与我国主要城市群的空间分布地带高度重叠,可见,会展业已经在经济较发达的城市区域受到高度重视,并被作为"朝阳产业"予以发展。

因此,有必要对会展业在复杂的城市经济结构中的地位进行探讨与分析。

3.1.1 产业分类及其依据

产业在不同的学科背景及不同的语言环境下,其含义均有所差异。在政治经济学理论当中,它主要指"工业",如通常意义上使用的"产业革命""产业工人"等;在法学的学科背景下,它主要指"不动产",如"私有产业""私人产业"等,一般是指个人所拥有的土地、房屋、工厂等具有明确私人产权界定的财产;而在传统社会主义经济学理论中,产业主要是指社会生产中的物质生产部门,如"农业""工业"等。本章将产业视作产业经济学概念加以使用,即产业是指国民经济的各行各业。

1) 产业分类

第二次世界大战之后,各国普遍将国民经济中的各种产业划分为三大类:第一产业、第二产业和第三产业。第一产业是指提供生产物资材料的产业,包括种植业、林业、畜牧业、水产养殖业等直接以自然物为对象的生产部门;第二产业是指加工产业,即利用基本的生产物资材料进行加工并出售的生产部门;第三产业是指第一、第二产业以外的其他行业,通常包括交通运输业、通信业、商业、餐饮业、金融保险业等非物质生产部门。但各国划分标准并不完全一致。此外,由于20世纪90年代以来信息产业的高速发展,有部分专家和学者认为信息产业可以被单独划分为第四产业。世界著名科学家钱学森先生也认为:"庞大的情报信息事业可称为第四产业。"

据中华人民共和国国家统计局官方网站公布的统计标准,我国目前三次产业范围如下:

第一产业是指农、林、牧、渔业(不含农、林、牧、渔服务业);

第二产业是指采矿业(不含开采辅助活动),制造业(不含金属制品、机械和设备修理业),电力、热力、燃气及水生产和供应业,建筑业;

第三产业即服务业,是指除第一产业、第二产业以外的其他行业,包括批发和零售业,交通运输、仓储和邮政业,住宿和餐饮业,信息传输、软件和信息技术服务业,金融业,房地产业,租赁和商务服务业,科学研究和技术服务业,水利、环境和公共设施管理业,居民服务、修理和其他服务业,教育,卫生和社会工作,文化、体育和娱乐业,公共管理、社会保障和社会组织,国际组织,以及农、林、牧、渔业中的农、林、牧、渔服务业,采矿业中的开采辅助活动,制造业中的金属制品、机械和设备修理业。

下面对国民经济中较为常见的主要产业进行简要介绍。

①批发零售业。批发是指批发商向批发、零售单位及其他企业、事业、机关批量销售生活用品和生产资料,以及从事进出口贸易和贸易经纪与代理的活动。零售是指从工农业生产者、批发贸易业或居民购进商品,转卖给城乡居民作为生活消费和售给社会集团作为公共消费的商品流通行为。

②交通运输业。交通运输业是指国民经济中专门从事运送货物和旅客的社会生产部门,是指使用运输工具将货物或者旅客送达目的地,使其空间位置得到转移的业务活动,包括陆路(铁路及公路)运输服务、水路运输服务、航空运输服务和管道运输服务。

③住宿餐饮业。在国民经济行业分类中,住宿餐饮业包括住宿业和餐饮业两类。住宿业是指有偿为顾客提供临时住宿的服务活动,不包括提供长期住宿场所的服务活动。包括旅游饭店、一般旅馆和其他住宿服务。餐饮业是指在一定场所,对食物进行现场烹饪、调制,并出售给顾客,主要供现场消费的服务活动。包括正餐服务、快餐服务、饮料及冷饮服务、其他餐饮服务。

④信息产业。信息产业可属于第四产业范畴,它包括电信、电话、印刷、出版、新闻、广播、电视等传统的信息部门和新兴的电子计算机、激光、光导纤维、通信卫星等信息部门。主要以电子计算机为基础,从事信息的生产、传递、储存、加工和处理。

⑤金融业。金融业是指经营金融商品的特殊企业,包括银行业、保险业、信托业、证券

业、租赁业和典当业。主要包括三大类:银行类、投资类、保险类。金融业具有指标性、垄断性、高风险性、效益依赖性和高负债经营性的特点。指标性是指金融的指标数据从各个角度反映了国民经济的整体和个体状况,金融业是国民经济发展的晴雨表。垄断性一方面是指金融业是政府严格控制的行业,未经中央银行审批,任何单位和个人都不允许随意开设金融机构;另一方面是指具体金融业务的相对垄断性,信贷业务主要集中在四大商业银行,证券业务主要集中在国泰、华夏、南方等全国性证券公司,保险业务主要集中在人保、平保和太保。高风险性是指金融业是巨额资金的集散中心,涉及国民经济各部门,单位及个人的任何经营决策失误,都可能导致极为严重的后果。效益依赖性是指金融效益取决于国民经济总体效益,受政策影响很大。高负债经营性是指相对于一般工商企业而言,其自有资金比率较低。

⑥房地产业。房地产业是指以土地和建筑物为经营对象,从事房地产开发、建设、经营、管理以及维修、装饰和服务的,集多种经济活动为一体的综合性产业,是具有先导性、基础性、带动性和风险性的产业。主要包括土地开发,房屋的建设、维修、管理,土地使用权的有偿划拨、转让,房屋所有权的买卖、租赁,房地产的抵押贷款以及由此形成的房地产市场。在实际生活中,人们习惯于将从事房地产开发和经营的行业称为房地产业。

⑦旅游业。旅游业是指以旅游资源为凭借,以旅游设施为条件,向旅游者提供旅行游览服务的行业,又称无烟工业、无形贸易。狭义的旅游业,在中国主要指旅行社、旅游饭店、旅游车船公司以及专门从事旅游商品买卖的旅游商业等行业。广义的旅游业,除专门从事旅游业务的部门以外,还包括与旅游相关的各行各业。旅行游览活动作为一种新型的高级社会消费形式,往往是把物质生活消费和文化生活消费有机地结合起来。

⑧邮电通信业。邮电通信业是指专门办理信息传递的业务,包括邮政和电信。邮政是指传递实物信息的业务,如传递函件或包裹、邮汇、报刊发行、邮务物品销售等业务。电信是指用各种电传设备传输电信号来传递信息的业务,如电报、电传、电话、电话机安装、电信物品销售等业务。

⑨建筑业。建筑业是指专门从事土木工程、房屋建设和设备安装以及工程勘察设计工作的生产部门。其产品是各种工厂、矿井、铁路、桥梁、港口、道路、管线、住宅以及公共设施的建筑物、构筑物和设施。建筑业的产品转给使用者之后,就形成了各种生产性和非生产性的固定资产。它是国民经济各物质生产部门和交通运输部门进行生产的手段,是人们生活的重要物质基础。美国等西方国家曾把建筑业与钢铁工业、汽车工业并列为国民经济的三大支柱。(表3.1)

2) 分类依据

三次产业分类法是由新西兰经济学家费歇尔在其1935年所著的《安全与进步的冲突》中最先提出的。费歇尔认为,人类经济活动的发展有三个阶段:第一阶段即初级阶段,人类的主要活动是农业和畜牧业;第二阶段始于英国工业革命,以机器大工业的迅速发展为标志,纺织、钢铁及机器等制造业迅速崛起和发展;第三阶段起于20世纪初,大量的资本和劳动力流入非物质生产部门。

表 3.1　三次产业分类简表

三次产业分类	《国民经济行业分类》(GB/T 4754—2011)	
	门　类	名　称
第一产业	A	农、林、牧、渔业
第二产业	B	采矿业
	C	制造业
	D	电力、热力、燃气及水生产和供应业
	E	建筑业
第三产业 (服务业)	A	农、林、牧、渔服务业
	B	开采辅助活动
	C	金属制品、机械和设备修理业
	F	批发和零售业
	G	交通运输、仓储和邮政业
	H	住宿和餐饮业
	I	信息传输、软件和信息技术服务业
	J	金融业
	K	房地产业
	L	租赁和商务服务业
	M	科学研究和技术服务业
	N	水利、环境和公共设施管理业
	O	居民服务、修理和其他服务业
	P	教育
	Q	卫生和社会工作
	R	文化、体育和娱乐业
	S	公共管理、社会保障和社会组织
	T	国际组织

资料来源:国家统计局官网

费歇尔将处于第一阶段的产业称为第一产业,处于第二阶段的产业称为第二产业,处于第三阶段的产业称为第三产业,据此得出"三次产业划分法"。这一产业分类方法提出后,在世界范围内得到广泛认同,并沿用至今。

3.1.2　城市产业结构

城市是人类社会发展到一定阶段的产物,非农业人口的高度聚集和非农业用地的集中开发是其主要特征。城市产业结构和一个国家或地区的产业结构是不同的,且不同类型城市之间的产业结构也有较大差异。

1)分类方法

城市产业的划分,既可以按照三次产业划分法分为第一产业、第二产业、第三产业,又可以根据城市经济自身的特点划分成三大类:一是以满足城市以外地区(区域的、全国的、国际的)需要为目的,生产转出商品和劳务的产业,即主导产业;二是为适应转出产业的生产活动所派生的地方产业,地方产业的发展必须与整个城市的经济发展相适应,在很大程度上受城市人口的规模、性别、年龄,以及居民文化程度的制约;三是一般产业,即为满足城市居民日常生活、公共福利和社会文化所需要的基本产业,如医疗、教育、市政建设等产业。

2)城市产业的构成

按照上述标准,城市产业可划分为主导产业、配套产业与一般产业。

城市主导产业(又称为城市中心产业或支柱产业)是城市形成和发展的动力因素,是一个城市在经济发展中具有一定优势的产业门类,其产品以输出为主。对不同的城市来说,主导产业可能是一个产业门类,也可能是若干产业门类。城市主导产业在城市经济中具有决定城市经济性质和发展方向、速度等作用。主导产业部门这种决定性地位的获得,是由于其在数量上占有极大的比重,在吸收城市就业人口、创造城市国内生产总值和国民收入等方面的贡献远远大于其他产业部门。因此,城市经济的发展应着力于建立与培育主导产业,努力提高主导产业产品的竞争能力。不同类型城市的主导产业应该是不同的,同时,从发展的角度看,同一城市在不同时期其中心产业也应是不断调整的。例如,欧美等发达国家的城市,其发展过程中的主导产业就经历了从轻纺业到机械、钢铁、化工业,再到汽车制造、飞机制造和航天工业的过程。

城市配套产业也称辅助产业,是围绕中心产业的兴起而发展起来的产业门类,如城市交通运输业、邮电通信业、仓储保管业等,其产品或劳务主要是为满足中心产业发展的需要。没有这些相应的产业服务,主导产业也不可能顺利地发展。

城市一般产业,则是以满足城市自身居民生活需要而发展起来的产业门类,如农副产品加工业、饮食服务业、商品零售业等,其产品或劳务大多就地消费,这类产业在城市经济生活中也是不可缺少的。

不同性质的城市,其产业结构、部门结构,以及与此相关的劳动就业结构、技术结构和组织管理结构等均有所不同。相同性质的城市,在不同的经济技术发展水平条件下,其产业构成也不相同。发达国家与发展中国家相比,前者的城市当中服务部门所占比重显著高于后者。

3.1.3　城市产业结构中的会展业

根据本节前两部分的内容可知,会展业不属于提供生产物资材料的产业(即第一产业),也不属于利用基本的生产物资材料进行加工并出售的产业(即第二产业)。因此,根据三次产业分类法,会展业属于除第一产业、第二产业之外的第三产业(即服务业)。同时,依据表3.1 中的产业分类目录,会展业并无明确的所属类别,所以会展业应该被称为"新兴服务业"。

在城市产业结构中,会展业明显不属于"以满足城市自身居民生活需要而发展起来的产业门类",即一般产业,故而会展业只能属于主导产业或配套产业。综上所述,会展业与城市产业结构之间的关系为:会展业是城市新兴服务业的组成部分,同时也可以作为城市产业结构中的主导产业或配套产业。

例如,德国汉诺威以其会展业闻名于世,但在会展业兴起之前,汉诺威已经是工业制造业高度发达的城市,并成为德国的汽车、机械、电子等产业中心。第二次世界大战后的德国,经济被战争重创,百废待兴。为重振当地经济,英国军政府决定于 1947 年 8 月 18 日至 9 月 7 日举办第一届"汉诺威工业博览会"。本次展会的目的是展出适合出口的布隆迪地区被官方称作"德国制造"的产品,从而促进战后联邦德国经济的复苏。在 21 天的展期中,来自 53 个国家的 7 万多名观众参观了展会,1 300 名展商在 3 万平方米的展馆内展出了他们的产品,签订商业合约多达 1 934 份,合计金额超过 3 000 万美元。汉诺威工业博览会从此一举成名,不仅成为"德国制造"的展示平台和代名词,也让汉诺威这座城市因会展而变得举世瞩目。此后,会展业迅速成为汉诺威的主导产业,并带动了其旅游业的发展。

汉诺威会展业的成长历程说明,会展业在城市经济发展过程中,可以由配套产业向主导产业转变。曾经的汉诺威会展,只是为了服务于"德国制造"走向世界,但经过若干年的发展积累,会展业已然成为汉诺威这座城市的主导产业。

3.2　会展业与其他产业互动

会展业是一个产业关联度极高的经济部门,其对所在城市乃至周边区域的产业依赖度极强。部分专业性会展甚至完全依赖于相关产业集群、产业链和产业体系的支撑,倘若没有关联产业作为基础,会展业想要独立发展几乎是不可能的。本节将从宏观和微观两个角度,对会展业与城市产业之间的互动关系进行阐述。

3.2.1　会展业与城市产业的宏观互动

此处将城市产业看作一个整体,对其与会展业之间的互动关系加以分析。

1)城市产业的聚集产生对会展市场的需求

城市会展的市场需求方是大量的企业,特别是中小企业群体。城市及其周边区域的产业规模和经济发展水平通常是决定会展市场发展的首要因素。一般来说,大量生产企业、商业机构集聚在城市及其周边区域,从而形成了较为完善的供应链和生产链。市场交易主体为了能够获得并共享市场信息资源,降低交易成本,实现效益最大化,会在部分产业较发达的城市,尤其是区域性中心城市,形成对会展服务的强烈需求,致使会展业蓬勃发展起来。同时,伴随着经济全球化的加速,企业愈发受到来自国际市场的挑战,这就使市场信息的获取与企业销售渠道的打通变得至关重要,也催生出对国际展会的需求。

2) 城市产业的专业化丰富了展会类型

城市产业结构通常较为复杂,会涉及众多的经济产业部门。这些产业部门为了适应市场竞争,大多会向着专业化、技术化方向发展,从而产生部门分化。正是由于城市产业发展的这一趋势,导致专业化会展不断涌现,如杜塞尔多夫的国际印刷展、包装展,纽伦堡的玩具展,拉斯维加斯的消费电子展等。这些专业展会不仅能够有效促进城市相关产业的极大发展,同时也丰富了城市会展业的种类,客观上推动了会展业的升级换代。

3) 城市服务业的发展为会展业提供良好外部环境

会展业的发展除了需要功能完备、规模可观的硬件设施的支撑以外,还离不开所在城市的配套服务产业的配合,如住宿业、餐饮业、交通运输业、旅游业、传媒业等。这些城市服务产业的完善程度直接关系到展会能否成功举办,其结果不仅会影响会展业未来的发展态势,还会对所在城市的对外形象产生影响。在会展业较为发达的欧美国家,都有一套完善的市场化、专业化、国际化的城市会展服务业体系,可以提供从展前到展后的一系列配套服务。

4) 会展业的国际化提升城市产业知名度

随着经济全球化程度的不断加深,城市会展业也逐步走向世界,并成为众多城市产业与世界市场之间的桥梁纽带。回顾城市会展业国际化进程,城市的相关产业正是借助所在城市会展业的国际化而走向世界。例如,德国汉诺威工业博览会自 1947 年创办以后,其国际知名度不断提升,甚至一度成为"德国制造"走向世界的窗口和平台,受到世界广泛关注。而汉诺威工业博览会的国际化也提升了当地机械制造业、电子信息产业的全球知名度。

3.2.2　会展业与城市产业的微观互动

会展业是一个辐射带动效应极强的行业,其与城市经济部门中的多个产业均有紧密联系。一般认为,会展业与旅游业、住宿餐饮业、交通运输业、金融(保险)业、建筑业等关联性较为显著。以下,将详细阐述会展业与上述五大主要关联产业之间的互动关系。

1) 会展业与旅游业

会展业与旅游业尽管是两个独立的产业部门,但都同属于第三产业——服务业,因此具有一定的共性。两者在实际发展过程中往往互相补充、相辅相成。

①会展业带动旅游业繁荣发展。从国内外的会展发展历程来看,高知名度的国际性会

展能够大大提升目的地形象,增强知名度,使会展举办地吸引众多目光,并逐步发展成为旅游胜地。例如,海南博鳌曾经是一个名不见经传的小渔村,如今却因博鳌亚洲论坛的召开迅速成为举世闻名的旅游胜地。

会展活动的举办也进一步促使旅游设施不断建设和完善。举办会展活动,需要有高质量的会议展览设施,现代化的管理、服务水平,优美的自然、人文环境,良好的城市形象,必将推动政府对旅游业基础设施进行建设和更新。例如,为举办"中国—东盟博览会",广西壮族自治区南宁市政府就曾投资上百亿元加快城市建设,完善城市功能,改善城市整体形象,其中包括新建高标准酒店等设施。同时,会展业还为旅游业的发展创造了巨大的商机,为旅游业的发展注入了新的活力。

各种类型的会议、展览活动的举办,所带来的参展商、组织者以及外围受众等都是潜在的旅游者,为会展举办地的旅游业创造了巨大的潜在客源。并且,该类潜在旅游群体具有消费能力强、停留时间长、团队规模大、盈利效益好、行业带动强的特点,旅游收入颇为可观。

②旅游业助推会展业做大做强。会展的举办地或会议的召开地,通常会选择旅游业较发达的城市。原因在于,一是这些地方由于旅游业的长期发展,具有开放度高、知名度高、设施完善等优势,如上海、北京,两者既是旅游中心城市,也是地区乃至国际会展中心城市,并逐步向会展业与旅游业融合的方向转变。二是从会展业发展的趋势来看,会展的形式正从传统的静态陈列逐步转向集商务洽谈、展会参观、旅游观光、文化娱乐等项目于一体,旅游观光成为会展的重要组成部分。会展的举办方为了增强会展的吸引力,常常也会优先考虑拥有美丽风光和名胜古迹的旅游目的地城市。

此外,旅游业还为会展业的发展提供了基础条件。一是星级饭店、旅游度假村、旅游风景区等都有多种类型的会议厅或多功能厅等,为会展举办提供了场所;二是旅游业可以为会展提供住宿、餐饮、商务和礼仪等目的地接待服务。可见,旅游业对会展业的发展有重要的支撑作用。

由于会展业的高收益性,以及同旅游业的高关联性,目前已有越来越多的旅游企业开始拓展会展市场的业务,逐渐从被动的参与者转化为会展活动的主导者。如上海锦江、中青旅、上海春秋旅行社等旅游企业,早已加入国际会展组织,开发会展市场。旅游企业或集团向会展业发展,使会展业与旅游业的融合进入一个更高级阶段。

2) 会展业与住宿餐饮业

(1) 会展业与住宿业

与会展业相关的住宿业主要是酒店业,故此处用会展业与酒店业的互动关系代替会展业与住宿业的互动关系。

首先,会展业能够为酒店业带来巨大客流。会展活动具有人流量大的特征,这就为当地酒店业提供了丰富的客源基础。例如,国内著名的广交会,就曾云集了来自100多个国家和地区的10多万外商,这些人群无疑为广州当地的酒店业创造了巨大的需求,广交会举办期间,广州市主要宾馆平均出租率都超过95%。

其次,会展业为酒店业创造了直接的经济收益。会展业的拉动系数一般为1∶9,即会展业每增加 1 元收入,会带动相关产业的收入增加 9 元。会展举办期间,参展人员及相关人员在举办地的住宿、餐饮、娱乐等消费行为,均能给酒店带来丰厚的经济收入。最典型的案例当属 1999 年"财富论坛"在上海召开期间,世界各地参会嘉宾带来的庞大客流量,使当地酒店增收超过百万美元。

最后,会展业有助于酒店业提升服务质量。作为一种新兴现代服务业,会展对酒店业提出了较高要求。一方面,酒店业必须充分发挥自身优势,加强硬性及软性环境建设来满足会展业发展的需要;另一方面,酒店业在与国际标准接轨的过程中,必须自觉提高服务质量,改进管理方式,才能跟上酒店业发展的新形势。

(2) 会展业与餐饮业

会展业和餐饮业之间有着密不可分的关系,餐饮业是会展业得以发展的基础条件之一,会展业则是餐饮业转型升级的外部动力。餐饮业主要分为旅游饭店、餐厅(中餐、西餐)、自助餐和盒饭业、冷饮业和摊贩五大类。具体又分为三种类型:便利型大众餐饮市场、高档型餐饮市场、气氛型餐饮市场。便利型大众餐饮市场是大众消费;高档型餐饮市场主要集中在城市商业中心地段;气氛型餐饮市场则位于高档和低档之间,主要是一些主题餐厅、气氛餐厅。与会展业关联度较高的主要是高档型餐厅。

一方面,在展会举办期间,数量可观的参展客流会带动餐饮业需求的骤然增长,当地餐饮业的规模得以扩大,从业者的收入也会显著提升;另一方面,各地食客们不同的饮食习惯、口味偏好、用餐搭配等,都对餐饮业从业者提出了更高要求,倒逼其进行品质改善、服务优化和知识更新。

3) 会展业与交通运输业

交通运输业的发展程度,直接关系到一座城市的会展业能否发展起来,这种影响是决定性的。同时,会展业的做大做强,也会对城市交通体系的完善产生正面效应。以上海为例,其作为中国的会展之都,每年都需要举办大量区域性、全国性乃至世界性的展会,这就意味着由展会带来的具有一定规模的客流,需要在短时间内进、出上海,这对于上海的客流运输能力与交通枢纽的承载力要求颇高,一般城市很难做到。然而,上海作为中国一线城市,公路、铁路、航空、水运、城市轨道交通等运输方式俱全,且运能较大、组织严密、经验丰富,能够应对大型展会带来的人流压力。这也是上海会展业最终能够形成和发展的重要条件之一。

2014 年,由商务部举办的中国国际汽车商品交易会在位于上海虹桥地区的国家会展中心举行,这是该展会首次从北京迁往上海。对于选择在上海举办该展会的原因,中国国际汽车商品交易会组委会表示:上海的国家会展中心紧邻虹桥综合交通枢纽,可以借助航空、高铁、城铁、地铁、公路等多种交通手段,未来周边还有配套的商圈,从这里能够连通到北至哈尔滨、南到广州的广大区域,将来,大虹桥效应不仅会辐射到整个长三角地区,还可以辐射到全国,甚至是全球。由此可见,交通运输业对城市会展业发展的巨大影响。

此处以航空运输为例,对 2016 年全国主要机场(不含港澳台)的客运量数据进行收集、整理与排名,并得到图 3.1。从图 3.1 可以看出,北京首都国际机场、上海浦东国际机场、广州白云国际机场分别占据全国机场客运量的前三位,这与其所在城市的地位是相符的。但需要注意的是,上海的另一大机场——虹桥机场也位列前十,排名第 7 位,客运量逾4 000万人次,如果将其与浦东机场客流量相加,上海便成为 2016 年全国(不含港澳台)航空客运量最大的城市,这与上海会展业的发达程度和办展规模也是相适应的。

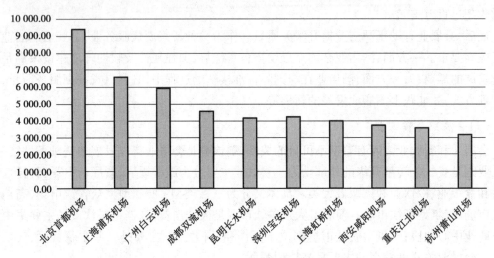

图 3.1　2016 年全国客运量前十位的机场

4)会展业与金融(保险)业

会展业和金融业同属服务业,两个行业均有极强的产业带动力和渗透力。会展和金融都是服务于市场经济主体的,这是两者的相似点和结合点。

金融业具有指标性、垄断性、高风险性、效益依赖性和高负债经营性的特点。金融在国民经济中始终发挥着重要作用。首先,金融在现代经济中的核心地位,是由其自身的特殊性质和作用所决定的。现代经济是市场经济,市场经济从本质上讲就是一种发达的货币信用经济或金融经济,它的运行表现为价值流导向实物流,货币资金运动导向物质资源运动。其次,金融是现代经济中调节宏观经济的重要杠杆。现代经济是由市场机制对资源配置起基础性作用的经济,其显著特征之一是宏观调控的间接化。而金融在建立和完善国家宏观调控体系中具有十分重要的地位。最后,在现代经济生活中,货币资金作为重要的经济资源和财富,成为沟通整个社会经济生活的命脉和媒介。现代的一切经济活动几乎都离不开货币资金运动。从国内看,金融连接着各部门、各行业、各单位的生产经营,联系着每个社会成员和千家万户,成为国家管理、监督和调控国民经济运行的重要杠杆和手段;从国际看,金融成为国际政治经济文化交往,实现国际贸易、引进外资、加强国际间经济技术合作的纽带。

正是金融业在经济发展、部门经济中所处的重要地位,才使得会展业也不可避免地需要和金融业产生密切联系。这种互动关系主要表现在以下几个方面:

第一,金融业为会展业的发展提供巨量的资金支持。会展业的发展离不开大型展馆及场地的供给,而在城市当中建设大型展馆,则需要动用相当大的金融资本。例如,天津的国家会展中心项目,仅天津市政府的配套建设费用就达到 300 亿元之巨,如果没有健全、发达的金融体系作为支撑和支持,很难想象如此巨量的金融资本从何而来。

第二,金融业为会展业内部结构调整提供整合手段。众所周知,一个行业的发展壮大,离不开龙头企业的引领与示范效应,会展业亦是如此。会展业若想做大做强,其业内领导企业就必须在适当的时间,完成行业内相关资源的整合。企业间的整合手段主要是兼并,企业内的整合手段主要有重组等方式,这里主要指企业间的整合。企业兼并是指两个或两个以上的企业根据契约关系进行合并,以实现生产要素的优化组合,是具有法人资格的经济组织,通过以现金方式购买被兼并企业或以承担被兼并企业的全部债权债务等为前提,取得被兼并企业全部产权,剥夺被兼并企业的法人资格。显而易见,企业兼并必须借助金融业的介入和工具,才能实现行业内资源优化配置和重组,从而实现行业做大做强。

第三,会展业发展为金融业提供服务对象与资金来源。金融业属于典型的服务型经济部门,其服务对象主要是各类型经济组织、政府部门、个人及团体,会展业作为重要的现代经济产业部门,也是金融业服务的重点对象。会展业的发展势必带来从业主体的不断增加,随着其从业企业的实力不断增强,必然产生资金贮存、资产运作及项目保险等各方面的金融需求。这在无形中就扩大了金融业的服务对象,也在客观上丰富了金融业的资金来源和范围。

第四,会展业与金融业相结合产生"会展金融"新概念。近年来会展业的目光已逐渐瞄准资本市场,并引发一场"上市潮"。会展金融服务是会展服务体系与金融服务对接形成的一种金融服务模式,是一种集成交易服务模式的金融服务创新。

5) 会展业与建筑业

展会的举办必须借助一定的建筑空间加以呈现。会展业的发展对建筑业具有高度依赖性。建筑行业主要为会展业提供规模庞大的会展建筑和配套设施,会展建筑,尤其是会展场馆,是会展业发展不可或缺的重要载体和依托。

会展场馆是供人们从事会议、展览、节事等活动的主体建筑和附属建筑,还包括与之相配套的设施设备和服务,它由硬件和软件两部分组成。场馆中的"场"是指场地,一般指室外区域;"馆"是指馆所,一般指室内区域。因此,会展场馆可以分成室内的会展和展览中心,以及露天的会议和展览场地。会展业在一座城市兴起和壮大,可以显著拉动当地建筑业的繁荣。

①会展场馆的建设可以强效拉动建筑业建材领域的发展。会展场馆具有占地规模大、建筑体量大、建设难度大的特点,因此对建材供应的数量和质量具有较高要求。例如,上海国家会展中心的总建筑面积达到147万平方米,其中地上建筑面积为127万平方米,并且建筑外观呈现出四片树叶的造型,建设难度大、工程体量大、资金投入大。据悉,该工程总投资达到230亿元人民币,由此可见其建材需求量之巨,以及对当地经济总量增长的强效拉动作用。

②会展场馆的建设可以有效提升建筑行业的就业率。随着我国经济结构转型升级,以及中央政府规范房地产市场发展等措施、政策的出台,中国建筑行业的发展受到一定影响。而会展业作为新兴产业,正受到各地政府的高度重视。很多区域中心城市都在兴建大型国际展览中心项目,如天津、成都、重庆等。这些项目的建设,一方面将助力上述城市巩固区域

会展中心城市的地位;另一方面,可以为当地建筑市场注入强劲的发展动力,提高建筑行业就业率。

同时,会展场馆还可以决定举办哪些展览,以及什么时间办展,其运营模式甚至还可以决定城市会展行业的整体发展。总体来看,会展场馆的建设和运营,对城市会展业发展所起的作用主要体现在以下几个方面:

①能够大力推进会展产业繁荣。城市所处的区域产业结构、市场规模等因素是推动会展业发展的基础性要素,但会展场馆的硬件条件,也是会展业经营所必不可少的。如大连星海会展中心的建成与投入使用带来了大连会展业的"一鸣惊人";深圳会展也曾因"深圳国际展览中心"的建成而客商云集,但其后因展览面积过小,致使"国际家具展"等品牌展会离开深圳,易地举办;上海国际会展中心的建成,直接吸引多家全国知名展会品牌落地上海,使得上海作为中国"会展中心城市"的地位更加稳固。

②能够提高会展业市场化程度。会展场馆的市场化运作,有助于会展业的市场化经营的完善。会展业市场化经营的主体主要包括展览公司、展台搭建公司、展品运输公司、酒店、餐饮、礼仪服务公司等。如果会展场馆采用垄断性经营及提供垄断性展览服务,那么行业内的展览公司、装修公司、运输公司等经营主体就无法获得公平竞争的市场环境以及发展空间。

③能够有效培养会展业人才。作为会展市场主体之一的会展场馆,需要大量高素质的专业人才队伍,以保证场馆管理、展览服务专业化工作的圆满完成。如香港会展中心有正式员工近千人,大部分是从世界各地招聘以及自主培养的高素质专业化人才。因此,会展场馆的经营和运作,可以为城市会展行业吸引大批高素质、高水平的劳动力,并培养大量本土专业化人才。

3.3　会展业绩效评估

本章第二节中已经提到,会展业属于辐射带动效应极强的行业,其与城市经济部门中的多个产业均有紧密联系。然而,会展业对各个经济产业部门的带动作用却是有差异的。有的部门(如旅游业、住宿餐饮业、金融业、交通运输业、建筑业)是会展业的强关联产业,而有的经济部门则属于会展业的弱关联产业。当我们将城市经济作为整体,研究会展业对其发展所产生的影响,就涉及会展业的绩效评估问题。

绩效,从管理学角度来看,是组织期望的结果,是组织为实现其目标而展现在不同层面上的有效输出,它包括个人绩效和组织绩效两个方面。从经济学角度来看,产业绩效则是产业组织经济学的核心问题之一。所谓产业绩效,是指在一定的市场结构下,通过一定的厂商行为使某一产业在价格、产量、成本、利润、产品质量、品种以及技术进步等方面所达到的某种状态,即厂商的经营是否增加了社会的经济福利,是否满足了消费者的需求。

此处的会展业绩效主要是指会展业对所在城市及相关产业的经济贡献。本节重点介绍两种会展业的绩效评估方法：德尔菲法与贡献率测度法。

3.3.1　德尔菲法

德尔菲法（Delphi Method），又称专家咨询法，或专家规定程序调查法。该方法主要是由调查者拟订调查表，按照既定程序，以函件的方式分别向专家组成员进行意见征询，专家组成员则以匿名方式（函件）提交意见。经过几轮征询和反馈，专家组成员的意见逐步趋于集中，最后获得具有较高准确率的集体判断结果。

德尔菲法具有以下三个特点：

①匿名性。采用该方法时，所有专家组成员不直接见面，只通过函件交流，各位专家均不知道具体参与人员名单，他们在完全匿名的情况下交流思想，提出意见或建议，这样可以最大限度减小权威的影响。因此，匿名性是德尔菲法极其重要的特点之一。后来改进的德尔菲法允许专家开会进行专题讨论。

②反馈性。此法需要经过 3~4 轮的信息反馈，在每次反馈中，调查组和专家组都可以进行深入研究，使得最终结果能够基本反映专家的想法，保证结果较为客观、可信。小组成员的交流是通过回答组织者的问题来实现的，一般要经过若干轮反馈才能完成。

③统计性。最典型的小组评估结果是反映多数人的观点，少数派的观点大致概括地提及一下，但这并不能表示出小组不同意见的状况。而统计回答却不是这样，它报告 1 个中位数和 2 个四分点，其中一半落在 2 个四分点之内，一半落在 2 个四分点之外。这样，每种观点都包括在这样的统计中，避免了专家会议法只反映多数人观点的缺点。

采用德尔菲法评估会展业绩效的具体实施步骤如下：

①确定所评估的城市，拟订调查提纲，准备好向专家提供的资料（包括评估目的、期限、调查表以及填写方法等）。

②组成专家小组，根据所评估城市的会展业规模大小、发展程度等因素，确定专家人数，一般总数不超过 20 人，且应该涵盖从行业研究者到专业从业者的各类专家。

③向所有专家提出需要评估的事项（即会展业对所在城市的影响），并附上关于该城市会展业发展的所有材料（如统计数据、新闻报道、相关论文等），同时函询专家还需要什么具体材料，并根据反馈尽量为其提供。

④专家根据收到的具体材料提出自己的评估意见，并在反馈中详细说明评估过程。

⑤将各位专家的首次评估结果进行汇总，并制成图表，进行对比，再分发给各位专家，让专家比较自己同他人的评估意见，同时修改自己的意见和判断。

⑥再次将所有专家的修改意见收集起来，汇总对比分析，再次分发给各位专家，以便做第二次修改。逐轮收集意见并为专家反馈信息是德尔菲法的主要环节。收集意见和信息反馈一般要经过三四轮。在向专家进行反馈的时候，只给出各种意见，但并不说明发表各种意见的专家的具体姓名。这一过程重复进行，直到每一个专家不再改变自己的意见为止。

但是，德尔菲法也存在一些不足之处：有些专家碍于情面，可能不愿意发表与他人不同的意见；缺少思想碰撞，或许会忽视少数人的真知灼见；全程可能受到组织者的主观影响。

此外，在操作过程中还应该考虑以下原则：

①挑选的专家需要具有代表性及一定的权威性。

②在评估之前应该争取参与者的最大支持,以确保参与的专家可以认真配合完成每一次评估,同时要阐明评估的重要意义与实践作用。

③问题的设置应该尽量精准,不赘述,不产生歧义,不出现与评估无关的问题,所提的问题应该让全部专家能够从同一角度去理解、切入和思考。

④提供给专家的信息应该尽量客观、全面,不包含主观色彩。

⑤专家的评估应尽量用粗略的数字(如百分比)表示出来,不需要过分精确。

⑥问题要集中,有针对性,以便获得对所调查问题的深入理解。

⑦调查实施人员不可以将自己的意见加入其中,以免产生诱导。

3.3.2　贡献率测度法

贡献率是分析经济效益的一个指标。它是指有效或有用成果数量与资源消耗量或占用量之比,即产出量与投入量之比,或所得量与所费量之比。计算公式为:

贡献率(%)= 贡献量(产出量,所得量)/ 投入量(消耗量,占用量)× 100%

贡献率也用于分析经济增长中各因素作用大小的程度。

结合会展业的绩效评估来说,贡献率测度法可以反映出会展业对于第三产业或城市整体经济的影响,而会展业对其他产业或城市总体产业的经济贡献度就是其绩效。我们可以通过测算两个指标——三产贡献率和总体贡献率来反映会展业的绩效。

1)三产贡献率

三产贡献率,顾名思义,就是指会展业对所在的第三产业的经济贡献率,该指标可以反映出会展业在第三产业中的经济地位。具体的测算方法如下:

①通过查阅城市统计年鉴与当地的《国民经济和社会发展统计公报》等资料,获得所需年份的第三产业总产值,以及会展业的当期总产值,并做好记录工作。

②通过间接数据(如年增长率等)计算出上年第三产业和会展业的总产值,并做好记录,若数据资料较完整,则可以直接获取相关数据,免于计算。

③将前后两个年度的第三产业总产值相减,得到第三产业的年度增加值,类似的,将会展业总产值前后两个年度的数值相减,得到会展业的年度增加值。

④将得到的两个差值相比(会展业增加值/第三产业增加值),得到的比值乘上 100%,就得出会展业对于第三产业的贡献率,即三产贡献率。

三产贡献率反映了会展业对所在城市第三产业增长的贡献,是反映会展业绩效的重要指标之一。下面通过举例说明法演示会展业三产贡献率的计算。

例:某市 2016 年度第三产业总产值为 110,较上年增长 10%,会展业当期总产值为 15,较上年增长 20%,求该市会展业 2016 年度的三产贡献率。

第一步:计算第三产业与会展业的当期增加值:

$$110-110 /(1+10\%)= 10(第三产业增加值)$$

$$15-15 /(1+20\%)= 2.5(会展业增加值)$$

第二步:计算会展业的三产贡献率:

2.5/10×100%＝25%(会展业增加值/第三产业增加值×100%＝三产贡献率)

由此可得,该市会展业 2016 年对第三产业的贡献率为 25%。

以上就是会展业三产贡献率的具体计算方法。

2) 总体贡献率

与三产贡献率类似,总体贡献率是指会展业对所在城市的地区生产总值的贡献率。其测算方法与三产贡献率极为相似,具体步骤如下:

①通过查阅城市统计年鉴与当地的《国民经济和社会发展统计公报》等资料,获得所需年份城市的地区生产总值,以及会展业的当期总产值,并做好记录工作。

②通过间接数据(如年增长率等)计算出上年当地经济总量与会展业的总产值,并做好记录,若数据资料较完整,则可以直接获取相关数据,免于计算。

③将前后两个年度的地区生产总值相减,从而得到地区生产总值的年度增加值,类似的,将会展业总产值前后两个年度的数值相减,得到会展业的年度增加值。

④将得到的两个差值相比(会展业增加值/生产总值增加值),得到的比值乘上 100%,就得到会展业对于城市经济的总贡献率,即总体贡献率。

总体贡献率反映了会展业对所在城市的地区生产总值增长的贡献,同样是反映会展业绩效的重要指标之一。下面通过举例说明法演示会展业总体贡献率的计算。

例:某市 2016 年度生产总值为 107,较上年增长 7%,会展业当期总产值为 10,较上年增长 25%,求该市会展业 2016 年度的总体贡献率。

第一步:计算生产总值与会展业的当期增加值:

$$107-107/(1+7\%)=7(生产总值增加值)$$

$$10-10/(1+25\%)=2(会展业增加值)$$

第二步:计算会展业的总体贡献率:

$$\frac{2}{7}\times100\%\approx28.6\%\left(\frac{会展业增加值}{生产总值增加值}\times100\%=总体贡献率\right)$$

由此可得,该市会展业 2016 年对生产总值的总体贡献率约为 28.6%。

以上就是会展业总体贡献率的具体计算方法。需要特别说明的是,上述方法同样适用于其他产业部门。

思考题

1.请谈谈会展业在你所在城市经济结构中所处的位置。

2.阐述会展业与旅游业、住宿餐饮业、交通运输业的互动关系。

3.请你选择一座会展中心城市作为案例,分析其会展业的绩效。

第4章
会展市场机制与开发

【学习要求】

　　了解会展市场的概念及特性;掌握会展市场的运作机制;理解中国会展行业现状观察;了解我国会展行业的市场化程度;了解我国会展市场发展的有利和不利因素,以及中国会展市场发展前景。

4.1　会展市场概念与特性

　　会展经济作为社会经济发展的产物,最早产生于西方发达国家。自首届世界博览会1851年5月在英国成功举办以来,就迅速发展成一个新兴的产业。如今,世界上很多国家都对发展会展业十分重视,会展业已经成为现代服务业的重要组成部分。会展业不仅能促进供需对接、畅通流通渠道,是连接生产与消费的桥梁和纽带,还能对区域和行业经济发展产生强大的拉动作用。随着会展业在全球范围内的不断发展,会展业对区域经济及世界经济的带动作用越来越明显,正日益成为全球信息交流、商品贸易、国际及城市形象和影响力的"助推器"。

4.1.1　会展市场的概念

　　市场是社会分工和商品经济发展的必然产物,是商品交换顺利进行的条件,是商品流通领域一切商品交换活动的总和。

　　广义上看,会展市场是指在一定社会条件下,为组织或个体实现效益、进行供给或需求的一系列集中时间、空间的交易活动及其经济关系的总和。狭义上看,会展市场仅指会展需求市场。

　　会展市场一般由以下几个要素构成:一是会展交易主体,即会展需求主体和供给主体。会展需求主体主要有参展商、与会者、观众等。会展供给主体主要是会展组织者或主办者。二是会展交易客体,即会展提供的产品及服务。三是会展活动的交易法规及其监管者、市场管理者。① 四是会展交易时空,即会展举办的时间和地点。

会展市场是开展会展活动的平台。一个完整的会展市场,涉及会展供给市场和会展需求市场两个方面,即会展供给市场和需求市场共同构成了会展市场。

对会展市场的分析是政府监管会展市场的需要,是会展行业协会促进会展业发展的需要,也是会展企业进行会展活动的前提条件之一,会展企业可以通过对会展市场展开分析,提高决策的正确性,制订恰当的营销策略等。尽管目前由于国际化进程加快,会展市场扩大的速度较快,但作为迅速发展的新兴行业,只有充分认识到会展市场的重要性,才能加快会展市场运作的有效性和规范性。

4.1.2 会展市场的特性

会展市场作为市场体系的一个组成部分,它除了具有商品市场的一般特征外,还有其独特性,具体表现如下:②

1) 会展市场的多样性

①会展需求主体的多样性。不像其他一般市场,会展市场需求主体包括两个或两个以上群体,即参展商、与会者和观众等。例如,在展览活动中,会展组织者提供展览场馆设施、公关礼宾、媒体广告等一系列产品或服务,不仅仅是为了满足参展商的需求,还要满足观众这一最终需求主体。

②会展供给主体的多样性。会展产品或服务可以是组织提供,也可以是个人提供。会展供给主体涉及各行各业,如政府、高校、企业等。通常情况下,因会展活动主题性质的不同,会展组织者的身份会有所差异。例如,一些公益性会展活动通常由政府组织,营利性的会展活动一般由会展公司组织。

③会展产品的多样性。会展产品形式多种多样,涉及的范围很广,会展产品可以是商品,也可以是公益品;可以是私人品,也可以是公共品。只要是会展组织者在会展领域提供的商品或服务都可称为会展产品。

2) 会展市场活动的辐射性

会展活动是一种产业关联度极高的综合性经济活动。它的显著特点在于"集中"。会展市场的发展会带动旅游、交通运输、房地产、海关及餐饮等相关产业的发展,具有很强的产业辐射性。会展已被认为是高收入、高盈利的行业,据专家估计其利润率为 20%~25%。为会展业服务配套的服务业、旅游业、广告业、餐饮业、通信业等行业都将因此受益。

3) 会展市场活动的区域性

会展市场活动的区域性是指会展活动组织者应当根据空间位置、资源状况、地理条件等

---

① 孙明贵.会展经济学[M].北京:机械工业出版社,2006:37.
② 邹树梁.会展经济与管理[M].北京:中国经济出版社,2008:25-28.

因素条件选择举办地或会展主题。任何经济活动都不可能离开一定的地域资源,会展活动尤其如此。如果没有良好的区位条件,其他条件再优越也难以使会展活动取得成功。例如,位于热带地区的城市,不可能承办冬季奥运会。另外,若能结合举办地的资源特点,有针对性地举办会展活动,将有利于发挥区位优势,培育区域新经济增长点,改善区域产业结构,提高区域经济运行质量。

4)会展市场信息的强集聚性

会展活动是区别于一般经济活动的特色型经济活动。它在确定的时间和地点,进行大规模信息集中,尤其是贸易展会上,能使产品得到充分的宣传、展示,其直观性、艺术性、宣传力得以充分体现,能集合众多的买家和卖家进行相互交流,集中时间、批量购销,既交流了产品又沟通了信息,从而大大降低了经济活动的交易费用。

5)会展产业的绿色生态性

可持续发展是 21 世纪社会发展的基本方向。会展产业不仅被誉为朝阳产业,而且因它是无烟产业、生态产业而备受世界各国或地区的欢迎。会展产业因其强辐射性带来可观的经济效益,而且还带来巨大的社会效益和生态效益。

6)会展市场活动时间上的非连续性

一般产品的生产和消费活动在时间上都呈现连续性,为"线状"分布。例如,基本生活资料,几乎每天都生产、消费,而会展产品,一般需要经过前期长时间的筹备而产生,而销售却仅在短短的几天内来实现,在时间上呈现非连续性,为"点状"分布。

4.2　会展市场的运作机制

运行机制是指一定机体内各构成要素之间的内在联系以及该运行的动因、规则和方式。[①]

会展业的运行机制则是指会展市场的参与主体以及他们之间的内在联系以及会展运行的动因、规则和方式。

市场的主体主要是从供需两个角度来展开的。对会展市场来说,需求主体一般是参展商、参会者和观众。会展供给主体则根据会展活动的具体情况而有所不同,但大体上一般包括会展场馆、会展公司,以及一些会展中介组织等。一个地区发展会展通常涉及多个部门和机构。所以,具体地说,会展市场参与主体一般包括会展活动组织者,展览公司、专业会议组织者与目的地管理公司,参展商、观众和会议代表,其他中介组织,政府等。

---

① 张红,郝庆智.会展概论[M].2 版.北京:高等教育出版社,2015:198-200.

对于会展的概念,无论是从"大会展"的角度来理解,还是从"MICE"的各个组成部分来理解,会展业发展至今,都已经形成了自己的运行机制。

4.2.1　展览市场运作机制

展览是会展活动的重要组成部分,也是主要部分。因此,展览市场的运作机制也成为会展市场运作的典型模式。一般来说,是否要举办一场展览,或举办一场怎么样的展览,此类问题由主办方提出。主办方可能是政府、协会或其他单位。主办方一般不是会展专业单位,它是为了某种目的而需要主办这场展览。由于主办方不是专业人士,只是一个展览的计划者,它必然会把此展览产品委托给专业单位来办,此处的专业人士即展览公司。展览公司在接到此展览的主题后,便开始按要求组织筹备此展。一方面,要对参展商和观众作宣传。在展览业,广告和促销费用通常要占整个预算的20%左右。另一方面,与展览的目的地管理公司(通常是会展场馆)联系,筹备协商具体事宜。这是一段比较漫长的准备期。通常,展览公司会向展览场地支付租金:预订时支付租金的20%,展览会举办前9个月和6个月分别支付20%,展览会举办前3个月支付最后40%的租金。在任何一个时间点上,如果主办方取消了展览会,那么,之前所支付的所有订金都将被当作罚金没收。

只有在展览期间,才能真正实现主办方的意图,真正为参展商与观众提供高效率的交流平台。当然,现在的目的地管理公司有时也会直接与主办方联系,甚至自行办展,销售展览产品。因此,现在的目的地管理公司在一定程度上承担了展览公司的一部分职责。(图4.1)

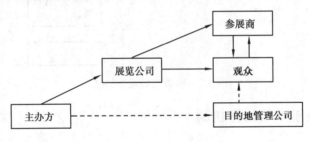

图4.1　展览市场运作机制

4.2.2　会议市场运作机制

会议市场运作从流程上看,比展览市场简单一点,即需求方面只涉及参会者而没有观众。因此,会议市场的运作机制可表述为:由会议计划者或主办方提出召开会议的想法及会议主题,再将其委托给专业会议组织者。专业会议组织者对整个会议进行策划后,与会议当地的目的地管理公司联系落实相关具体事宜,同时,对可能参会群体进行宣传。现在的目的地管理公司有时也与主办方直接联系,销售会议产品,具备了一部分专业会议组织者的职责。(图4.2)

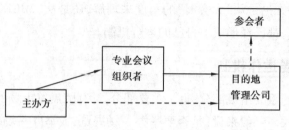

图 4.2　会议市场运行机制

4.2.3　节事市场运作机制

节事活动是从长远或短期目的出发,一次性或重复举办的、延续时间较短的活动。其主要目的在于加强外界对于旅游目的地的认同,增强吸引力,提高其经济收入。节事活动的举办一般来说是由政府部门充当主办方,确定节事活动主题,再由专业公司联合充当承办方将活动开展起来。由于这样大型的活动涉及的面比较广,一般来说都有两个或两个以上的承办单位。(图 4.3)

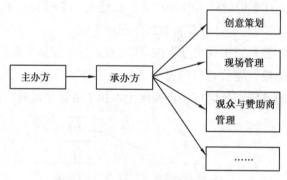

图 4.3　节事市场运作机制

4.2.4　奖励旅游市场运作机制

奖励旅游是商务旅游的延伸,是一种现代的管理工具。在国外,已经有了专门接待奖励旅游的专业公司,国内目前主要还是靠旅行社来操作。其运作机制是:企业有奖励旅游的需求,奖励旅游公司或旅行社针对其需求提出策划方案,若企业同意某方案,则委托策划此方案的公司或旅行社按方案组织此次旅游活动。(图 4.4)

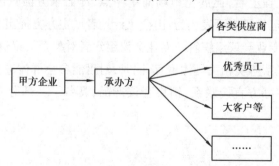

图 4.4　奖励旅游市场运作机制

4.3　会展市场开发

会展业是一个极具发展潜力的新兴服务业,对城市产业及周边经济发展产生着巨大的带动和放大效应,并形成相互促进的良性关系。会展业具有"一带九"的联动优势,即会展业除本身产值外,利用其产业关联效应能带动交通、通信、酒店、餐饮、旅游、零售、广告、印刷、装饰、物流货运等周边产业的发展。

4.3.1　中国会展行业现状观察[①]

自 2000 年我国提出"会展经济"的概念以来,经过十几年发展,会展产业市场规模不断扩大,产业链不断拓宽,带动性逐年增强,经济效益日益显著。

1) 我国会展行业稳步发展

进入 2014 年,我国经济社会持续稳步发展,受经济下行压力影响,中国经济发展步入新常态。同时,政府严控"三公经费"等政策对我国会展经济的发展带来一定影响,我国会展业在经历了长时间的快速增长后,增速有所放缓。2015 年,随着经济逐渐回暖,会展行业企业稳步增加,会展产业进入精细化发展阶段,正在从注重规模、数量扩张向注重质量、效益转变。

调研数据显示,2014 年,全国共举办了各类展览 2 910 场,同比增长 9.4%;展览面积 8 450 万平方米,同比增长 4.3%,展览项目增长快于展会面积增长,展览效益向好。从 2014 至 2016 年上半年,无论展览数量还是展览面积,都保持了稳定增长的步伐。(图 4.5)

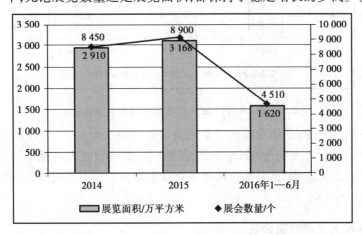

图 4.5　2014—2016 年 6 月我国展览数量及面积

---

① 齐宪臣.2014—2016 年 6 月中国会展行业现状观察及发展前景分析研究报告[N/OL].中国经济网,2016-09-27.

在专业展馆数量方面,近三年也呈现稳步增加的发展态势,由 2014 年的 220 个增加到 2016 年的 242 个,展览场馆的整体建设水平越来越高。(图 4.6)

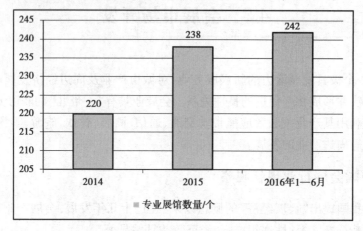

图 4.6 2014—2016 年 6 月我国专业展览馆数量

在收入方面,2014 年会展企业总体收入已经接近 200 亿元,年增速超过 15%,相比前几年持续 20% 的增速有所下降。2015 年会展企业总体收入 247.32 亿元,增速已经呈现快速回涨的发展态势。(图 4.7)

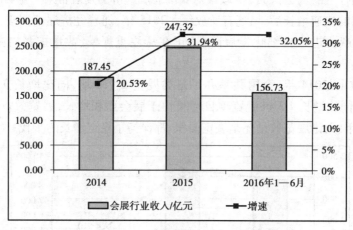

图 4.7 2014—2016 年 6 月我国会展企业总体收入

在会展收入构成方面,参展费收入依然是会展企业的主要收入,占比超过 60%,广告载体费及中介佣金收入合计占到约 40%;在发展趋势上,参展费收入占比呈现下降趋势,附加服务收入占比呈现上涨态势,这表明我国会展企业服务水平在稳步提升,会展服务的精细化成为发展趋势。(图 4.8)

2)会展企业收入规模显著增长

随着会展行业快速发展,我国从事会展服务行业的企业数量稳步增长,从 2014 年的 5 981 家增长到 2016 年的 6 269 家,越来越多的中小企业成长起来,在各地会展行业形成了自己的品牌。(图 4.9)

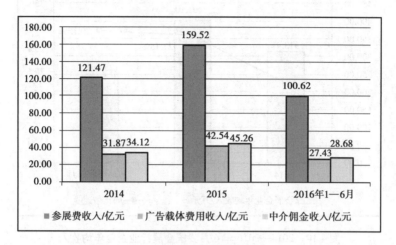

图 4.8　2014—2016 年 6 月我国会展企业收入结构

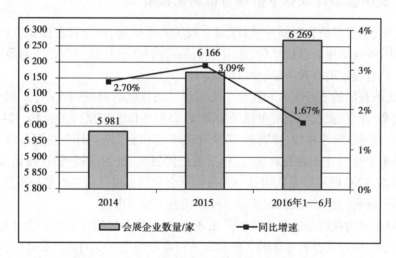

图 4.9　2013—2016 年 6 月我国会展行业企业数量

统计数据显示,各类会展企业年均收入在 2014 年达到 313.41 万元,到 2015 年则上涨到 401.10 万元,会展行业企业收入规模快速增长成为近三年会展行业发展的主要特征之一。(图 4.10)

中国会展业还存在巨大的发展空间,未来几年将继续快速发展。目前我国会展业已进入整合资源、专业聚焦的阶段,各大会展企业将不断探索符合自身特质的经营模式,进一步均衡发展、扩大规模形成规模效益、细分用户需求、提供专业化服务,这也是会展业健康有序发展的未来趋势。①

---

① 高洁.基于 SCP 范式的中国会展业市场结构研究[D].长沙:湖南大学,2015.

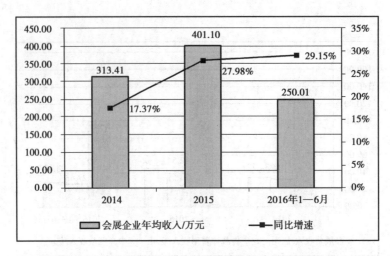

图 4.10　2014—2016 年 6 月我国会展行业企业年均收入

4.3.2　我国会展行业竞争格局与市场化程度①

由于我国会展发展历史时间短、国家对会展实施审批制、行业管理体制等因素,过去很长一段时间内,各级贸促会系统单位、政府或相关部门和组织、国有企业等是我国会展举办的主体力量,具有很强的行政主导、非市场化特征。

随我国改革开放的不断深入和社会主义市场经济体制的建立和完善,20 世纪 90 年代,一些外资、协会/商会、民营等组展单位开始涌现,办展主体逐步呈现多元化。21 世纪初,我国加入 WTO,会展业对外开放,特别是 2004 年商务部出台《设立外商投资会议展览公司暂行规定》对外资企业独立办展权放开后,包括慕尼黑展览、法兰克福展览、汉诺威展览、科隆展览、励展博览、VNU 欧洲展览集团等一大批国际会展巨头通过设立办事处或代理机构、与中方合作办展、合资、独资、收购、兼并等多种方式进入我国市场。

外资会展企业为我国会展行业带来了先进的技术、管理经验和经营理念,引入了一批国际知名的展览会,促进了办展主体的多样化以及行业市场化程度的显著提高,为我国会展业注入了新活力,但同时也对中国会展业带来了很大的冲击,使国内会展行业的竞争更加激烈。特别是对于国内民营会展企业来说更为不易,需要在与拥有体制、资源等优势的政府或国有背景会展企业以及拥有资本、管理、品牌、国际资源等优势的外资会展企业的双重夹击中生存与发展。

近年来,随着我国经济快速增长并成为全球生产制造中心,各地产业环境、基础设施不断完善,2008 年奥运会和 2010 年上海世博会相继成功举办,我国国际形象不断提升,国家也取消了国内展行政审批。在这些因素促进下,我国会展业迎来高速发展时期,主要市场区域从沿海发达地区逐渐渗透到内陆地区,市场化和专业化水平越来越高,各类办展主体迅速发展,形成了政府或相关部门、协会/商会、国有会展企业、民营会展企业、中外合资会展企业、外商独资会展企业、外国会展企业等多方主体办展的格局。

---

① 中国产业信息网.2016 年我国会展行业竞争格局与市场化程度,2016-04-18.

目前在非政府主导的商业展市场,已属于充分竞争的市场。而对于政府展,随着政府监管方式的转变和放权,也将逐步实行市场化运作模式。比如近年,武汉光博会、绵阳科博会、亚欧博览会、沈阳制博会等一些政府展会项目通过服务外包方式实现了市场化改革实践。

根据贸促会《中国展览经济发展报告(2014)》,2014 年国内组展单位按性质可划分为国内企业、行业协会、党政机关和外资企业四大类,分别有 1 226 个、307 个、189 个和 79 个,分别占全国组展单位总数量的 66%、17%、10% 和 4%;分别主办会展数量 2 121 个、386 个、239 个和 193 个,分别占全国组展单位办展总数量的 71%、13%、8% 和 6%;分别主办会展面积 5 902 万平方米、1 352 万平方米、1 036 万平方米和 777 万平方米,分别占全国组展单位办展总面积的 64%、15%、11% 和 8%。虽然外资组展单位机构数量和办展面积分别只占到全国总量的 4% 和 8%,但其普遍具有较强的综合实力,办展规模大,展会影响力显著,其在北京、上海、广州、深圳等一线城市、国际性品牌展会市场的优势突出,代表性企业包括励展博览集团、亚洲博闻、法兰克福展览、汉诺威米兰展览、慕尼黑展览、杜塞尔多夫展览等。政府及国有企业组展单位资本实力较为雄厚,资源丰富,品牌展会历史悠久,影响力大,其在政府大展、相关产业大展、出展等市场占据主导地位,代表性单位包括中国贸促会、中国对外贸易中心、中国对外贸易广州展览公司、中国国际展览中心集团、上海市国际展览有限公司、中国汽车工业国际合作有限公司等。民营会展企业数量众多,但形成集团化、规模化、跨区域经营的较少,展会品牌影响力较低。近年部分细分行业规模较大、具有一定品牌知名度的民营企业或展会很多都先后被外资会展企业强势并购纳入旗下,其中也有一些企业凭借市场化经营机制、特色化发展战略、本土化经营等优势通过自主发展不断壮大,并脱颖而出成为民营优势会展企业的代表,在行业内具备一定的竞争实力。

4.3.3　我国会展市场发展的有利和不利因素[①]

1) 有利因素

(1) 国家及各地区鼓励会展业发展

会展业作为现代服务业和文化产业,在促进贸易与经济技术合作、促进对外交流、促进招商引资、国家与城市形象宣传、推动民族品牌创建等方面发挥着战略先导性作用。除促进货物与服务贸易外,会展业还具有 1∶9 的产业带动效应,可带动城市基础设施、交通、酒店、餐饮、旅游观光、商务休闲、创意设计、广告传媒、会展工程等上下游产业的发展,受到国家产业政策的大力支持。

近年,我国各级政府出台了很多鼓励会展业发展的纲领性文件:2010 年,我国《国民经济和社会发展第十二个五年规划纲要》对会展业提出了"促进会展业健康发展"的任务和目标;2012 年,商务部制定《关于"十二五"期间促进会展业发展的指导意见》,要求充分运用会展业战略性导向产业的属性;2013 年,有 31 个省市自治区的政府工作报告中提到加快发展现代服务业,支持举办会展活动;2015 年 3 月,国务院出台《关于进一步促进展览业改革发

---

① 中国产业信息网.2016 年我国会展行业竞争格局与市场化程度,2016-04-18.

展的若干意见》，提出会展业方面的总体要求、改革体制、创新发展、优化环境和政策引导。具备高知名度的品牌展会的多少体现了一个国家、地区或城市的形象和经济、社会、文明等发展水平，因此，各国、各地区、各城市均大力鼓励、支持会展业的发展。

（2）国家经济转型和产业升级促进会展业发展

会展产业属于现代服务业，具备低碳、正外部性、效益极高的特征，是新经济在服务业中的重要体现。近年来，我国会展业蓬勃发展，会展活动在带动相关行业发展，扩大就业，促进城市经济发展等方面发挥了巨大的作用。

目前，我国正处于国民经济转型与产业升级的关键时期，我国正努力从"中国制造"走向"中国创造"，努力提高在高端制造业、高科技、现代服务业等领域的竞争力，这势必要求会展业在新技术产业化、新商业模式传播、高新品贸易与推广、推动信息交流、推动产业升级等方面发挥更好的平台功能，帮助国内企业实现资金、技术、产品、信息、人才等生产要素的全球配置，会展业将成为转变经济发展方式和产业转型的重要推手。因此，随着经济结构转型与产业升级的深入推进，会展业将迎来新一轮的发展机遇。

（3）国内展馆建设和基础设施日益完善

作为会展业的基础设施，会展场馆对会展业的内容、特点、规模与效益形成了刚性制约，其中决定性因素是室内展览面积和现代化配套设施。

近年来，国内展会的蓬勃发展加剧了会展业对场馆的需求，各地为充分发展本地会展业、提升地区形象，竞相进行会展场馆建设，建成了一批现代化展馆。我国的场馆建设自2010年进入新一轮的投资周期后，始终热度不减。不但京、沪、穗等核心展览城市的大型展馆正在加快展馆改扩建的步伐，一些二、三线城市更是纷纷将兴建展览中心作为推动当地会展业发展、拉动社会经济和城市建设的核心项目。据统计，2016年全国室内可租用面积大于等于5 000平方米，且举办2个以上经贸类展览会的展览馆共有156个，比2015年增加20个，室内可租用总面积约823万平方米，较2015年增加176万平方米。其中，室内可租用面积10万平方米以上的展馆共22个，较2015年增加9个。展览馆市场的持续升温为中国展览业进一步发展提供了硬件支持。①

目前在全球十大顶级场馆中，中国占据了两席（表4.1），其中国家国际会展中心（上海）位居第二，室内展览面积达40万平方米，中国进出口商品交易会琶洲馆排在第五位，室内展览面积达33.8万平方米。我国已经是国际级的会展业大国，随着我国各地区对会展业重视程度的不断加深，会展设施投资力度不断加大。

表4.1　全球十大顶级场馆与中国的十大顶级场馆

全球十大顶级场馆	面积/万平方米	中国十大顶级场馆	面积/万平方米
德国汉诺威展览中心	46.68	国家会展中心（上海）	40.00
国家会展中心（上海）	40.00	中国进出口商品交易会琶洲馆	33.80
德国法兰克福展览中心	35.57	上海新国际博览中心	20.00

① 马宇飞.中国贸促会发布《中国展览经济发展报告（2016）》[N/OL].贸促新闻，2016-04-18.

续表

全球十大顶级场馆	面积/万平方米	中国十大顶级场馆	面积/万平方米
意大利米兰展览中心	34.50	重庆国际博览中心	20.00
中国进出口商品交易会琶洲馆	33.80	武汉国际博览中心	15.00
德国科隆展览中心	28.40	义乌国际博览中心	12.00
德国杜塞尔多夫展览中心	26.27	成都世纪城新国际会展中心	11.00
美国麦考密克展览中心	24.81	中国国际展览中心	10.68
法国巴黎北维勒班特会展中心	24.26	沈阳国际展览中心	10.56
西班牙瓦伦西亚展览中心	23.08	深圳会展中心	10.50

同时,伴随着全球经济重心东移,一些国内会展项目将发展成为世界知名展会,一些中国展会展览成为品牌企业。(表4.2)

表 4.2　2016 年中国展会展览十大品牌企业(排序不分先后)

公司名称	基本情况介绍
中国进出口商品交易会展馆	中国对外贸易中心(集团),广交会展馆,会展场馆十大品牌,别称琶洲展馆、琶洲馆,亚洲较大的现代化展览中心之一
上海新国际博览中心 SNIEC	上海新国际博览中心(SNIEC),十大展会展馆品牌,中外合资合营的第一家展览中心,中国最成功展览中心之一
中国国际展览中心	中国国际展览中心集团公司,展会展馆十大品牌,始于1985年,隶属于中国国际贸易促进委员会暨中国国际商会
国家会展中心	国家会展中心(上海)有限责任公司,由国家商务部和上海市政府合作共建
国家会议中心	北京北辰实业股份有限公司国家会议中心,展会展览十大品牌,中国较大、最新、地理位置优越、周边配套完善的会议中心之一
香港会议展览中心	香港会议展览中心,展会展览十大品牌,世界较大的展览馆之一,亚洲顶尖的展览及会议场馆
深圳会展中心	深圳会展中心,展会展览十大品牌,集展览、会议、商务、餐饮、娱乐等多功能于一体的超大型公共场馆
XIECE 厦门会展	厦门会展集团股份有限公司,XIECE
昆明国际会展中心	昆明国际会展中心,始建于1992年,国内较早建成的"一站式"综合服务会展中心
武汉国际博览中心	武汉国际博览中心,展会展览十大品牌,华中地区规模较大/功能全/规格高的综合会展中心

另外,近年伴随着国民经济的快速发展,国内一、二线城市均加大了城市建设投入,机场、城际高铁、城市高速、地铁等交通设施得到了很大程度的改善,城市酒店、商务、餐饮、金

融、保险、翻译、商务休闲等基础设施和综合服务业也得到了较好发展,一线城市及成都、武汉等重点二线城市都具备了承接全球大型展会的能力。未来几年,随着我国展馆建设投入使用和城市基础设施不断完善,我国在会展领域的基础竞争力将极大增强。

(4)政府职能转变促进会展业市场化发展

一直以来,我国政府主导型会展在多数地区占主导地位,政府主导型展会有其历史背景:宏观层面,政府在产业规划、对外贸易等经济政策上具备较强的主导性,在部门协调、展馆、媒体、交通、酒店等方面具备很强的动员能力;微观层面,政府掌握着大量的资源,具备较强的资源组织能力,为确保展会品质可不受直接经济效益的约束进行投入。因此,政府主导型会展充分发挥了会展的品牌行销、贸易、招商、对外交流等功能,保证会展的品质和效率,在培育国内会展产业前期发展中发挥了重大的历史作用。

随着市场经济的深入发展,政府主导型展会显示出了局限性:①政府主导型展会的组展机构往往是由政府临时设立的组委会,人才配备多由政府工作人员转来,专业管理水平有限,不利于长期的品牌建设,而会展专业化和品牌化是会展品质的核心;②政府主导型展会由于不够市场化,容易出现走过场、吸引力不足、展位摊派等现象;③政府主导型展会较多关注城市形象宣传、政绩展示等社会政治效益,难以满足参展商和观众的真正需求,不利于展会的可持续发展。

目前,国家已出台了一系列政策支持会展业向市场化发展:2012年12月,《关于改进工作作风、密切联系群众的八项规定》提出,严格控制以中央名义开的各类全国性会议和举行的重大活动;2013年11月,《党政机关厉行节约反对浪费条例》规定,未经批准,党政机关不得举办论坛、博览会、展会活动;2015年5月,商务部发布《2014年中国会展行业发展报告》建议,"明确各级政府部门的定位、职能和作用,要求各级政府相关部门积极参与展会协调和监管,展会运作实行政企分离""继续巩固政府办展的清理规范成果,加快推进政府展会转型升级进程"。原受政府主导型会展将更加独立化和市场化,会展市场竞争秩序将更加公平有序,会展业面临着历史性的发展机遇。

(5)国际市场重视中国会展业,"一带一路"推动中国会展业走向世界

随着中国经济发展方式的转变和巨大市场潜力的释放,世界会展业的中国因素进一步增强。一方面,欧美会展强国纷纷将各类展会引入中国;另一方面,我国展览业在新兴国家市场的表现更加活跃。

2013年,国家发改委、外交部、商务部联合发布了《推动共建丝绸之路经济带和21世纪海上丝绸之路的愿景与行动》,标志着我国正式提出"一带一路"倡议。"一带一路"贯穿亚欧非大陆,一头是活跃的东亚经济圈,一头是发达的欧洲经济圈,中间广大腹地国家经济发展潜力巨大。丝绸之路经济带重点畅通中国经中亚、俄罗斯至欧洲(波罗的海);中国经中亚、西亚至波斯湾、地中海;中国至东南亚、南亚、印度洋通道。21世纪海上丝绸之路重点方向是从中国沿海港口过南海到印度洋,延伸至欧洲;从中国沿海港口过南海到南太平洋。

随着"一路一带"倡议的深入,出境主题展将成为促进中国各类产品"走出去"的一个有

效方式和不可或缺的平台。由此,将进一步推进中国新科技、新产品的展示和经贸洽谈,同时也推动我国会展业的发展。

2)不利因素

(1)我国会展业管理体系尚不完善

对于会展业,我国政府管理职能不清,行政管理缺位或不到位,政府包办或对会展市场的干预过多,对会展缺乏指导,阻碍了会展业市场化的进程。我国会展业行业协会体系也尚不完善,除了中国展览馆协会,还没有全国性的会展业协会。虽然近年来各地方会展行业协会不断成立,但是由于起步晚,行业协会并未完全发挥其应尽的职能。

(2)我国会展企业品牌积累不足

从我国展馆、展会、展商等会展要素的全球数量分布来看,我国是"会展大国",但"会展强国"特征尚不突出。2014 年世界百大商展中,我国虽然有 19 席入选,但多数为贸易型展会,引领行业发展趋势的品牌型展会少,国内多数组展商的业务仅在特定行业、特定城市展开,组展商数量多、规模小,导致出现竞争无序、服务不专业等现象。面对外资组展商,国内具有规模的品牌组展商群体的缺位,将使得国内组展商处于不利的竞争地位。

(3)我国会展企业资金实力不强

会展业的多种经营业态均需要较大资金投入,如一般组展业务需要的展馆租赁保证金、展馆租金,均需数百万乃至数千万的资金垫付;又如展馆运营业务需要的运营费用,像业务扩张、规模增长需要的资金投入。同时,会展业的规模化、品牌化必然需要行业的兼并重组,这更意味着巨额的资金投入。目前,我国组展商的资金实力与国际知名展商相比差距较大。

(4)我国会展业兼并收购模式需良性转化①

国内会展运营与国际会展运营在理念上的差距是主因。在国际资源、管理运营和品牌塑造三个方面,国际展览公司确实领先。因此,之前中国展览市场的项目兼并收购呈现了一边倒的现象,每年都不断有优秀项目被外资展览公司收购。长期一边倒的收购兼并,却有着不小的隐患,特别是不利于中国会展业未来的国际化发展。展览项目兼并收购,犹如当年外资品牌收购中国品牌,收购之后,合资企业基本成为外资拓展中国市场的棋子,而失去自主拓展国际市场的资格。由此,这样的兼并收购导致大部分中国展览公司失去拓展国际市场的机会。随着中国制造"走出去"向中国品牌"走出去"转型,强大的中国制造自然需要同样强大的中国会展营销服务产业来配套,在这样的背景下,我们需要重新思考中国会展业的兼并收购模式。

4.3.4　中国会展市场发展前景②

随着我国会展业的持续稳定发展,会展产业规模不断扩大,专业化、国际化、市场化程度进一步提高,标准体系、行业组织建设取得突破性进展,设施建设速度加快,就业人数持续攀

---

① 潘建军.2016 应是中国展览市场兼并收购转型年[N].中国贸易报,2016-03-01.
② 齐宪臣.2014—2016 年 6 月中国会展行业现状观察及发展前景分析研究报告[N/OL].中国经济网,2016-09-27.

升,新的行业发展趋势也日渐显现,如政府办展逐渐淡出,会展市场化运作进程进一步加快,行业规范取得阶段性成果,线上线下实现融合发展,会展教育越来越受到重视,我国会展的国际影响力显著增强。

商务部研究院服务产业研究部副主任俞华指出,会展促进供需洽谈合作,除了总量位居全球第一,硬件不断提升之外,近些年中国会展业还有不少积极变化:市场主体不断丰富,企业链条延伸;展会专业性增强,市场化程度提高;专业人才队伍建设不断强化等。中国会展业的快速发展,既为中国经济社会,也为全球会展业作出贡献。①

1)政府办展更加规范,展会市场化运作力度加大

根据中共中央办公厅和国务院办公厅通知精神,2013年以来,全国开展了对各级政府主办展会和论坛活动的清理规范工作,并取得成效。政府部门主办展会、论坛数量减少,质量提升;"重形式、轻内容"现象得到初步遏制;领导出席规格、频率得到有效控制,财政开支大规模压缩,去行政化效果明显;市场化运作力度加大,部分政府主导的展会已经开始尝试采用政企分开的运作模式。政府办展市场化进程的进一步加快,为建立公平开放的市场规则奠定了基础。

2)标准体系建设力度加大

随着会展业规模的不断扩大,行业标准的制定和推广越来越成为行业规范的重要内容,工作力度有增无减。2013年以来,国家标准化技术委员会先后颁布实施了《会展中心(会议中心)服务规范》《会展设计搭建服务规范》《商贸类展览会等级分类标准》三项会展业国家标准;研究制定了"会议分类和术语"和"贸易类展览会数据统计"标准。商务部制定完成了会展业节能降耗规范行业标准,并已上报国家有关部门履行批准手续。浙江、广西、山东等省区也颁布制定了一系列地方性会展行业标准。

3)"互联网+"助推会展产业快速发展

2015年李克强总理提出"互联网+"的概念后,移动互联网技术以井喷的速度发展并渗透到社会经济、文化、生活的各个方面。会展业作为连接各行各业的重要营销平台,也将目光聚焦到了移动互联网应用上,同时也催生了大批专注会展移动互联网解决方案的企业和平台。

由于会展期间的资源太多,时间又太短,用传统方式根本无法深入开发,传统会展模式对会展资源的利用度、开发度并不高。而移动互联网让会展行业能够更深入地对会展资源进行开发,衍生出颇具想象空间的"会展+互联网"新模式。

2015年,《国务院关于进一步促进展览业改革发展的若干意见》提出,加快信息化进程,引导企业运用现代信息技术,开展服务创新、管理创新、市场创新和商业模式创新,发展新兴展览业态。举办网络虚拟展览会,形成线上线下有机融合的新模式。推动云计算、大数据、

---

① 李婕.中国会展经济为何这么"火"(热点聚焦)[N].人民日报:海外版,2017-06-07.

物联网、移动互联网等在展览业的应用。

在此政策背景下,展览业提出低碳、环保、绿色理念,"绿色、低碳、可持续"已逐渐成为现代展会转型升级的方向。

4) 中国会展业的兼并收购模式将发生转变,会展产业国际化市场占有率进一步提升[①]

中国会展业原来缺乏的国际资源,现在也不再是完全缺乏。合资的一部分展览公司因具有自主拓展国际市场的权限,开始拓展国际市场,如广州九州公司;有的开始开展国际兼并收购,如近期万耀企龙收购新加坡水族展;也有中国展览公司自身积蓄国际资源,厚积薄发,如米奥会展长期在国际市场上积累的全球独立办展运营资源。这些虽然还都是一些个案,但如果加上资本的杠杆作用,我们可以想象,中国会展业的兼并收购模式将发生转变,中国展览公司被外资收购将变得越来越谨慎,国内具备国际化资源及资本的展览公司资本合作项目将会增加。这和强大的中国制造未来更好地实施"走出去"、打造配套贸易促进平台的方向吻合。中国会展业的国际化发展目标,将不再局限于提升国内项目的国际化水平,而是拓展中国会展产业的国际化市场,以及由此带来会展产业国际化市场占有率的提升。

未来 5~10 年,我国会展业发展将更多地关注经济发展新常态,供给侧结构性改革也将为会展业发展提供更大的空间,新商业模式与物联网的结合将为会展业带来新的模式。随着智能手机的深度普及、云平台的用户积累,以及可穿戴设备不断走向成熟,会展业与新技术的融合还会不断加深,展会的形态也将发生更多的变化。与此同时,城镇化建设的推进、"一带一路"倡议、长江经济带战略的提出,也将为中国的会展业带来更多机遇。

未来 10 年,随着全球经济结构的调整,会展业将进入爆发性发展时期。欧洲会展市场强国林立,实力雄厚;亚洲会展市场经济调整中蕴含新希望;美洲市场则有北美的展能优势与新兴市场的开拓[②]。近年来,中国会展业的国际化程度越来越高,在中国举办的行业交流活动不仅迎来越来越多国际展览企业的参与,也得到 UFI、IAEE、SISO 等顶尖行业协会的积极参与与推动。中国在国际会展市场的影响力也不断上升。中国会展业不是追求规模做大,而是要更好地为经济发展服务,争取早日实现从"会展大国"到"会展强国"的蜕变。

思考题

1.简述会展市场的概念及特性。

2.何谓会展市场的运作机制?

3.简述我国会展市场发展的有利和不利因素。

4.简述中国会展市场的发展前景。

---

① 潘建军.2016 应是中国展览市场兼并收购转型年[N].中国贸易报,2016-03-01.
② 张敏.中外会展业动态评估研究报告(2016)[M].北京:社会科学文献出版社,2016:15.

第5章
会展科技应用

【学习要求】

掌握会展信息化的定义;掌握在展前、展中、展后进行会展信息化管理;理解虚拟展会的优劣势;掌握智慧会展的特点;了解会展电子商务的类型。

现代会展已经从传统的人海战术发展到依托现代信息技术的大型活动。特别是云计算、物联网、移动互联网、3D 技术、大数据、虚拟现实和增强现实技术的发展和应用,现代会展已经发生了翻天覆地的变化,变得富有科技含量。现代会展科技服务于会展的运作,使得会展的面对面交流、实物展示变得更加高效,并且极大延伸了会展的产业链条,提升了会展服务的内容和水平,增加了办展机构的盈利点,扩大了会展活动的行业影响力。

值得指出的是,会展是线下营销活动,以面对面、实物展示、现场亲身体验等为基本特征,这些特征保证了会展能够取得理想的效果。会展科技应用无法取代这些本质特征,而是基于这些特征更好地发挥会展的功能。现代科技实现了会展从线下向线上发展,提升了服务效率和质量,有效利用了会展活动聚集的客户资源和注意力资源,在延伸产业链的同时极大地拓展了自身的发展空间。在这种背景下,会展信息化、虚拟展会、智慧会展、会展电子商务等的出现和应用,使会展从传统业态转变成高科技行业。所有会展从业者必须高度关注科技给会展业带来的生态变革。

5.1 会展信息化

会展信息化是指办展机构应用现代信息技术,在生产、管理、经营等各个层次、各个环节和各个领域中,采用计算机、通信和网络等现代信息技术,充分开发、广泛利用办展机构内外部的信息资源,不断提高生产、经营、管理、决策的效率和水平,从而提高办展机构经济效益、增强办展机构竞争力的过程。会展信息化管理的作用主要体现在优化办展机构各类资源、提高客户关系管理能力、提高会展服务质量和效率、拓展会展业务领域四个方面。

会展服务的链条漫长,包含场馆、办展机构、服务商(搭建、酒店、餐饮、运输、观众登记等)、参展商、采购商、普通观众等。会展服务贯穿于整个展会的展前、展中、展后阶段,会展业的信息化管理牵涉面广,所要处理的事务与数据庞大。

会展信息化建立在信息化管理系统之上。信息化管理系统是个广泛的概念,它一般指收集、存储、处理和传播各种类型信息的有完整功能的集合体。具体来说,信息系统是一个人机系统,它由人、硬件、软件和数据资源组成,目的是及时、正确地收集、加工、存储、传递和提供信息,实现组织中各项活动的管理、调节和控制。

5.1.1　会展信息化的内容

1)数据库建设与维护

数据库系统是一种合理组织和动态存储有联系的各种数据,并对其进行统一调度、控制和使用的计算机软件和硬件所组成的系统。

办展机构数据库的建设有两种方式:自行开发和外包。对于大型会展项目,办展机构往往采用外包的形式,由专业的信息服务公司进行会展数据的采集和处理,所建立的数据库也存放在信息服务公司的服务器上。而数据是办展机构最重要的资产之一,会展客户数据库无疑属于商业机密,如何防止泄密是会展项目信息管理中必须解决的问题。

2)信息收集

会展信息是多元素的信息,可以细分为多种信息,如采购商信息可分为基本信息、需求信息和行为信息。基本信息是以名片和现场登记为主采集的,主要是采购商的姓名、单位、部门、职务信息、联系方式等。在展会现场,办展机构通过观众登记等方式收集采购商信息,而参展商可在展台收集采购商信息。采购商在入口填写的调查表答案反映了采购商的需求信息,这样办展机构就能清楚定义每个采购商的参观目的和个人需求,从而能从此角度去查找有价值的采购商。

3)信息统计分析

办展机构通过对收集到的数据进行挖掘分析,能得到有商业价值的结果,如展会第一天上午来参观的人是哪些,参加了某个会议的采购商是哪些,哪些采购商在不同的时间内多次来参观、参观了哪个分场馆或展台,每天的高峰期情况,采购商滞留率,等等。(图5.1)

办展机构可以把统计分析获得的信息做成最新的展会动态,通过文字、图片、视频等方式放在互联网上,让参展商在第一时间了解到展会的最新进展,也可以使那些没来参展的企业及时了解到展会的相关情况。借助这些信息,办展机构可采取对应的服务策略,量化客户的积分指标,提高客户服务满意度,提高客户的忠诚度。会展服务商可为客户提供更多的配套服务,如商务旅行、VIP 礼仪接待等。

在会展市场竞争越来越激烈的情况下,客户资源是关键。品牌展会和一般展会的一个区别就在于前者拥有一个完整的并不断更新的数据库,随时跟踪行业内企业的变化、不断保持与新老客户的联系,提供翔实全面的数据资料。而具有良好的计算机和网络技术支持的会展信息系统,在数据库的建设方面就会占据很大的优势。

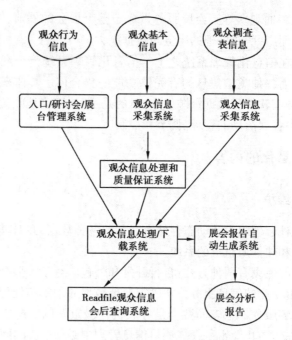

图 5.1　观众信息管理系统示意图

5.1.2　会展信息化管理

1)展前信息化管理

(1)网页开发制作和信息发布

利用办展机构网站或建立特定项目的会展网站,通过多种网络技术手段进行会展项目的信息发布,对会展项目进行在线宣传,是拓宽信息传播渠道,发布办展机构和项目招展、招商信息的重要方式之一。会展网站的巨大优势是可以为广大参展商和浏览者提供功能强大的信息查询系统,方便参展商和采购商迅速找到自己需要的信息,作出参展、参会或参观的决策,从而使办展机构能充分利用网络营销的优势,开拓会展产品营销市场,进一步延伸会展项目和品牌企业的网络形象。

(2)胸卡设计和印刷

注册登记流程是为办展机构和参展商提供跟踪采购商信息的手段,并提供更多的信息以确保更高效、更完整的管理流程。这个流程的信息化是以胸卡的制作为中心进行的。目前胸卡类型有条码胸卡、二维码胸卡、磁条胸卡、智能芯片胸卡。智能芯片胸卡具有较好的应用体验,其最大优点在于智能卡片上的芯片可以储存大量的信息。这个芯片可以使用一套"信用点数"的系统,采购商可以通过卡上预先储存的点数在现场享受相应的服务。也可使参展商或办展机构在处于潜在的没有直接联系的状态下,对现场的采购商和代表的位置进行持续的跟踪。

（3）参展商和采购商预登记

预登记是时下组织和管理商业展会中十分重要的一个流程,办展机构可以提前预知到访采购商和其他与展会相关的信息。利用信息管理系统实行预登记时,会展参加者(参展商、采购商等)通常只需登录指定的会展网站,详细填写在线登记表格并提交,就可以收到组织方发送的电子确认函和短信条码。当他们到达展会现场时,只需出示收到的短信条码,在门口扫描一下就可以进入展会现场。信息化的观众登记能使现场管理变得十分高效。

（4）其他展前管理工作

办展机构可以利用系统提供的载入功能将已有的展位平面图调入某个特定的制图软件中,根据精确的刻度进行展位图的重新测量,设定展区展位规则后可批量制作展位,也可直接选择系统提供的各类标准展位的面积制作展位图。制作好的展位图根据展位销售状态的不同显示不同的颜色,让客户直观地得到一张展位销售图,更神奇的是这张展位图可以将每一个展位与展商、招展员、展位费、展位合同、销售日期等客户所关心的所有要素都丝毫不漏地显示出来。另外,采购商邀请、邮寄标签和打印等,也都能通过信息化方式提高工作效率。

2）展中信息化管理

展中信息化管理包括现场接待和组织管理过程中采购商信息的采集、录入、处理;发放事先印刷好的参观卡,现场打印采购商基本信息,生成个性化的参观卡,现场打印带照片的参观卡、一一对应的 IC 卡、电子标签卡等;展会出入口门禁管理;现场分析报告制作;提供展会各会场和研讨会的展会当天的采购商到达人数曲线、到达人数变化曲线、采购商区域分布、采购商职位统计等分析报告。展中信息收集可以在以下三个阶段进行:

（1）采购商入场即时信息采集

采购商首次入场时提交个人信息,通过技术手段处理信息并写入采购商胸卡。一般通过自动识别系统处理后,人工校对,录入。在展会期间,可以推荐参展商租用设备,读取采购商胸卡中的信息。参展商扫描采购商胸卡后即能马上得到采购商的详细信息,采购商参观完毕后,参展商只需把这些信息通过软盘拷贝回去即可。这种方式易于利用,无论对参展商还是办展机构,都能及时得到信息,会中也能生成完整的报告。

（2）现场调查信息采集

现场调查信息采集包括采购商入场时的调查、采购商完成参观后的意见反馈、观众问卷调查等。采购商入场时的调查一般在观众登记处完成,在观众登记时给每人提供一份调查问卷。通过调查了解采购商的参观目的、所属行业、参展兴趣、展会的渠道等相关信息。采购商完成参观后的意见反馈一般采用抽样调查的方式对已经参观过展会的采购商进行调查,了解采购商的观展感受和对展会的意见、建议。

（3）采购商会后信息采集

在这种方式中,办展机构在采购商入场时只需要现场接待即可,信息的录入处理在会后完成。办展机构快速处理采购商名片。不论何种名片,快速录入公司、姓名、职务即可打印,只需要录入系统和打印机即可。虽然采用这种方法采集采购商信息不及时,要等到会后一段时间才能完成信息采集,但这样时间就比较充裕,准确度较高。

3）展后信息化管理

（1）商业线索追踪服务

借助于信息技术,通过收集的采购商信息和购买意愿,发现和挖掘商业机会,进一步联系采购商,达成贸易;及时跟进采购商订购的信息,通过电话等途径与参展商进行联系,提供及时周到的服务,提高成交量。

（2）展后回访

形成完善的采购商信息资料库,以此为基础,提供专业的采购商回访服务,方式包括邮寄、邮件、传真等,内容包括会后满意度调查、下届参观意向等。通过展后回访,可以有效管理采购商的各种联系方式,进一步提高信息质量。

（3）展会数据分析

展后数据需进行规范化处理,一般采用专业统计分析工具 SPSS、SAS,以便得到全面翔实的数据分析报告。这些展会统计分析报告是基于采购商基本信息、需求信息等数据的多种分析和关联性分析报告。

5.2 虚拟展会

5.2.1 虚拟展会的定义

虚拟展会是指在互联网上以 3D 虚拟现实的方式呈现现实中的展会,通过程序的互动设计模拟现实展会的各种功能。虚拟现实、互联网、传统展会行业的结合,诞生了这一新的应用。虚拟展会能够拉近参展者的距离,实现足不出户参加展会,使用多种互动技术沟通和交易;企业可以通过虚拟展会大幅节省开支,精准地选择合作伙伴;实体展会、展馆能够将虚拟展会作为自身的导引、辅助和客户关系管理平台,大幅提升浏览量和关注度。近些年,世界虚拟展会、网上世博会、微软虚拟展会三大全球重量级虚拟展会应用的相继推出,加速催生了互联网商业新模式——虚拟展会的发展,为实体会展增加了一个有益的补充形式。（图5.2）

图 5.2　网上世博会

实体展会与虚拟展会虽然内容一样,但基础平台、展出方式、交流方式、组织管理方式截然不同。

1) 低成本且高效率

虚拟展会与传统展会相比,其目标用户群遍及全球而不是某地区。因此,对企业而言,虚拟展会可以节省大量的展台建设维护费用,节约资源,有利于环境保护,体现了"绿色、节能、科技"的时代特点。

2) 突破各种参展制约

由于天气恶劣、交通不便、时间紧迫、费用高昂等诸多因素的限制,一些企业只能对实体展会"望展兴叹"。有时即使在天气、时间都合适的情况下,实体展会所带来的人流拥堵、城市出行压力也让很多人乘兴而去,败兴而归,未能得到想要的参展收获。但是,虚拟展会的举办却完全消除了这些参展限制,打破了展会时间与空间的局限,是对传统展会的创新与突破。虚拟展会的举办消除了实体展会举办所需的城市用地和物资消耗,同时也减少了实体展会期间的城市交通压力。

3) 时间上的持续性

虚拟展会没有时间限制,真正实现了"永不落幕的展会"。虚拟展会利用 3D 技术在互联网上呈现,突破了实体展会展期短暂的不足,可以长时间连续展示,且一次投入后持续呈现的成本较低。无地域限制,只需借助互联网,即可随时随地无限时地参观访问,了解展品信息,反复观看展品,时间上的持续性带来了虚拟展会这方面的巨大优势。

4) 直观生动地了解产品

虚拟展会用虚拟现实技术构建商务世界,通过完全拟真的设计让入驻企业获得现实世界的临场感。参展企业能够在逼真的、立体化的 3D 虚拟展馆里开设展位,发布产品 3D 模型,虚拟现实和增强现实技术的应用,让客户足不出户就能直观、生动地了解产品。

5.2.2　虚拟展会技术案例

世界虚拟展会是专业的虚拟展会提供商,致力于展会行业新模式的探索。世界虚拟展会面向企业、相关机构和个人提供多元化的展会相关服务,包括虚拟展会、3D 虚拟房展和3D 虚拟会议。世界虚拟展会是由世界虚拟展会(香港)有限公司(Fair the World Limited,Fair)成功研发的参展商完全自主布展的虚拟展会网。

世界虚拟展会集参展、参观、招聘等实时功能于一体,用户通过在 Fair 官方网站注册并下载使用"易 N 易"(Fair N Fair) 3D 虚拟展会大型智能软件,即时互动体验大型智能展会六大特性。(表 5.1)

表 5.1　智能展会的特性

特　性	说　明
自主性	参展商自主三维立体、多媒体布展,随时更新
专业性	参展商和参观者均来自全世界行业领先优秀企业,高端展会触手可及
体验性	畅游逼真 3D 场景,无缝沟通,体验互联网 3D 商务时代颠覆传统 B2B 模式
虚拟性	虚拟展会+虚拟团队+虚拟办公,虚拟商务模式推动现实经济增长
一站性	产业链的产品、配件和商务活动所需服务机构如金融、物流、保险、认证、媒体、风险投资等进驻参展,产业链完整呈现
即时性	全球参展商、参观者和应聘者的个人虚拟形象随时随地出现在虚拟 3D 场景,搜索目标或偶遇彼此同样惊喜

随着计算机硬件、虚拟现实技术、宽带技术、移动互联网等诸多方面的跨越式发展,虚拟展会将不断发展,从不成熟走向成熟,走向全面推广和正式商用。但是因为实体会展的"实物展示""面对面交流"的两个最基本特点都无法在虚拟展会中实现,因此,不管现在还是未来,虚拟展会只是实体会展的补充形式,是线下的实体会展借助线上的互联网的延伸。虚拟展会的发展不会影响实体展会的发展,就像电视普及以及风景片大量播放,并没有减少游客的数量,反而在一定程度上促进了旅游业的发展。虚拟展会对实体展会的意义也是如此。

案例

虚拟展会

近日,环球资源宣布,公司将推出全新的虚拟展会,以进一步扩大公司的"环球资源采购交易会"(China Sourcing Fairs)的覆盖面及价值。公司计划陆续推出虚拟展会,目标是全面覆盖公司在六个城市所举办的超过 60 场展会。

环球资源董事长兼首席执行官韩礼士表示:"每一个虚拟展会与其相应的面对面展会相

辅相成,目标是为采购商及供应商带来更多更具价值的服务。环球资源深信,虚拟展会的推出将帮助我们在展中及展后接触到更广泛的采购商社群。此外,公司预计有关举措将可以提高广告客户的续约率,吸引更多新的参展商以及增加新的营业收入来源。"

即使采购商不能亲身到现场参观展会,也可以通过虚拟展会浏览参展商的展位及搜寻他们的产品。此外,采购商也可以使用不同的网上渠道与供应商联系,包括使用视频会议与参展商洽谈及观看有关展会的报道。就参展商而言,虚拟展会可以帮助他们提高争取更多订单的机会,并提升他们的品牌知名度。参展商可以获取更多有价值的销售查询,而他们的参展回报将会从展前、展中及展后不同阶段累积起来。

讨论:虚拟展会相对于实体展会有哪些优劣势?

5.3 智慧会展

基于云计算、物联网、移动互联网、3D 打印技术、大数据应用和虚拟现实技术,现代会展完成了"传统会展—传统会展'互联网+'—智慧会展"的跃升,从而促进了会展行业的高速发展,带动了相关产业的发展,创造了更大的经济效益。

5.3.1 智慧会展的定义

智慧会展是以移动互联网技术为依托,不仅强调物联网、云计算等新一代信息技术应用,更强调建立一个以人为本、协同、开放、互动的实时社交平台。智慧会展的核心是以一种更智慧的方法,提供一个实时社交的开放平台,改变参展商和采购商相互交流的方式,高效利用资源,节约成本和时间,改进会展服务,以便提高商务洽谈的明确性、效率、灵活性和响应速度。

智慧会展完美整合各种商流、物流、人流、资金流和信息流,轻松实现智慧技术高度集成、智慧服务高效智能,有整体营销、综合运营、整合产品与商务服务接入等一整套智慧会展整合服务体系。智慧会展在传统会展服务基础上突破传统会展时间与空间的局限,紧密结合线上与线下资源,实现线上与线下的互动,极大地拓展了会展的市场空间和盈利空间,从而达到真正的线上线下、业务驱动、数据核心的智慧会展。

5.3.2 智慧会展的特点

不同于其他社交应用的是,智慧会展的立足点开始于线下会面,因此当用户未产生社交关系时,系统将引导用户线下会面;当产生好友关系后,线上的互动功能则用以维系已经建立的社交关系。这种纵横贯通的社交模式,使得展会成为一个不停运转的社交网络,无时无刻不在传达着商务信息。不仅如此,为了让每个人都能够以一种既高效又轻松的方式参加展会,智慧会展提取出最常用的三个功能:参展导航、二维码应用与拍照功能。采购商在展会上能够轻松获得交通指引、通过地图查找展馆位置、查找自己感兴趣的展位分布等,办展机构也可以统计与会客商的分布,第一时间获取用户商业倾向,从而为参展商推送更精准的会展信息服务。

智慧会展还可以结合用户的参展行为,向用户提供周边的商务服务,带动会展周边交通、旅游、餐饮、住宿、通信、广告等相关产业的发展,从而形成一个会展孵化的消费链,带动区域经济和行业经济的深度互动和和谐发展。同时由于用户以及商务信息的沉积,还可以构建新的产业结构,形成展会经济的二次发酵,带动产业经济的持续发展。

5.3.3　智慧会展相关技术

1) 大数据

大数据(Big Data)指的是所涉及的资料量规模巨大到无法通过目前主流软件工具,在合理时间内达到撷取、管理、处理,并整理成为帮助企业经营决策更积极目的的资讯。大数据的特点有四个层面:第一,数据体量巨大。从 TB 级别,跃升到 PB 级别。第二,数据类型繁多,如网络日志、视频、图片、地理位置信息等。第三,价值密度低。以视频为例,连续不间断监控过程中,可能有用的数据仅仅有一两秒。第四,处理速度快。最后这一点和传统的数据挖掘技术有着本质的不同,业界将其归纳为 4 个"V"——Volume,Variety,Value,Velocity。

关注大数据的一个原因就是它的大价值,比如 eBay,建立的大数据分析平台可以准确分析用户的购物行为。通过对顾客的行为进行跟踪、对搜索关键字广告的投入产出进行衡量,优化后,eBay 产品销售的广告费降低了 99%,顶级卖家占总销售额的百分比却上升至 32%。大数据的作用很多,以球赛为例,我们现在可以通过比赛录像找出对手缺点了。有个大数据应用是视频教练工具,用这个工具,球员可以比较和对比同一投球手的不同投球,或是几天或几周的投球情况的时间序列数据。

全球知名咨询公司麦肯锡称:"数据,已经渗透到当今每一个行业和业务职能领域,成为重要的生产因素。人们对海量数据的挖掘和运用,预示着新一波生产率增长和消费者盈余浪潮的到来。"天睿公司(Teradata)大中华区首席执行官辛儿伦对新浪科技表示,随着大数据时代的到来,企业应该在内部培养三种能力:整合企业数据的能力;探索数据背后价值和制订精确行动纲领的能力;进行精确快速实时行动的能力。会展从业者应该参加相关培训,提升数据仪式和数据能力,顺应大数据时代的工作需要。

大数据技术将不只是带来会展业某一个环节的变动,而是将对会展产业链各环节带来变革,开启会展运作的数据化模式并形成新的会展盈利模式和商业文化。

2) 云计算

云计算(Cloud Computing)是基于互联网的相关服务的增加、使用和交付模式,通常涉及通过互联网来提供动态易扩展且经常是虚拟化的资源。云是网络、互联网的一种比喻说法。云计算甚至可以让你体验每秒 10 万亿次的运算能力,拥有这么强大的计算能力可以模拟核爆炸、预测气候变化和市场发展趋势。用户通过电脑、笔记本、手机等方式接入数据中心,按自己的需求进行运算。云计算特点如下:

①超大规模和高可靠性。"云"具有相当的规模,Google 云计算已经拥有 100 多万台服务器,Amazon、IBM、微软、Yahoo 等的"云"均拥有几十万台服务器,能赋予用户前所未有的计算能力。"云"使用了数据多副本容错、计算节点同构可互换等措施来保障服务的高可靠性,使用云计算比使用本地计算机可靠。

②虚拟化和通用性。云计算支持用户在任意位置、使用各种终端获取应用服务。所请求的资源来自"云",而不是固定的有形的实体。只需要一台笔记本或者一个手机,就可以通过网络服务来实现我们需要的一切。"云"是一个庞大的资源池,你按需购买;云可以像自来水、电、煤气那样计费,从而实现按需服务。

③高可扩展性和廉价性。"云"的规模可以动态伸缩,满足应用和用户规模增长的需要。由于"云"的特殊容错措施可以采用极其廉价的节点来构成云,"云"的自动化集中式管理使大量企业无须负担日益高昂的数据中心管理成本,"云"的通用性使资源的利用率较之传统系统大幅提升,因此用户可以充分享受"云"的低成本优势。

云计算对于会展业的发展是满足会展带来的数据扩张的需要。现代会展的运作建立于信息系统之上,智慧会展所收集的、产生的海量数据,必须要通过云计算进行处理。

3) 二维码

二维码(Two-dimensional Code)又称二维条码,它是用特定的几何图形按一定规律在平面(二维方向)上分布的黑白相间的图形,是所有信息数据的一把钥匙。二维码作为一种全新的信息存储、传递和识别技术,在现代商业活动中应用十分广泛,如产品防伪/溯源、广告推送、网站链接、数据下载、商品交易、定位/导航、电子凭证、车辆管理、信息传递、名片交流等。

从解决参展商、产业发展的角度来分析,"以二维码为入口的移动展会"的实施让参展商的销售更具体明确,营销更便捷精准,参展商投入非常低的成本,获得很好的营销宣传效果,一站式解决参展商营销的多种困境,拉动参展商订单数量的增长。从解决采购商需求的角度来分析,"以二维码为入口的移动展会"是一种消费革命,将改变采购商的参观习惯,让移动观展变得真实可靠,让用户作为产业链的一环参与到营销过程中,实现双向交流,主动实现参展商的精准定位。

二维码技术强化了展会现场的互动性。采购商可以通过扫描轻松获得参展商的产品信息。而采购商在扫描的同时,也将自己的信息留在了参展商的信息系统之中。采购商用移动设备上的二维码扫描软件,可直接扫描二维码进入参展商的手机网站,点击中意的展品,即可完成下单及支付,实现轻松下单的时尚理念。

案例

互联网思维

互联网思维指能充分利用互联网的精神、价值、技术、方法、规则、机会来指导、处理、创新生活和工作的思维方式。世界公仆领袖"联谊会公仆""全球大同"的作者彭友指出全球已进入互联网时代,我思献人人、人人助我思的互联网思维顺势而生。

互联网思维是相对于工业化思维而言的。互联网思维是一种商业民主化的思维,是一种用户至上的思维。互联网思维下的产品和服务是一个有机的生命体。在功能都能被满足的情况下,消费者的需求是分散的、个性化的,购买行为的背后除了对功能的追求之外,展示产品变成了他们展示品位的方式。这样,消费者的需求就不像单纯的功能需求那样简单和直接,所以,对消费者需求的把握就是一个测试的过程,要求你的产品是一个精益和迭代的过程,根据需求反馈成长。互联网思维下的产品自带了媒体属性。因为需求和品位相关联,也就是和人性相关联,所以,互联网思维下的产品就是极致性能+强大的情感诉求。这两样东西都是会自传播的。有互联网思维的企业组织一定是扁平化的。互联网思维强调开放、协作、分享,组织内部也同样如此,它讲究小而美,大而全、等级分明的企业很难贯彻互联网思维,不管是对用户还是对员工,有没有爱,也是一个重要的评判标准。

讨论:互联网思维对会展运作有何启示?

4) 移动互联网

移动互联网(Mobile Internet,MI)是指互联网的技术、平台、商业模式和应用与移动通信技术结合并实践的活动的总称。随着宽带无线接入技术和移动终端技术的飞速发展,人们迫切希望能够随时随地乃至在移动过程中都能方便地从互联网获取信息和服务,移动互联网应运而生并迅猛发展。

移动互联网使人们生活形态发生改变,导致商业运作形态,包括会展运作,都发生巨大的变化。这个变化包括移动社交将成为客户数字化生存的平台,移动广告将是移动互联网的主要盈利来源,手机游戏将成为娱乐化先锋,手机电视将成为时尚人士新宠,移动电子阅读将填补狭缝时间,移动定位服务将提供个性化信息,手机搜索将成为移动互联网发展的助推器,手机内容共享服务将成为客户的黏合剂,移动支付蕴藏巨大商机,移动电子商务的春天即将到来。

案例

移动互联网改变会展商业模式

移动互联网正在改变会展商业模式,它的应用功效正被越来越多的会展企业挖掘出来。移动互联网以及其背后浮出水面的新技术、新服务即为会展业的新生意之一。这个新生意,其中有的已然较为成熟,如展会的注册登记、预约配对、微信营销等;有的刚崭露头角,如展馆里对买家行走路线的诱导式定位,并进行更为精准的展览内容推送;有的只知道会是一个金矿,但还不清楚如何掘到真金白银,比如人见人爱的大数据。基于移动互联网针对会展业专门开发的软件和服务是最富有想象力,也最令人激动的会展业里的新生意。

可以预见,不远的将来,会议价格将很可能不是一个打包价格,而是可以被拆分成单个分组会议/专题价格。如此,参会者可以选择参加最适合自己的会议内容并支付相应的会费。再如,几十个潜在参会者自己发起类似于集体谈判的行动,集体商定演讲题目和候选演讲人以及愿意承受的价格,然后请求主办方邀请指定的演讲人。最近的一个小案例是,××××车展举办时,展会主办方通过微信平台组织了1元抢票活动。通过此次活动,主办方收集到了有价值的观众信息数据,引起汽车厂商、汽车经销商、汽车网站、支付宝等的高度关注与重视。数据就是价值。过去展会的收入主要来自展位销售、门票、广告等,而现在信息也能创造价值。移动互联网可以改变展商参展方式,提高参展效率;移动互联网可以改变观众的参观习惯,提升参展体验;移动互联网改变了展会的宣传推广方式。同时,移动互联网还改变了商业思维,用国际思维聘用国际人才,以合作分享跨界思维方法促进会展业繁荣发展。需要指出的是,移动互联网不仅仅是宣传手段,会展行业应该改变对这一新技术的认识。

马云说:"只有传统企业,没有传统思想。"目前,会展业最需要改变的是理念。目前已有越来越多的实体展采用互联网新技术,包括建立信息数据库、开展微信营销、线上注册参展、提供线上服务等。随着大数据时代的到来,实体展与互联网的结合进入新阶段,会展行业要以互联网思维来策划、组织、推广以及运营展会。会展行业要具备互联网思维,要用改变的态度、创新的意识、拥抱的心态迎接互联网。随着技术的快速发展,会展业不缺新技术,缺的是对技术的深入挖掘。

讨论:移动互联网如何改变会展商业模式?

5) 物联网

物联网(The Internet of things),顾名思义"就是物物相连的互联网"。这有两层意思;第一,物联网的核心和基础仍然是互联网,是在互联网基础上的延伸和扩展的网络;第二,其用户端延伸和扩展到了任何物品与物品之间,进行信息交换和通信。物联网通过智能感知、识别技术与普适计算、泛在网络的融合应用,被称为继计算机、互联网之后世界信息产业发展的第三次浪潮。物联网是互联网的应用拓展,与其说物联网是网络,不如说物联网是业务和应用。因此,应用创新是物联网发展的核心,以用户体验为核心的创新2.0是物联网发展的灵魂。

随着我国物联网产业发展迅猛的态势和产业规模集群的形成,我国物联网时代下的产业革命也初露端倪。从具体的情况来看,我国物联网技术已经融入纺织、冶金、机械、石化、制药等工业制造领域。在工业流程监控、生产链管理、物资供应链管理、产品质量监控、装备维修、检验检测、安全生产等生产环节着重推进了物联网的应用和发展,建立了应用协调机制,提高了工业生产效率和产品质量,实现了工业的集约化生产、企业的智能化管理和节能降耗。与此同时,物联网的提出为会展运作、商品流通带来了极大的便利,为智慧会展建设奠定了基础。

随着物联网技术的研发和产业的发展,预计中国物联网市场规模将快速达到万亿元以上,发展前景将超过计算机、互联网、移动通信等传统IT领域。作为信息产业发展的第三次革命,物联网涉及的领域越来越广,其理念也日趋成熟,可寻址、可通信、可控制、泛在化与开放模式正逐渐成为物联网发展的演进目标。而对于智慧会展的建设而言,物联网将信息交换延伸到物与物的范畴,价值信息极大丰富和无处不在的智能处理将成为会展管理者解决问题的重要手段。

5.4 会展电子商务

电子商务是运用现代电子计算机技术,尤其是网络技术进行的一种社会生产经营形态,根本目的是提高企业生产率,降低经营成本,优化资源配置,从而实现社会财务最大化。从这个意义上说,会展电子商务要求的是整个会展贸易生产经营方式价值链的改变,是利用信息技术实现会展商业模式的创新与变革。

5.4.1 会展电子商务的定义

电子商务是指在世界各地广泛的商业贸易活动中,在互联网开放的网络环境下,基于浏览器/服务器应用方式,买卖双方不谋面地进行各种商贸活动,实现消费者的网上购物、商户之间的网上交易和在线电子支付,以及各种商务活动、交易活动、金融活动和相关的综合服务活动的一种新型的商业运营模式。

会展电子商务是电子商务多种运营模式中的一种专业模式,实现会展采购商和参展商之间的网上购物、商户之间的网上交易和在线电子支付等商业贸易活动。会展电子商务不仅包括企业间的商务活动,还包括企业内部的商务活动,如生产、管理、财务等。它不仅仅是硬件和软件的结合,而且是把采购商与卖家、厂家与合作伙伴利用信息技术结合起来的业务活动,在网络化的基础上重塑各类业务流程,实现电子化、网络化的运营方式。会展电子商务所指的商务不仅包含交易,而且涵盖了贸易、经营、管理、服务和消费等各个业务领域,其主题是多元化的,功能是全方位的,涉及社会经济活动的各个方面。

5.4.2 会展电子商务的特点

1) 交易虚拟化、透明化,使企业技术创新与市场无缝连接

会展电子商务实现了交易虚拟化。通过互联网进行的贸易,贸易双方从贸易磋商、签订合同到支付等,无须当面进行,均通过互联网完成,整个交易完全虚拟化。而虚拟现实、网上聊天等新技术的发展使买方能够根据自己的需求选择产品,并将信息反馈给卖方。通过信息的互动,签订电子合同,完成交易并进行电子支付,整个交易都在网络这个虚拟的环境中进行。会展电子商务实现了交易透明化。买卖双方从交易的洽谈、签约以及货款的支付、交货通知等整个交易过程都在网络上进行。

会展电子商务使企业技术创新与市场无缝连接。会展电子商务促使中小企业更新技术,提高市场应变能力。互联网的飞速发展为产品的研发提供了快捷的方式,企业可以利用网络快速调研,了解顾客最新的需求,获得高价值的商业信息,辨别隐藏的商业关系和把握未来的趋势,从而作出更有创造性、更具战略性的决策。开发者利用网络迅速得到市场反馈,以便随时对产品进行改良,使产品最大限度地满足市场需求。

2) 交易成本低、效率高,提高企业内部团队合作效率

会展电子商务使得买卖双方的交易成本大大降低。一是网络信息传递快捷,大大缩短了时间成本。买卖双方通过网络进行商务活动,无须中介参与,减少了交易的有关环节。卖方可通过互联网进行产品介绍、宣传,省了在传统方式下做广告、发印刷品等的大量费用;电子商务促使"无纸贸易",可减少 90% 的文件处理费用,提高了内部信息传递的效率,节省了时间,并降低了管理成本。二是互联网使买卖双方即时沟通供需信息,使无库存生产和无库存销售成为可能。即时生产、即时销售,能降低存货费用,同时采用高效快捷的配送公司提供交货服务,从而降低产品成本等。三是会展电子商务交易效率高。互联网将贸易中的商业报文标准化,使商业报文能在世界各地瞬间完成传递与计算机自动处理,原料采购、产品生产、需求与销售、银行汇兑、保险、货物托运及申报等过程无须人员干预,可在最短的时间内完成。

会展电子商务提高了企业内部团队合作效率。在企业内部,会展电子商务模式可以促使企业打破部门之间的界限,把相关人员集合起来,按照市场机制去组织跨职能的工作,从而减少企业的管理层次和管理人员的数量。会展电子商务将那种容易形成官僚主义、低效率、结构僵化、沟通壁垒的单一决策中心组织改变为分散的多中心决策组织,决策的分散化能够增强员工的参与感和责任感,提高了决策的科学性和可操作性。

3) 优化社会资源配置,为向消费者提供个性化服务创造了条件

会展电子商务优化了社会资源配置。现实中,率先使用会展电子商务的企业会有价格优势、产量优势,以及规模扩张、市场占有和规则制订上的优势。在市场竞争机制和电子商务的共同作用下,资金、人力和物力等资源会从成本高的企业向成本低的企业流动,从而使社会资源得到更合理和更优化的配置。

会展电子商务为向消费者提供个性化服务创造了条件。会展企业可以利用网络追踪和分析每一位消费者的偏好、需求和习惯,同时将消费者的需求及时反馈到决策层,促进企业针对消费者而进行的研究和开发活动,使企业对客户的了解和认知更为透彻,更好地为他们提供个性化服务,提高他们的满意度和忠诚度,为企业增加盈利。(图 5.3)

图 5.3　会展电子商务

5.4.3 会展电子商务的功能

1)广告宣传与商务洽谈

电子商务使企业可通过自己的 Web 服务器、网络主页和电子邮件在全球范围同时作广告宣传。在互联网上宣传企业形象和发布各种商品信息,客户用网络浏览器可以迅速找到所需的商品信息。与其他各种广告形式相比,在网上发布的广告成本最为低廉,而给顾客的信息量却最为丰富。在商务洽谈方面,电子商务使企业可借助非实时的电子邮件、新闻组(news group)和实时的讨论组(chat)来了解市场和商品信息,洽谈交易事务,如有进一步的需求,还可用网上的白板会议(whiteboard conference)、电子公告板(BBS)来交流即时信息。在网上的咨询和洽谈能超越人们面对面洽谈的限制,提供多种方便的异地交谈形式。

2)网上交易与网上支付

电子商务通过 Web 中电子邮件的交互传送实现客户在网上的交易。企业的网上交易系统通常都是在商品介绍的页面上提供十分友好的交易提示信息和交易交互表格,当客户填完订购单后,系统回复确认信息单,表示交易信息已收悉。在网上支付方面,网上支付是电子商务交易过程中的重要环节,客户和商家之间可采用信用卡、电子钱包、电子支票和电子现金等多种电子支付方式进行网上支付,采用网上电子支付的方式节省了交易的开销。

3)市场调研与信息服务

企业的电子商务系统可以采用网页上的选择、填空等及时收集客户对商品和销售服务的反馈意见,客户的反馈意见能提高网上交易售后服务的水平,使企业获得改进产品、发现市场的商业机会,使企业的市场运作形成一个良性的封闭回路。在信息服务方面,电子商务通过服务传递系统将所有客户交易的商品尽快传递到已订货并付款的客户手中,对于有形的商品,信息服务传递系统可以对本地和异地的仓库在网络中进行物流的调配,并通过快递业完成商品的传送;而无形的产品如软件、电子读物、信息服务等则立即从电子仓库中将商品通过网上直接传递到用户端。

5.4.4 会展电子商务的模式与类型

1)会展电子商务的模式

会展电子商务的应用主要有三种模式:一是办展机构建立一个与现场展会相配套的虚拟展会网站,使办展机构的服务水平得以提高,提高现场展会的成交量。二是参展商建立自己的电子商务网站,通过参展商和采购商互动的过程,使采购商能主动决定产品规格、品质与价格,让参展商可以更快、更准确地捕捉采购商光临网站的各项数据信息,以此来了解采购商的偏好,预测新产品概念和广告效果,最终使采购商参与到产品的设计中来。三是电子商务平台与展会合作,以电子商务平台参展的形式出现,展会办展机构与电子商务平台合作以互利为合作基础,电子商务平台参加展会多作为媒体与展会进行资源互换。在这类合作中,展会办展机构是想借用电子商务平台的点击量、行业资讯栏目发布相关展会预告,而电子商务平台则通过展会扩大知名度,宣传品牌,同时也为未来战略性合作打基础。

2) 会展电子商务的类型

按参与会展电子商务交易涉及的对象分类,可以分为以下三种类型:

(1)参展企业与采购商之间的电子商务(B2C)

这是采购商利用互联网直接参与会展经济活动的形式,类同于商业电子化的零售商务。随着互联网的出现,网上销售迅速发展起来。目前,在互联网上有许许多多各种类型的虚拟商店和虚拟企业,提供各种与商品销售有关的服务。通过网上商店买卖的商品可以是实体化的,如书籍、鲜花、服装、食品、汽车、电视等;也可以是数字化的,如新闻、音乐、电影、数据库、软件及各类基于知识的商品;还有提供的各类服务,如安排旅游、在线医疗诊断和远程教育等。

(2)办展机构与参展商之间的电子商务(B2B)

企业可以使用互联网对每笔交易寻找最佳合作伙伴,完成从订购到结算的全部交易行为,包括向供应商订货、签约、接受发票和使用电子资金转移、信用证、银行托收等方式进行付款,以及在商贸过程中发生的其他问题,如索赔、商品发送管理和运输跟踪等。企业对企业的电子商务经营额大,所需的各种软硬件环境较复杂,但在 EDI 商务成功的基础上发展得最快。

(3)企业与政府方面的电子商务(B2G)

这种商务活动覆盖企业与政府组织间的各项事务。例如,企业与政府之间进行的各种手续的报批,政府通过互联网发布采购清单,企业以电子化方式响应,政府在网上以电子交换方式来完成对企业和电子交易的征税等,这成为政府机关政务公开的手段和方法。

办展机构需要灵活运用电子商务,推进会展服务,深化会展服务,延伸会展产业链,在技术日新月异的时代下占领有利的会展生态位。

思考题

1.虚拟展会相对于实体展会有哪些优劣势?

2.简述虚拟展会的定义。

3.简述智慧会展的特点。

4.会展电子商务有哪些类型?

第6章
会展大客流管理

【学习要求】

了解会展大客流的类型和主要特征;会展大客流的预警机制;会展大客流的需求配套;会展大客流的应急管理。

6.1 会展大客流的分类及主要特征

由于会展活动具有时间上的短暂性、空间上的流动性和人员上的集中性,大型活动往往会选择在会展活动举办地附近举行。在短时间内发生局部空间聚集大量人流,不仅使得会展参与者体验质量下降,给场馆管理造成巨大压力,而且还会造成城市部分交通的瘫痪,甚至可能出现过度拥挤的状况,给人们的生命安全带来隐患。当然不是所有的会展活动都存在大客流现象,一般而言,中小型的会议和展览出现大客流的可能性较小,而大型活动如节庆、大型展览、大型会议、世博会、世界杯、奥运会等往往会出现大客流,需谨慎对待,制订相关的预案,采取必要的预防和处置措施。

6.1.1 会展大客流的定义

会展大客流是指在会展活动的现场管理中某一时段,客流量超过会展场馆基础设施或者服务接待设施所能承担的流量时的客流。会展大客流一般发生在会展活动开幕式、闭幕式、表演活动及节假日期间。

6.1.2 会展大客流的分类

根据是否可以预见,会展大客流分为可预见性大客流和突发性大客流两类。可预见性大客流是指根据以往经验可以预见到的大客流,如会展活动的开闭幕式、相关向公众开放的表演活动及节假日;突发性大客流是指由于某种自然或者人为因素造成的突发事件导致出现暂时性的大客流,如恶劣天气、恐怖事件、断电起火等意外事件等。

根据是否经常发生,会展大客流分为持续性大客流和暂时性大客流两类。持续性大客流是指能够持续全天、几天,甚至一周的大客流,如黄金周、节假日及周末等;暂时性大客流是指在会展活动某天的某个时间段,由于一些原因造成局部的大客流,如恶劣天气的雷暴雨时,观众无法及时疏散,聚集在场馆门口和周边;由于某个名人的出现,造成人流向某个区域流动,现场异常拥挤等。

根据客流的时间分布形态,可以分为单峰、多峰、突峰和全峰。工作日的客流量以无峰和单峰为主,属于聚集风险相对较小的时期;黄金周、短假和周末的客流时间分布形态为多峰和全峰为主;开闭幕式、表演活动、名人出现的客流时间分布形态往往出现突峰。

根据客流的规模大小,可以分为Ⅰ、Ⅱ、Ⅲ三级(对应红色、橙色、黄色)。Ⅰ级大客流以客流量超过最大承载量作为界限,现场人员的人身安全已经存在明显的隐患,需采取必要的Ⅰ级大客流防范措施,防止出现混乱和事故;Ⅱ级大客流以客流量超过最大承载量的80%作为界限,给观众(或者游客)的安全带来一定的影响,存在大面积拥堵现象;Ⅲ级大客流以客流量超过最大承载量的70%作为界限,并且表现出持续不断上升的趋势,观众(或者游客)的体验质量和接受的服务水平受到一定程度的影响,尚未造成安全影响,但需采取必要的三级大客流防范措施;尽量保证最佳客容量状态。

案例

国家会展中心一场展览"搞瘫半座城" 各种软肋待解决

新民晚报·新民网 昨天结束的国家会展中心国际医疗器械博览会,内外交通、配套设施等问题让人惊呼:一个展览,瘫痪半个城!

外部交通接近瘫痪

"当天上午,我从市中心赶往青浦法院开庭,在经过国家会展中心的时候,整整被堵了一个小时!"钱翊樑是执业律师,通常开庭的路程耗时都会算得很准,"但是,谁能想得到,一边在搞大型展览,一边是场馆周边的道路还在开膛剖肚!"

种种配套设施的不足,使国家会展中心备受诟病,交通无疑是质疑的焦点,本报记者实地探访体验。

轨道交通2号线是市区抵达会展中心的唯一一条地铁线路,徐泾东站出站即是会展中心,展会期间它瞬间成为人流压力最大的站点。即使在部分公司已经撤展的第二天中午,回程观众源源不断涌入地铁,令并不宽敞的站台始终显得嘈杂拥挤。周日下午近3时许,场内志愿者指路时已经提醒:"建议你们早点走,再晚一点的话,地铁都挤不上去。"

早在国家会展中心建成之前,徐泾东站已经投入使用,它的规格无法与国家会展中心的客流量相匹配,其隐患显而易见。很难想象以展会第一天的人流量,这个站台上是怎样的"盛况",虽然引导、限流等安保措施到位,但仍然令人为它的安全捏一把汗。

地铁线路只有一条,配套的公交车也十分有限。仅靠这些城市公共交通,想在下午或傍晚疏散大批观众,压力非同小可。会展中心提供的短驳车仅开往10号线虹桥机场T1航站楼、13号线金运路站和9号线中春路站,且下午3时后才有。国家会展中心吸引了大批来自全国各地的观众,如有短驳车直接驶往虹桥机场T2航站楼和虹桥火车站,既能为外地观众提供便捷,也能短时间内疏散部分人流。

至于出租车,到哪里乘坐成为难题。几个志愿者给记者的回答几乎是一样的,"有出租车候车点,但基本打不到,没有车过来,还是用打车软件叫一辆吧"。在出租车候车点,记者等候多时,不见一辆出租车进来。有观众建议,在展会期间,应组织出租车前来带客。

内部行走是场噩梦

当钱翊樑被堵在展馆外的马路上时,展馆里却已是人如潮涌。后来的统计显示,参观医疗器械展览的客流量竟然超过了不久前的国际车展,如此客流规模,远远超出了人们的预料。

国家会展中心总建筑面积147万平方米,展览面积50万平方米,被称为目前世界上面积最大的建筑单体和会展综合体。展会期间,一天少则几万人次,多则可达一二十万人次进出展馆。然而,场内交通同样令人头疼。

在美丽的"四叶草"内行走,几乎是场噩梦。偌大的会场没有电瓶车作为场内代步工具,交通基本只能靠走,不仅令人疲惫不堪,还降低了观展的效率。如果内场和外场都增设电瓶车服务,相信观展体会能够改善不少。而且,如此高强度的暴走,还苦于无法休息,场内可供观众休息的座椅寥寥无几,偶尔才在角落里见到一两个。

此外,客流进了展馆,到了饭点却因办展方事前没有料到如此大的客流量,餐饮供不应求,只好匆忙调运汉堡包。"其实,展览活动有众多参展商参与,更有数量众多的观众参与,是典型的群体性公众活动,特别是涉及公共安全,绝不是调运一批汉堡包就能解决的。"钱翊樑律师说,2010年世博会之所以能成功举办,一个重要原因是,世博园区内公共安全的管控措施非常有效——世博园区是封闭场所,入园要安检,园内还有大量志愿者维护秩序,组织化程度之高,值得日常办展借鉴。

讨论:国家会展中心存在哪些软肋待解决?

6.1.3 会展大客流的主要特征

1) 突出表现在特定时段

在特定的时间段里,客流会显著增加,如黄金周、节假日、周末、开闭幕式、名人出现、精彩的表演等。

2) 可预见性和不可预见性并存

根据以往的经验,有些时间段的大客流可以预见,提早做好防范措施,但是还有不少因突发事件引起的不可预见性的大客流,这种风险相对较大,要及时启动紧急预案,因此,不管是哪种大客流,都要实时监控,根据实时情况作出及时反应,采取必要的措施,尽量不出现安全问题。

3) 影响范围较大

特别是大型活动举办期间,大客流随时可能发生在场馆内及其周边,如果外来的游客较多,甚至会影响整个城市的交通。

4) 伴生会展活动

只要举办会展活动,就会存在大客流的可能,产生大客流的问题。一般而言,举办大型活动都会选择在交通方便,如交通枢纽和人员疏散快的地方。这也是会展场馆选址的一个重要因素。

5) 会展活动的参与者体验质量和所接受的服务水平下降

当客流量超过最佳客容量时,会展活动的参与者兴致被破坏,其获得的体验质量和所接受的服务水平必然下降;当客流量超过最大承载量时,活动参与者的人身安全将受到威胁。

6.2　会展大客流预警机制

6.2.1　会展活动现场容量确定

旅游资源容量是在保持旅游资源质量的前提下,一定时间内旅游资源所能容纳的旅游活动量,包括自然景观和人文景观资源的最大容纳量。自然景观主要是园区,人文景观包括博物馆、步行街、大卖场和以建筑物为主的古迹景点。容量计算公式如下:

$$V_{rs} = \sum_{i=1}^{m} \frac{S_i}{D_i}$$

式中　V_{rs}——瞬时客流容量,人;

S_i——第 i 种旅游景点的可供游人涉足面积,平方米;

D_i——第 i 种旅游景点在不感到拥挤的情况下,游人游览活动最佳密度,平方米/人。

不同类型的景点,可容纳游客的最适宜密度有所差异。一般陆地面积平均占地 2 平方米/人,水面平均 8 平方米/人,山地(指可涉足面积)平均 4 平方米/人,一般博物馆以 8~20 平方米/人为宜,园林以 10~25 平方米/人为宜。

根据园区设计国家规范,在极端日最大接待量条件下,游人人均最低占有园区的陆地面积不得低于 15 平方米,现场极端人均面积 1.5 平方米。

一般来说,早晨 9:30—11:00,为游客进入现场的高峰时刻,容易形成现场大量游客滞留,造成现场内大客流压力,同时现场外还有客流涌入。因此,须警惕高峰时段的客流管理,特别是高峰日、极端日,容易形成瞬时的园内极端客流,随时启动大客流预警机制。

下午 3:00—5:00、晚上 7:30—8:30 为散场的高峰时刻,容易形成现场外出入口游客的拥挤,车辆行驶的混乱。因此,须警惕散场的疏散组织,特别是高峰日、极端日,随时启动大客流散场交通组织。

6.2.2　大客流预警机制

大客流预警状态的界定遵循"点面结合、入场离场兼顾、动态调整"的原则,对可能发生大客流的各种状态制订预警预案。为确保游客安全,依据客流规模采取分级预警管理措施,即当现场内或某些特定节点的游客集聚超过一定规模时,分别以Ⅲ级黄色、Ⅱ级橙色、Ⅰ级红色进行预警。

入场总客流预警状态界定:统筹考虑现场里园中滞园、出入口广场、途中游客休息的总规模,将预警状态分为Ⅲ、Ⅱ、Ⅰ三级(对应黄色、橙色、红色)。

Ⅲ级黄色预警状态对应超过最大容量70%的客流规模,现场局部拥挤,以信息告知和状态监控为主,启动客流监控应急预案。

Ⅱ级橙色预警状态对应超过最大容量80%的客流规模,现场出现大面积拥堵征兆,现场外交通系统以限流为目的,启动客流引导应急预案。

Ⅰ级红色预警状态对应达到最大容量的客流规模。现场即将超出计划接待能力,对客流安全直接构成威胁,现场外交通系统以截流为目的,启动客流疏散应急预案。相关设施所在区域按照预警等级做好保安全、保秩序、保滞留人群的生活保障工作。(图6.1)

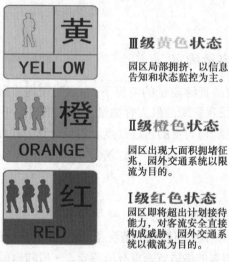

Ⅲ级黄色状态
园区局部拥挤,以信息告知和状态监控为主。

Ⅱ级橙色状态
园区出现大面积拥堵征兆,园外交通系统以限流为目的。

Ⅰ级红色状态
园区即将超出计划接待能力,对客流安全直接构成威胁,园外交通系统以截流为目的。

图6.1 三级预警示意图

6.2.3 预警应急预案

1)Ⅲ级黄色预警应急预案

①加强现场重点部位、拥挤区域的状态监控,安保队进行必要的游客疏导。

②通过电子屏幕、现场广播实时公布各展园、展馆游客密度以及预计的排队等候时间,引导游客避开拥堵的区域。

③外围交通进行必要的引导,出租汽车、私家车不放入园区停车场,其他公共交通仍按计划运营。

2)Ⅱ级橙色预警应急预案

①启动内外衔接、远端控制的机制,即实时发布园区大面积拥挤、出入口拥堵信息,引导

游客错峰出行,或提醒乘客暂缓前往现场,控制本地游客的出行,优先保证境外及外市团体客的参观需求。

②延长公交接驳线发车间隔,延长接驳专线的行车间隔,限制游客前往现场参观。同时,提升离场的公交运力,加大游客离场的疏散能力。

③控制现场入口游客进入的数量、速度,适当延长进入的等候时间,并做好耐心的解释工作。

④现场随时监控各重点部位人流,根据客流情况提前采取单向大循环疏导方案,引导游客尽快参观游览,快速离开拥挤区域。

3) Ⅰ级红色预警应急预案

①实行单向空运措施,即当现场内客流达到相应规模,影响现场运营和游客安全时,相关穿梭专线、公交线路单向空运,到达现场接送游客,达到截流与疏散的目的。

②离场运力按照入场高峰运力配置,并打开现场所有应急出入口,在现场周边落实应急疏散空间,并考虑调度全市交通资源向外疏散客流。

6.2.4　展馆大客流管理

1) 入口游客管理

①在现场入口处的广场上,通过广播、显示屏、人工引导等措施,即时播报各展馆参展观众流量情况,引导游客避开大客流展馆。

②展馆入口处设置 1 米线,由保安、志愿者控制游客入馆的数量、速度。

③展馆外设立排队区域,设置排队围栏和遮阳伞,合理布置围栏,增加蛇形通道、隔离带等隔离设施,并细化"断尾"方案,努力控制好排队区尾部的人流走向,确保大客流时游客有序进馆。

2) 馆内大客流管理

①工作人员要主动占领交通要道,有意识地引导游客分流。

②设置 1 米线护栏,保护展品,并形成单向循环的通道,引导游客快速参观。

6.3　会展大客流需求配套

面对会展大客流,相关主办部门需要切实采取有效措施,有针对性地做好应对高峰客流的各项保障工作;加强交通运能储备,做好安全保卫、旅游接待、客流疏导、食品安全、医疗救护、志愿服务等工作;密切关注客流动态,遇有极端高峰客流,及时向社会公布预警信息,引导游客合理安排时间观展。

6.3.1　食品配套

大客流的食品配套包括开幕前的餐饮管理、活动期间的食品安全监控以及超大客流的食品应对。

1) 开幕前

严格审查餐饮企业资格,确定最终企业名单;确定专门的卫生监督员,成立食品卫生监管队伍;选择原材料供应商,对食品从业人员进行摸底排查;加强服务人员知识培训,完善卫生设施;调查食品储存条件及鉴定食品原辅材料的质量;审查、制订供餐菜单,需考虑大众的消费层次。

2) 活动期间

检查食品采购、验收、登记制度的执行情况,做好食品原辅料的准备及检查;监控餐厅及厨房的基础卫生,监测评价餐(饮)用具消毒效果;餐厅里可烹饪各类食品,禁止在园内烹调、烧烤;餐厅以快餐、盒饭、套餐为主,辅以面条等面食;小卖部里饮食类只卖水、面包和饮料,不卖二次加工食品,以保证食品安全。还有,谨防园区外乱摆地摊的现象发生。

3) 超大客流应对

在预测到即将到来的超大客流时,主办方要及时提醒餐饮单位食品原料应急补货、应急储备,并组织食品安全局提前进行食品检查;同时明确,超大客流情况下餐饮单位需应急补充食品原料的,应经相关商业管理部门同意,原则上从原固定渠道配送入场;无法从原固定渠道配送的,应从超市或卖场进货,并索取相关购买凭证;食品安全保障组要加强对餐饮单位食品原料应急补货配送车辆、物流仓库应急储备食品的检查,对帐篷和手推车零售的应急食品开展全覆盖巡查,对高风险食品加强食品安全快速检测,符合要求后方可允许使用、销售;对超负荷和经营高风险食品的餐饮单位加大检查频次,发现存在明显安全隐患的,责令立即整改并严肃查处。

6.3.2　安保配套

活动现场的安保采取"核心严防、中间警戒、外围控制",实行网络化部署。核心区包括重点要害部位、重大活动现场和重要嘉宾驻地。现场内部按照网格化部署,划分若干安保责任区,实现"不留死角,不留空当"。

活动期间,现场交通安保部及相关单位将切实维护现场内部及外围控制区治安秩序。在现场及控制区实施24小时治安控制和巡逻,预防拥挤,疏导游客,指引游客正常游览参观,处理一般问题和紧急情况,维护游客出入展园的秩序;及时应对紧急、突发事件,以最有效的方法在最短时间内控制事态的发展;对所有入场车辆严格开展防爆、防危险物品安全检查;在陆路周界、水岸沿线和现场的重点区域、重点目标,实行全天候巡逻警戒和定点守护;强化现场内部及周边交通秩序管理,对通往场馆的主要干道派足警力,进行交通疏导,必要时根据客流、车流实施交通管制;加强消防管理,设立灭火救援屯兵点。

1)合理划分安保责任区,并进行科学的岗位配置

根据现场的空间结构,分别划入口、出口、次入口、后勤入口、中心区、停车场等安保责任区,设置交通安保队队长、固定岗、流动岗、交通管理组、直属警卫等不同岗位,每个岗位上的人数根据会展活动的规模而定。确定平常日(黄)早班、中班、晚班人数,为安保人员的基本配置;确定高峰日(橙)早班、中班安保人员数量;确定极端日(红)早班、中班安保人员数量;高峰日、特殊日的夜班人员配置恢复至平常日的夜班水平;现场有大型活动时,安保人员的数量可视情况再适当增加;安保人员实行作五休二制度,安保队根据岗位要求自行排班;平常日出入口、馆内及其他场馆出入口各安排数名保安;高峰日根据情况适当增加。

2)设立临时警务站

大型活动设立临时警务站,相关派出所派出治安、交管警力若干名,主要是参与巡逻,处理治安、刑事等突发事件,以及对周边道路的交通指挥、管控和交通事故的处置。

6.3.3　交通配套

根据会展活动的规模,设置若干出入口,分为主次出入口、物流入口等;规划物流、人流和车流线路;管理停车场。

1)出入口管理

(1)主入口管理与人员配置

入场:主入口的闸口一般设有多条观众通道(一般参观者)、1 条无障碍通道(70 岁以上老人和残疾人)、1 条团队通道和 1 条工作人员通道(运营指挥中心工作人员、媒体记者);设置蛇形栏杆(减缓速度,避免拥挤、踩踏)。

需设置售票、检票、保安、志愿者等岗位,其中岗位人数根据客流级别变动。

(2)次入口管理

入场:设置闸口、蛇形栏杆和多条观众通道。

(3)物流入口管理

物流入口可以单独设置,仅限物流车辆进入,也可以与次入口兼用;在入场时,设置闸口、蛇形栏杆、多条观众通道(散客或者团队);同时为物流车设出入口,规定通行时间为晚上9:00—次日早上 6:00。

(4)出口管理

出场:主入口的闸口敞开,参观者自由出园。

2)停车场管理

停车场有机动车与非机动车之分,有地上与地下之分,公交车与出租车之分,停车场的具体数量和停车场的出入口数量根据每个活动情况而定,一般机动车停车场规模较大,数量较多。运营实践一般为早上7:30—晚上10:30,具体时间根据会展活动情况而定。

停车场管理员的一般职责有:

①负责管理不同区域(地下车库及地面停车场)的车辆泊放及所辖区域的治安安全。管理员应定时对所辖区域进行巡视,巡视完毕后回到指定岗位,无工作需要,不得离开规定岗位地点10米。

②负责检查、监督进出车辆的通行证,开启车位锁,指引车辆行驶方向。与车辆驾驶员接触时应注意礼节礼貌和工作方式。

③指挥车辆停放时应注意车头或车尾距离墙壁、围栏为20~30厘米,车头靠近墙壁时应站在车辆右前方指挥,车辆倒入停车位时应站在车辆左后方指挥,指挥时要做到手势和语言一致,判断准确,简洁果断。认真检查车辆状况,如发现损坏要当场与车主确认。

④车辆停稳后,要提醒司机关闭车内电器设备,检查车内是否有明火,并提示司机和乘客车内不要存放贵重物品;司机离开时,提示其锁好车门、窗。若司机在车内等候,需告知对方禁止吸烟(地下车库)。

⑤定时对停放车辆进行巡检。发现有车门、窗未锁好,电器装置未关闭等异常现象,应及时告知巡视警卫和物业客服部,以便通知车主处理。

⑥所有车场管理员,须熟记车主所属单位,以便出现问题及时联络查找。

⑦如遇到司机称其车辆原有损坏为停车期间造成,工作人员需耐心解释,分析坏损痕迹,做到让对方心服口服,这需要平时积累相关的知识、经验。必要时可经上级领导批准后,核对智能管理系统记录的有关信息。任何时候不得与司机发生争吵。

⑧地下车库、停车场内发生交通事故,工作人员应立即通知上级领导,劝解当事人的过激行为。

⑨地下车库或停车场内发生火情时,应立即向安保部领导和消防控制中心通报出事地点和火势大小,并迅速用灭火器材进行灭火。

⑩当发现有人撬动车门或打碎汽车玻璃时,应立即通知巡逻警卫、警卫主管和安保部领导。采取询问、盘查等措施进行处理,必要时应扣留该人。

⑪如有车辆将地下车库或园区内设施撞坏,应立即通知警卫队长和安保部领导,避免肇事司机逃逸,上级领导到场后根据情况决定是否索赔。疏散围观人员。

⑫及时报告停车场车位信息,以便安保部及时引导社会车辆进入相关停车场。

⑬高峰日、极端日的入园高峰时段、离园高峰时段需要管理员在相应路口引导车辆进入相关停车场。

6.3.4 医疗卫生配套

为确保大型活动的顺利举行,保障参与人员的身体健康和生命安全,活动期间在现场需要设立医疗救护点,并向公众提供电话号码。一般来说,在医疗救护点有 1~2 名值班大夫和 2~3 名值班护士,至少有 1 辆救护车待命。医疗点值班人员必须坚守岗位,准备好常用医疗药品和器械;按时值班。

重视医疗救援,活动期间医疗救护工作遇有重大事件时及时呼叫 120,并向市卫生局报告。

6.3.5 志愿服务配套

在会展活动进行中,志愿者不仅是为大家提供服务的群体,更是一群代表着城市精神文明的群体,他们作为志愿者为参观者提供服务的同时,承担着更多的义务和责任。志愿者应身体力行,通过自身行动去感染更多的人。因此必须对志愿者进行正规的培训,使他们在掌握本职工作的基础上,以热情的精神姿态和高度的责任感迎接参观者的到访。志愿者是一种精神的资源。志愿者虽然从事的是一种辅助性的工作,但这种工作补充并推动了主体工作的进展,具有促进和完善主体工作的作用。更重要的是他们以一种积极肯定的态度对所参与的主体工作起到了支持和声援作用。

一般来说,志愿者的招募面向社会人士和大学生进行,其中大学生是主要力量;志愿者的工作时间是早晚两班制(保证 8 小时工作时间,其中有 1 个小时为休息时间);统一分发志愿者服装;主办方为志愿者提供工作期间人身意外伤害保险;其通行证由主办方统一发放。招募的志愿者数量,根据会展活动的规模大小和岗位设置来决定。

在会展活动的管理机构中,一般都会设置志愿者部。志愿者部是会展活动县指挥部负责统筹协调园博会志愿者工作的部门,统筹志愿者组织调配、培训督查、宣传、应急等工作,落实志愿者激励物资、交通、餐饮、制服等后勤保障。其主要职责为:负责志愿者工作的总体规划、运行计划和相关政策的研究制订工作;负责统筹协调推进志愿者的在岗培训及调配管理、通用保障以及激励工作;负责志愿活动策划与宣传推广工作。

上海世博会的成功举办与八万园区志愿者密切相关,园区志愿者们以热情、细致、周到的服务,赢得了国内外游客、新闻媒体、组办方、社会公众等各方人士的高度赞誉,为"成功、精彩、难忘"的世博会涂上了浓墨重彩的一笔。

6.3.6 游览接待服务配套

1)游客服务中心

游客中心的主要功能有:接待团队与散客,提供信息咨询,配备导览人员(根据需要),提供轮椅,婴儿车的租借,处理投诉,并提供休息、茶水、雨伞等生活保障服务。

游客中心布局设置两个主要的功能区块:一个为团队接待中心,主要提供团队登记,分发门票等服务;另一个为主服务台,提供散客咨询,租借轮椅和婴儿车,安放智能信息互动终端(大型电脑触摸屏)等生活保障服务。另外,视听室,滚动播出活动宣传影片;展示现场的沙盘实景,并辅以图片陈列和触屏设施,纪念品展示等;设有厕所、自动饮水机、自动贩卖机等生活服务设施。主服务台提供接待散客的登记和咨询工作,包括展区介绍、区域交通信息、游程信息、住宿和旅行社服务情况及注意事项咨询。向散客发放游览手册。同时,提供当天的天气、现场演艺活动安排等动态信息。安置1~2台智能信息互动终端,发布实时新闻与园区的实时动态,介绍游览线路。主服务台边,开辟特殊设备租借和购买窗口。提供雨伞租借、寻人广播服务等服务。同时,售卖电池、手机充值卡、明信片等旅游必需品,提供邮政明信片投递服务。设立医务室,提供医疗救护服务,配备专职医护人员,备有日常药品、氧气袋、急救箱和急救担架。

2) 失物招领

员工或者参观者在现场内的公共区域拾到他人的物品,就近交给志愿者或者上交部门主管,记录详细情况并签名;可立即归还时,部门主管应找到相应的主人,与主人确认无误后,请主人签收;如无法立即归还给失主,由部门主管上交现场指挥中心办公室,通过广播寻找失主。失物如有失主领取,由现场指挥中心办公室送到参观者服务中心,在参观者服务中心领取;失物暂无失主领取,暂时存放在现场指挥中心办公室,并做好相关记录。如失主回原地寻找失物,就近的志愿者联系相关志愿者和工作人员,确认无误后,带失主至现场指挥中心办公室签名领取;如失主发现丢失物品,可联系就近的志愿者或者其他工作人员,由志愿者或者其他工作人员联系现场指挥中心办公室进行广播寻物。

3) 婴幼儿及残障援助服务

会展活动是一个面向所有人的盛会,残障参观者是一个特殊的群体。在热情欢迎残障参观者入场参观的同时,应重点做好残障参观者的接待服务工作。除了已具备的为残障参观者提供方便的先进硬件设备之外,热情、周到、互帮互助的人性化接待服务工作显得更为重要。出入口设置有残疾人专用的无障碍通道。

为残障参观者服务时应表情自然,微笑服务,目光尽量避免直视其缺陷部位。必要时采用蹲姿与残障参观者进行交流。未经残障参观者同意,不得擅自使用或操作他们的残障用品。不能随便触碰残障人士的导盲犬或介助犬。与残障参观者沟通时尽量避免使用可能导致残障人士产生误解的字、词。处处礼让残障人士,尽可能为对方提供方便和帮助。但提供帮助前应先征得对方的同意,等对方愿意接受帮助并告诉你怎么做时再做。(注:残障人士提出其他合理的服务请求时,应尽可能予以满足,必要时应通知当班主管,由主管调度相关资源满足其需求。)

残障人士包括,盲人、聋哑人、肢体残障、精神病患者等。在接待残障参观者时,本着平等、尊重、真诚三个基本原则,尊重他们的人权和隐私,时刻站他们的角度考虑问题,为其提供细心周到的接待服务。

4) 参观者投诉处理

尊重对方,耐心聆听;真诚礼貌,语言得体;快速汇报,认真解决;适当补偿,多想办法。

(1)尊重对方,耐心聆听

充分尊重投诉者的意见和建议,耐心倾听投诉者的抱怨,不要轻易打断投诉者的抱怨和牢骚,更不要批评投诉者的不足。

(2)真诚礼貌,语言得体

态度诚恳,礼貌热情,降低投诉者的抵触情绪。投诉时可能会出现言语过激的情况,因此解释问题时,应注意措辞合情合理、得体大方。即使投诉者不对,也不要直接指出,尽量用婉转的语言和投诉者沟通。

(3)快速汇报,认真解决

尽快解决投诉者反映的问题,尽量当天给投诉者一个初步的答复。让投诉者感觉到尊重、乐于解决问题的诚意,防止因投诉者的负面渲染而造成更大的损害,把损失降低到最少。投诉者提出投诉和抱怨后都希望自己的问题受到重视,处理该问题的人员层次会影响来访者的期待以及解决问题的情绪。如果高层次的领导能亲自为投诉者处理或打电话慰问,会减轻或化解投诉者的怨气和不满。

(4)适当补偿,多想办法

补偿原则是让投诉者心满意足,感受我方的诚意。补偿可以是物质上的,也可以是精神上的。除了给投诉者慰问、道歉和经济补偿外,可以邀请投诉者参观或提供其他更合理的方法。

(5)投诉示例

投诉示例1:参观者提出不合理的损害赔偿请求。

处理方式:向参观者解释无法受理→如果参观者不接受解释,应向上级领导汇报。

投诉示例2:参观者以之后确认存在的问题是否有所改善为由,向工作人员索要个人联系方式。

处理方式:告诉参观者自己所属部门的联系电话。(表6.1)

投诉处理记录表见表6.2。

表 6.1　游客投诉电话

类　　型	联系电话
投诉热线	
咨询热线	
现场指挥中心办公室	

表 6.2　投诉处理记录表

序号

投诉时间	年　月　日　时　分		
受理时间	年　月　日	受理人	
受理地点	园区办公室/热线中心	受理方式	来访/书面/电话
	姓名:		
	地址:		
	联系方式 TEL:	E-mail:	
内　容			
处理结果			

5) 现场广播

通过现场内设置的广播设备,可向参观者、参展方、工作人员提供信息。但如果搞错提供对象和时间,就可能引起混乱。因此,必须根据适当的指导,管理广播播报。其分为区域广播和馆内广播两种。

广播内容主要分为以下 5 类:开园、闭园信息;天气、交通等信息;当天园内开展的活动信息;紧急指导、疏散通知;提示参观者遵守参观秩序,文明参观;寻找走失儿童和失主。

合理设置广播指挥系统。一般设置 1 个总控中心。所有背景音乐分控室(含馆内)均可同时全部进行广播或部分进行广播。一般由接到现场运营指挥中心办公室指示广播管理员从位于广播总控中心进行广播。但若发生紧急情况或特殊情况,各区域音乐分控室的管理员可根据运营指挥中心或片区管理主任的指示,在各区域进行广播。

6.4　会展大客流应急管理

由于会展是一个涉及部门多、牵涉利益相关者多的活动,在应对大客流方面,也需要各部门通力配合。面对极端大客流,负责指挥大型活动现场指挥、场馆管理、交通协调保障、公共卫生医疗、旅游接待、市政市容环保、公安局、食品药品监管局等有关各方要全力以赴,及时启动大客流应对预案,沉着应对,做好各项保障、接待、安保、交通、活动等工作任务,以保持现场总体运行平稳可控,公共交通基本顺畅,场馆秩序安全有序,商业餐饮供应正常,游客反映总体良好,避免发生重大突发事件。

6.4.1 现场管理指挥应对

1)快速安检

安保部门在各出入口增派安检力量,加快安检速度,提高通行能力,各出入口及边门全部打开,快速放入游客。针对个别出入口客流过多的情况,启动硬隔离栏装置,并采取阶段性限流措施。

2)交通联动

增加现场管理人员,增加穿梭公交车辆,适当延长运行时间,投入备用线路车;各公交站点车辆客满即发车;为确保公交车辆运行畅通,对观光电瓶车实施停运;观光线采取间隙运行方式,避开人流高峰;同时优化地铁、公交、轮渡等周边交通方式,加强现场内外交通联动。

3)秩序管控

各热门区域和人流密集区域及时部署机动力量,指挥部提前将大客流信息通报给各热点区域,对所有硬隔离设施进行检修、加固和复位,根据需要新增硬隔离设施,对现场热门区域按照"一点一方案"的要求合理调整,储备若干硬隔离设施和数辆应急卡车,并逐一落实热门区域现场的安保力量,细化"断尾"方案,控制好尾部人流走向。

4)环境确保

在热门集聚区域加装临时厕所,新增加若干座"集卡"式公共厕所,满足现场人员如厕需求;对饮水机、休息椅等参观者服务设施加强巡查和保养;加大餐饮和排队区域等场地垃圾清运力量,提高清扫力度和频次。直饮水运营商实施蹲守式保洁,基本上做到一点一人,确保饮水卫生安全。

5)食品备足

提前准备充足的食材,商家备足货源、增设桌椅和推出外卖食品,基本满足游客需求;在用餐高峰到来前,通过短信平台及多媒体 LED 大屏幕和广播系统,滚动播报餐饮服务点的引导信息,实施现场疏导,分散就餐客流。

6)观演引导

加强文化表演活动场次的信息发布。为确保游客秩序和游客安全,临时取消全天花车巡游活动;根据当日游客接待能力,适时采取断尾措施,安排专人站在队尾,发放当日节目单,引导游客观赏其他节目。

7)服务到位

增加多名志愿者为游客服务,保证参观者服务点有热水供应,加强对游客文明观博劝导、现场秩序维护和人流疏导。在每个站点,除志愿者外,还增加管理人员,引导人群上下车;在游客大批离园时,在每个十字路口,均安排佩戴显著标志的交通疏导志愿者,指挥人流过马路。

6.4.2 交通应对

交通协调保障组落实"增能、管理、调控"要求,全员投入、全力以赴,确保现场内外交通平稳有序。

1)地面公交应对

在双休日全运力增能20%的基础上,再增加备车若干辆,提高运能,并视情况延长末班车时间;与出租车联动,开通固定出入口出租车候客点到市区重要交通枢纽等方向的临时短驳公交。当出租车扬招点前游客排队等候队伍过长时,由现场指挥的交警等管理人员及时联系备用车辆,将游客短驳至临近的公交枢纽。

2)轨道交通应对

在大城市举办的大型活动,轨道交通在疏散人流方面发挥着巨大作用。地铁全网络进入最高等级的"一级保驾"状态,列车和加班备车全部投入运送大客流。在个别客流特别集中的站点增设分指挥中心,加强现场调度;与武警、公安、安保联手联动,采取动态化限流措施,确保车站内客流拥挤度始终处于安全状态;在客流最高峰时,特别拥挤的站点采取临时限流措施,同时广播提醒乘客乘坐其他人流较小的线路车前往。轨道交通系统各级干部、管理人员全部到第一线增援,相关轨道站点的志愿者人数增加一倍以上。尤其在活动结束游客离场高峰时,根据具体情况,加大加班列车发出的密度,甚至比平时增能100%,满足游客快速离场的要求。

3)出租汽车应对

根据大型活动的规模,可以设置专属出租车和普通出租车两大类。届时,提前安排出租车值班任务;交通管控区对出租车开放时间也根据具体情况提前;向现场游客实时发布调度消息,提醒游客选择通畅的离场线路,确保出入口候车站点没有发生15分钟以上的脱供服务事故。

4)停车场地应对

现场工作组执行双岗值守,认真做好车辆进出、停放秩序和安全管理,临时停车场做好车辆分流准备,短驳公交车配备到位。

5) 水上船舶应对

如果大型活动涉及水上交通,需要交通部门加开游客渡船若干艘次往返两岸。海事局启动应对大客流应急预案,加强指挥和督导,增加现场管控力量,在客渡航线附近安排更多的巡逻舰艇维护通航秩序,并在过境船舶进入核心水域之前,及时与水上运营中心联系,协调航班时间和班次,增加值班人员密切关注辖区通航情况,充分利用科学技术,对每艘进入核心水域的船舶,播报安全信息,提醒各船舶编队有序进入,保障客渡船、游览船安全。同时,还安排应急队伍在码头待命,随时准备应对突发事件。在保证游览船正常运营的基础上增加多艘备船,并维护好上下客秩序,确保游客人身安全。

6.4.3 安全应对

安保部门根据客流预测紧急启动应急预案。在可预见大客流到来的前一天,组织安保人员和物业人员对所有排队等候区的隔离栏进行仔细检查,扩大热门区域排队区容积量,增加其余场馆排队区域围栏量。

安保指挥中心的所有实时监控屏幕至少提前两个小时全部使用,进入工作状态,现场及周边安保人员也都准备上岗;周边安保人员至少提前一个小时全部上岗,工作在安保第一线。

同时,安保指挥中心通过对在途客流、未到达旅游团队数、候检人数、票检人数的汇总分析,及时发布大客流黄色、橙色预警;在举办城市的周边高速入口处,显示大型活动的客流情况,及时发布道路拥堵信息,加以有效引导;对于高速路收费站出现拥堵排队现象,及时协调交警等相关部门,收费道口迅速采取收卡不收费的免费放行措施,消除拥堵排队现象。

现场实施二级安保勤务等级,在入场高峰时段加强各预检、候检、安检区的秩序维护,在主要入口增援警力数名;向热门场馆增派机动力量,紧急加装硬质隔离护栏;根据实际情况,对现场部分道路实施临时交通管制,避免出现人车混行。为确保现场外围秩序正常,加强管控区域交通疏导和各停车场及出入口的秩序管理,并增加治安巡逻、盘查频次。

交警部门及时启动应急处置预案,加大现场周边及交通枢纽的现场管控力度,间歇性封闭上匝道引导车流,并在容易造成车辆拥挤的地段安置多辆牵引车"待命"。根据出现的局部拥堵实况,迅速派出机动力量加强疏导,引导车辆有序停靠、及时驶离;某个停车场出现饱和,需要立即协调相关部门将部分车辆转场引导至空余停车场;离场高峰时段,引导出租车提前进入交通管控区,及时疏散游客。

6.4.4 卫生医疗应对

公共卫生医疗组对各出入口和现场内各医疗点配齐配足医疗人员,储备好各类急救药品,并在现场周边停放应急车辆;及时向临近医疗机构通报入场人数,做好医疗急救和可能发生的突发事件准备,保障现场转送病人绿色通道的畅通,调配医疗救治力量。同时,如果设有直饮水,需启动直饮水质卫生检查工作预案,对每个直饮水点进行全覆盖现场检测,确保饮水卫生安全。现场食品安全保障人员也要全力以赴,增加巡查频次,加大对食品供应单位的监督力度,并在确保食品安全的前提下,积极帮助和指导企业扩大经营,对饮食摊位进行严格指导,对紧急配送的应急储备食品和应急补货食品原料实施现场巡查,确保食品安全万无一失。

6.4.5 旅游接待应对

旅游接待组分不同线路前往现场各团队游客出入口,实地察看团队游客组织管理服务情况,现场解决各类问题;借助媒体及时发布客房出租率情况,引导游客合理安排行程,并加强与区域旅游管理部门的沟通,用周边城市客房的空余床位来满足大客流的住宿需求。

案例

趵突泉花灯会迎客流高峰　安保级别升至"史上最高"

随着农历正月十五的临近,大批游客来到趵突泉公园内赏灯、观泉。

4日18:00,天刚刚黑,趵突泉景区内前来观灯的市民已经摩肩接踵。根据数据监测显示,截至21:00,趵突泉景区已经纳客2.8万人次。景区工作人员介绍,4日晚,趵突泉花灯会正式迎来客流高峰。

安保:日均700人员安保　临时浮桥经专业鉴定

和往年相比,今年花灯会的安保等级为历年来最高,甚至超过了去年国庆节市区四大公园免费开放时的要求。以往客流量超过最大承载量的八成时将限制入园,而今年花灯会期间,一旦客流人数超过最大承载量的八成,将直接停止售票。

济南市公安局根据前期的评估,预计景区瞬时最大承载量为3.3万人,最佳客容量为1.2万人。在灯会开始前,景区视频监控系统进行了升级,安装视频探头131处,增加了游园计数器,并接入市局指挥平台;临时搭建5座浮桥增加通行能力并由专业部门进行安全鉴定;增设1 500米安全护栏,实现游客和水域完全隔离;另外还增加应急照明发电车一部,加强用电安全。

济南市公安局相关负责人介绍,为应对灯会高峰期人多的情况,每天组织安保力量700余名,突出了"双循环、双缓冲"措施。双循环是指观众进退园和观灯方向为"三门进、三门出"的大范围循环。三股水等主要景点搭建5处浮桥实行局部微循环,禁止逆流观灯。双缓冲是指东门外设置两处弹性安保封控线,形成缓冲控制区,防范瞬时大客流涌入。

除此之外,为缓解景区门口压力,特增加临时售票点8个,同时开放9个入园通道,分别为北门4个,东门3个,南门2个。在花灯制作方面,所有灯组全部采用防水灯口和套穿绝缘阻燃线管,大量使用低压安全的LED冷光源,各灯组均安装了三级漏电保护设施。

提醒:灯会持续至正月二十　可错峰观灯

市园林部门预计,3月4日至6日(农历正月十四至十六)为灯会高峰期,3月7日(农历正月十七,周六)为次高峰期,预计每天观众可达 3 万至 5 万人。趵突泉花灯会将持续至正月二十,建议老年人、儿童及残障人士等体质较差人群暂缓游园。3 月 4 日至 6 日(农历正月十四至十六)这 3 天每天 12:00 起,趵突泉景区停止使用通游年票、公园年票及老年证等各类免费证件。3 月 7 日至 10 日(正月十七至二十),每日 18:00 后停止使用老年证、残疾证、士兵证、军官证、军残证等免费证件。

另外,正月十四至正月十六的每天 18:00 至 21:00,济南市城市园林绿化局、第三十六届趵突泉迎春花灯会指挥部将通过泉城广场大屏、天下第一泉官方微信号、广播、电视等 10 个媒介,适时向社会发布游园观灯的动态信息。市民出门前可先了解游园信息,及时调整游览线路,错时错峰游园。

资料来源:王静,陈彦杰.趵突泉花灯会迎高峰　安保级别升至"史上最高"[N].济南时报,2015-03-05(A10).

讨论:为什么趵突泉花灯会的安保级别升至"史上最高"?

6.4.6　市政市容应对

市政市容环保组积极增加保洁作业人员,延长作业时间,并及时清运垃圾。当客流量冲破最大容量的 80% 时,绿化市容部门要紧急调集大型箱体式移动厕所,及时赶运至现场及周边地区,缓解游客如厕问题。

6.4.7　其他突发事件应对

1) 踩踏事件

在会展活动中,要尽量避免出现踩踏事件,如果有苗头出现,这时需要对人员密度进行估计。人员密度的计算方式:总人数÷容纳面积=人员密度。

在 1 平方米约有 5 人时,需注意防止危险的发生。防范措施见表 6.3 和图 6.2,发生踩踏事件的应对流程见表 6.4。

表 6.3　踩踏密度分级情况

踩踏密度	按 1 平方米计算的情况
5 人	人与人之间偶尔会有衣服的接触
6 人	可自由捡起地上物品,身体自由回转
7 人	肩膀和手肘相互碰撞
8 人	人与人之间勉强可挤出一点空间
9 人	人与人之间很难挤出空间
10 人	感到周围有压迫感,抬手等肢体动作比较困难
11 人	明显感到周围有压迫感,身体不能自由活动,感到十分不舒服(甚至有人开始发出痛苦的呻吟)

注:密度界限按照 13 人/平方米计算。

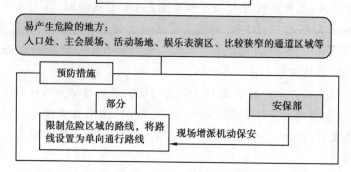

图 6.2 人员密度达到危险程度示意图

表 6.4 发生踩踏事件的应对流程

事件名称	发生踩踏事件				
场景描述	局部出现人流密集,由于意外出现混乱导致出现踩踏事件。				
关键词	踩踏		风险等级	★★★	
	序号	应对步骤	主责部门	配合部门	资源需求
详细步骤	1	工作人员、志愿者发现人流密集、出现踩踏事件,立即报告安保部相关情况: (1)安保部迅速增派安保人员到现场,立即控制局面,阻止踩踏事件的继续发生 (2)工作人员、志愿者打开其他通道,按照指定路线紧急有序地疏散现场游客 (3)安保人员负责布置外围安全警戒,保证现场外围井然有序,做好人员疏散工作	设备部	安保部	
	2	启动局部疏散指挥系统,制订疏散救助方案,完成疏散救助部署,决定是否闭馆、闭园,限制客流	指挥中心	相关部门	
	3	广播系统紧急通知拥挤区域,引导游客避开相关区域,让出疏散空间	游客服务中心	相关部门	
	4	实行交通管制,保障道路畅通,保证120救护车辆能够迅速到达现场	警务站安保部	相关部门	
	5	协调医疗救护站,组织救护车辆及医务人员、器材进入指定地点;组织现场抢救伤员	办公室	医疗救护站	
	6	善后处置,恢复游览秩序,安抚游客情绪	安保部	医疗救护站	
	7	新闻宣传做好媒体应对准备	新闻部		

2) 暴雨等自然气象灾害

发生暴雨等自然气象灾害的应对流程见表 6.5。

表 6.5　发生暴雨等自然气象灾害的应对流程

事件名称	暴雨等自然气象灾害				
场景描述	1.因暴雨引起的积水、设备进水、展园园艺展品倒塌毁坏、人流异常等 2.因雷电引起的设备故障、树木损坏、通信异常等 3.因冰雹引起的设施损坏、人流异常 4.因大风引起的高空坠物、标牌牌匾倾倒、大面积垃圾暴露、电线断裂、展园园艺展品倒塌毁坏、大面积扬尘等 5.高温天气				
预案名称	公共区域恶劣天气灾难专项应急预案			关键词	恶劣天气
序　号	应对步骤	主责部门	配合部门	资源需求	政策程序
1	气象部门做好恶劣天气灾难预警工作,强对流天气须启动提前 6 小时"早通报"机制,一旦遇到极端情况就将及时启动预案	气象局		—	
2	控制现场,疏散人流	安保、志愿者	医疗救护站	—	
3	各片区向指挥部报告情况	安保、志愿者			
4	广播系统通知游客就近的躲避场所分布位置、危险地段	游客部			
5	电瓶车巡视,查看是否有老、弱、病、残等急需帮助的人员	安保部			
6	决定是否闭园等运营方针	指挥中心			
7	现场处置,排除隐患	设施环境部			
8	相关部门做好本职保障工作	相关部门			

续表

9	相关部门做好恢复重建工作	相关部门			
10	决定是否开园	指挥中心			
备注	根据事件等级、按照程序报送信息,一般等级供电事故、园区绿化毁坏等报设施环境部自行协调解决,不需指挥部参与				

各业务口应对预案

各业务口按照自身职责,填写本业务口在应急处置、恢复重建(分为①自身发生事故后如何恢复功能;②帮助其他业务口恢复功能)两个阶段实施的工作措施

3)发生暴力事件

发生暴力事件的应对流程见表6.6。

表6.6 发生暴力事件的应对流程

事件名称		发生暴力事件			
场景描述		各出入口、各展馆出入口、展馆内等大批游客拥挤、滞留或排队等待参观。此时有人因为排队、意外等引起口角导致打架、群殴等暴力恶性事件,并对其他游客造成身体伤害			
关键词		出入口、暴力事件	风险等级	★★★	
详细步骤	序号	应对步骤	主责部门	配合部门	资源需求
	1	工作人员、志愿者、安保人员发现参观队伍有吵闹等异常情况 ①立即报告片区主管助理、安保部 ②安保部迅速增派安保人员到现场 ③安保人员立即对斗殴的游客进行分隔、带离和劝导,工作人员、志愿者对围观游客进行劝导,请游客尽快恢复平静,维持好现场参观秩序 ④安保人员将事件当事人带至安保部、警务站调查处理 ⑤医护人员查看救护受伤人员,如需要安排120送医院	志愿者安保部	医疗救护站	

详细步骤	2	如发现暴力人员持有武器,在十分危险的情况下,工作人员、志愿者不能随便出手阻止 ①立即报告安保部、警务站 ②安保人员快速疏散现场周边游客,并在保护自身安全的前提下,开展劝导工作 ③警务人员介入处理暴力事件,安保人员协助	警务站 安保部	医疗救护站	
	3	善后处置,恢复游览秩序,安抚游客情绪	安保部	医疗救护站	
	4	新闻宣传作好媒体应对准备	新闻部		

思考题

1.如何界定会展大客流？会展大客流的主要特征是什么？

2.如何做好会展大客流的预警工作？

3.会展大客流的需求配套有哪些？

4.如何应对会展大客流？

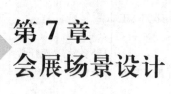

第7章
会展场景设计

【学习要求】

　　掌握会展场景设计的概念;理解会展场景设计的时代特征;掌握会展场景设计的范畴;掌握会展数据虚拟设计;理解会展场景设计的价值。

7.1　会展场景设计的概念

7.1.1　场景及其分类概述

　　场景一词最早应用于戏剧领域中,指在特定的时间、空间内发生的一定的任务行动或因人物关系所构成的具体生活画面。场景设计是一种空间艺术,它以一定的物质媒介,经过美术创作者的再创造,以二维或三维的形式再现于空间的艺术形态。"没有我的环境,便没有我的人物",这是安东尼奥尼导演对场景设计重要性的表达。场景艺术试图跨越更多的领域,比如影视场景、动画场景、交互场景等。

　　影视场景体现在戏剧、电影、电视剧等作品中的各种场面,仅就艺术设计的意义来讲,它主要说的是空间上的视觉艺术设计和环境艺术设计,包括平面设计、环境设计、展览展示空间设计、装饰艺术、娱乐空间和其他设计元素和语言。场景是戏剧电影中的一个片段,具有时间的概念,也就是时间中的空间。

　　动画场景是指动画影片中除角色造型以外的随着时间而改变的一切物的造型设计。动画场景在电脑出现之前,多数情况下被称为背景,因为传统动画一般是以手绘为主,然后进行拍摄合成的,人们习惯将角色以外的其他动画元素称为背景。随着科技的发展,数码技术的引入,动画制作手段有了长足的发展,现代动画主要是通过电脑和先进的电脑设计软件制作完成,这给动画设计师提供了很大便利,他们有更多的时间和精力去关注时间与空间的表现,经过一段比较长的时间后,人们口中的背景变成了场景。动画设计作品是由非常多的围绕故事情节设计的场景组成,大场景中又分为许许多多的分镜小场景。现在,动画电影是数字技术、创意思维和文化内涵相融合的产物,它以其独特的艺术表现,已成为文化产业中一个重要组成部分,引领当代文化产业的发展。

交互场景的思想由卡罗尔(Carroll)最早提出,强调将设计工作的焦点从定义系统的操作转变到描述什么人将使用该系统去完成其任务。交互设计改变了设计中以物为对象的传统,直接把人类的行为作为设计对象。人使用产品必须有一定的行为,这种行为是在特定场景下进行的,行为的完成需要相关技术的支持,因而人、行为、场景和技术4个要素构成了交互系统。场景是交互系统中极其重要的要素。研究在特定场景下的用户行为,针对相应的场景对用户行为逻辑进行规划和设计,是交互设计的重要目标。

不仅如此,场景设计概念的衍生还在发生,如建筑设计、多媒体艺术设计……未来,还会有什么呢?

案例

什么是基于场景的设计?

什么才是基于场景的设计呢? 以看电影为例,在整个看电影的过程中,涉及的主要场景有以下6个:线上买票—去电影院—线下取票—检票入座—观影—评论。基于看电影涉及的场景,格瓦拉App设计了一个基于场景的功能:当用户在格瓦拉购票成功后,首页会出现一个人偶小浮标,在不同场景下点击该浮标,会出现不同的内容,如在去电影院的场景下显示影院地理位置以及滴滴打车入口;线下取票场景显示取票二维码可以快捷取票;线下取票后再点击小浮标显示电影开始时间以及座位号;观影后显示别人的评论以及评论入口引导用户去评论。(图7.1)

这个案例总结归纳后可以得出,格瓦拉是基于用户看电影这一系列场景的判断与分析,理解用户每一场景的痛点及需求,结合上文场景,预测用户下一步的目标及意图,通过设计缩短关键流程,辅助用户提高操作效率。通过对大量案例进行分析归纳,将场景设计的概念简单归纳为:基于场景,理解需求,预期意图,进行设计。

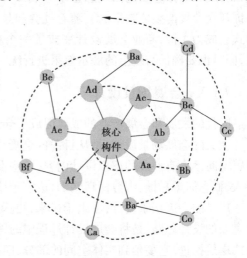

图7.1　场景玩具"蛛网"模型架构示意图

7.1.2　会展设计的内涵

设计行业内,会展设计大多被涵括在展示设计的范畴。在中国,直到2000年后,会展设计才逐渐被业界重视。随着会展业的成熟,传统的展示设计已经显示出诸多弊端。由于展示设计大多被纳入艺术设计范畴,导致其设计作品大多以视觉形式的探讨作为主要内容,设计思考很少从会展产业链的视角出发。而会展设计本身就立足产业,其内容将策划学、设计学、传播学、营销学等跨学科知识真正融合在一起,成为时代发展的客观需要。会展设计是一门跨学科的交叉性学科,其综合性、系统性有明显优势。

会展设计包括公益性会展设计和商业会展设计。公益性会展设计指博物馆、世博会等的设计。这里主要阐述商业会展设计。

商业会展设计是会展服务的重要组成部分。会展业属于新兴的现代服务业,服务是现代会展业的核心竞争力之一,会展服务质量决定着会展活动举办的成功与否。优秀的会展设计不仅能够为观众带来完美的参展体验,同时能够满足参展商或组展商的商业需求。观众在感知会展服务时往往是通过有形因素带来的感官体验给予最直观的评价,通过设计行为将展会主题、企业信息等商业语言转化成观众易于感知的艺术语言。

商业会展设计是一种设计思维方式。设计思维本质上是以人为中心的创造过程,它强调观察、协作、快速学习、想法视觉化、快速概念原型化,以及并行商业分析,最终影响创新和商业战略。商业会展设计的过程就是以会展活动为平台,由设计师与企业共同为观众创造完美商业体验的过程。在此过程中,设计行为不仅是一种方法手段,更是解决问题的思维方式。

商业会展设计是为会展活动的最终呈现效果负责,而不是仅仅对实体展台负责。由于会展设计源于展示设计的细分领域,因此会展设计被惯性地认为是展台设计。从传播角度来看待会展设计,实质上是对传播媒介的设计,目的是未来保证会展效果。进入数字时代,网络会展和虚拟会展的出现加速了会展媒介的多元化发展,如果仅是设计实体展台是无法保证观众参展的整体效果的。随着社会和技术的智慧化发展,实体与虚拟并行展示的传播方式会成为主流,商业会展设计变成了一个更具系统性的工程,不仅要保证线下的展示效果,同时也要确保与线上的展示效果进行统一。

7.1.3 会展场景设计

时代的发展和会展产业的成熟促成了会展场景设计的诞生。

狭义的会展场景设计,是从目前的会展设计师的从业状态来区分的。目前会展业中的展览空间已经有许多的虚拟设计内容,这些设计类似于影视作品设计的流程,用场景的概念导入,概念简单易懂,内容清晰明确,适宜于该理念推广的初期阶段。

广义的会展场景设计,着眼于未来,更为综合、整体及深度思考。广义的概念应该是一个全新的设计思路,是将会展设计过程中的每一个环节都从一个场景的视角展开,以故事的方式层层推进,它蔓延到实体空间的部分,虚拟空间的部分,活动推广的部分,展前预热的媒体推广部分,展后效果评价、客户社群维护的部分,它是技术与艺术发展到高级程度并深度融合的全新设计呈现。确切地说,广义的会展场景设计开启了会展设计的新时代,将成为21世纪会展设计的新趋势。

7.2 会展场景设计的发展

世界会展业发展至今,会展设计的理念也随着时代的变化不断推陈出新。会展经历了以展示为中心的传统会展、以信息传达为中心的设计理念、以客户体验为中心的智慧会展、以故事为中心的会展场景设计等阶段。同时,不同阶段的会展场景设计也体现出不同的时代特征。

7.2.1　会展场景设计的发展历程

1) 以展示为中心的传统会展

1851 年直至第二次世界大战期间的博览会,采用了以展示为手段、以交易为目的的方式。在传统会展时期,展品大多以实体展示为主,会展设计主要以更好地展示产品为目的。

20 世纪 60 年代,受到后现代主义运动和曼菲斯设计风格的影响,非标准化摊位的出现打破了以标准化摊位为主的局面。会展的格局从过去标准、封闭的空间形式逐步变成了开放、多元的展示格局。设计师在各种新思潮的影响下,大胆运用各种新材料、新结构表达自己的设计作品。即使如此,会展设计还是秉承以展品陈列为中心的设计理念,新技术、新材料的应用都是为了烘托氛围,更好地表达展品本身。

2) 以信息传达为中心的设计理念

20 世纪 90 年代以后,伴随计算机和互联网的诞生而产生的新媒体技术,改变了人类的信息传播和沟通交流的方式,由此人类进入了一个全新的数字传播时代。计算机技术带来的一大批科技产业开始在市场崭露头角,会展上展品形态开始出现了非物质化的虚拟产品。在数字传播媒体的推动下,会展业从传统会展时代迈入了数字会展时代。数字会展主要是以数字化技术为基础,通过 3D 建模技术手段将展品和展示空间搭建在网络环境中,实现信息共享、内容共建的新型展览模式。网络会展、虚拟会展的展示形式极大提高了信息传播效率。

在数字会展时期,会展设计主要围绕着信息传达为中心而展开。此时,传统的设计手法不能有效地表达出电子虚拟产品的特性,用实体造型结构去诠释“科技感”的局限性也越发凸显。与此同时,学术界开始出现借助于传播学理论展开对会展设计的研究,由此产生了以“信息传播”为中心的设计理念。以信息传达为中心的设计理念让设计师更多地开始关注传播媒介,即展示手段。此时数字媒体技术的出现,成为吸引眼球的“法宝”,极大地丰富了会展设计的展示手段,为观众带来前所未有的感官体验。数字媒体技术的发展满足了设计市场需求,受到了客户们的追捧,并逐步成为一种设计趋势。2010 年的上海世博会更是将这种趋势推向了高潮,大批新奇的数字媒体展示手段出现在人们的面前。然而在市场实际运作过程中,以信息传播为中心的设计理念体现为更多关注于“信息传播者”,而容易忽略更为重要的“信息接收者”,即观众的体验,因此在发展过程中也暴露出诸多问题。

3) 以客户体验为中心的智慧会展

纵观会展设计的发展史,会展设计的主要任务都是围绕着展品或展示内容。在智慧时代,随着新一代信息技术的快速发展和应用成熟,改变人们的生活方式和行为习惯的同时,更是颠覆了传统行业的经济模式,如“互联网+”在各行各业产生了革命性的影响,传统服务与产品的互联网化加速了会展市场中展品的非物质化趋势。参展企业的展示内容更多的是服务模式、服务理念、核心技术等一系列抽象虚拟的"展品"。

近年来,随着交互设计和动态网页技术的发展,终端界面展示的形式愈显丰富,进一步凸显了传统会展展示模式的尴尬。从体验角度来看,传统会展的展示形式无法吸引人们注意,观众不愿千里迢迢来到会展现场只是看看图文展板和发光灯箱,并且逐渐被认为是一种资源浪费。即使是数字会展中的网络会展、虚拟会展也是不瘟不火的状态,并非像预言那样能够取代实体会展。后世博时代,数字多媒体仅靠形式本身已经无法吸引人们的眼球,于是市场对其的态度回归理性,开始注重形式背后的实质内容。社交媒体和移动互联网技术的发展,使会展活动的整个格局正在发生改变,不再是由参展商和组展商决定观众看什么,而是将话语权移交给观众,由观众决定展示内容、展示形式。观众不再是被动地坐在那里看着演讲人说话的脑袋,而是成为活动的参与者,要求有更大话语权和更主动的参与性。

在跨界融合的环境背景下,"用户体验(UX)""客户体验(CX)""用户为中心(UCD)"等概念不仅是工业设计、交互设计等学科的设计理念,同时也逐步渗透到其他设计领域,这也为注重体验的会展设计指引了新的方向。如今客户体验已经成为企业在市场竞争中的"利器"。客户体验为中心的服务理念不仅为会展业的发展指明了方向,同时也成为智慧会展中会展设计的最新理念。

4)以故事为中心的会展场景设计

时至今日,会展依然处在一个伟大的变革时代:浩浩荡荡的体验经济,改变着我们的设计理念,一切以用户的感受为目的,体验设计深入毛囊,商品是有形的,服务是无形的,它们所创造出的那种"情感共振"型的体验当然是令人难忘的;一个大众消费的时代,人人都是人生故事的主角,创造个体的精彩成为平常,对场景的渴望成为必然。体验的互动需要营造美轮美奂的场景;虚拟科技的迅猛发展使会展技术突破诸多限制,自由地在现实与想象中穿梭,场景切换可以如此轻松、频繁和物美价廉;参展商客户的优美转身,在展会中摆脱具体的销售等初级方式,开始以收集数据、活动集会等多元化非直接目的的宣传,场景开始使参展更有故事感,迎接更多未知可能。这是一个未知的时代,种种的不确定和确定因素,都在告知设计师,用场景的方式开始会展设计是迎接这个时代多种变化的最好方式。会展场景设计是时代发展的必然。

7.2.2 会展场景设计的时代特征

不同阶段的会展场景设计有不同的特征。当下的会展场景设计呈现出了强叙事性、超体验感、生态实现、超现实美、社群传播、跨界合作、智慧实现、系统设计等鲜明的时代特征。

1)强叙事性

场景是关于人及其活动的故事,故事之于场景必然是最为重要的因素。众所周知,展览必须有主题,同样需要一定的方式或结构方便观众理解。在会展场景设计的概念里,每个展览都在讲"故事"。这里的故事是指由主题和主题的展开而形成的一系列生动的内容,有的是存在时间、地点、人物和事件等的真实故事,有的是根据一定展示脉络将展示内容集合和串联起来,以此阐述该展示的意义、目的和核心。故事为线索的场景设计,需要有主题的具体化、扩展和深化。它需要有一定的层次和结构,也就是说需要形成一个便于组织、展示和获得效果的解构。

2) 超体验感

21 世纪,随着体验经济的到来,物质生活水平的不断提升,人们越来越注重精神上的需求和情感上的交流,体验至上足以概括这个时代的特征。在体验经济时代,设计的主要目的就是满足人们的自我实现需求和情感需求。展示空间设计也在迎合这种体验至上的需求,更加趋向情感化、人性化。

会展场景设计的新思维关注的体验设计在人文结合上更为综合,在技术实现上更为成熟和自由,其中包括现实与虚拟的结合的高级体现,"人"与"产品"交流与对话的交互体验设计,等等。然而,无论怎样的体验设计,其设计对象的本质就是人的行为。值得一提的是,在体验设计过程中,较常用到的设计方法是情景故事的构建,即在具体的场景下以讲述故事的方式来发现问题并解决问题。

3) 生态实现

会展产业所带来的环境问题已经足够严重,设计师已经意识到要肩负起生态设计的责任,使作品、人与自然和谐。会展场景设计理念是通过主题的故事性导入,场景的线索、脉络一并展开,层层解构,不断递进,在设计的风格与人文的构造上目标清晰、明确,无过多徘徊,节约了多余的装饰造型。会展场景设计关注人的互动,摆脱多余的装饰,实体空间会大大减少,科技的发达使得虚拟空间、交互体验迅速上升,因此,实体物的应用更少,虚拟空间的体验和可变性却大大增强,会展的生态实现变得更加现实,可能性更高。

4) 超现实美

意象空间中的审美体验不仅是个人的直观感受,更是为展开联想和发挥想象创设的巨大的社会历史乃至文化心理的空间。艺术意象空间总是和本体的直觉感受以及情绪体验息息相关的,它的存在能够诱发直觉的感受力,同时产生不同层次的感悟,这使艺术意象空间打破了观众本能意识与无意识心理之间的距离,使得潜在的心理屏障被无意识的心理体验唤醒,最终达到了情绪与灵感的交融和共鸣。会展场景设计更为关注参观者的心理感受,虚拟空间、超现实的意向表达会成为设计主体,观众参展的过程成为超现实审美体验的过程。

5) 社群传播

社群经济已经成为市场经济的重要部分,会展业对社群环境的营造已成为必须开展的工作。会展场景设计是超越现场造型设计的设计,不仅关注到虚拟空间的设计,也会关注展前、展中、展后客户群体的交流与沟通,由此而产生的因手机、电脑、手表等现代通信工具所带来的界面互动设计、内容提供、现场解说等系列设计,与展中的空间造型设计都属于会展设计的范畴,并与其空间造型设计内容协调一致。

6) 跨界合作

会展场景设计犹如一部电影作品的制作,各个不同领域的人会紧密地联系在一起,不同专业的交织会成为常态。这里有如空间形态设计、虚拟技术设计、剧本创作、社群设计、设计管理及与展览本身相关的专业知识表达等,都会交织在一起,经过复杂的结合,最终呈现出一个卓越的效果呈现给观众。这里是艺术与科学的连接,艺术和技术之间的相互促进,使得形式和内容紧密地结合在一起,传达出作品最深层的意念。这个时代的会展设计师的职业技能需要变得更加广阔,需要理解与运用不同专业。会展设计师已经跳出传统的空间造型设计师范围,开始成为一个灵活运用多种专业媒介表达出展示效果的影视导演,强大而灵敏。

7) 智慧实现

智慧会展已经成为我国会展行业的热门话题。广义上的智慧会展指的是一种具有智能性、创新性、人本性、可持续发展性的会展体验,它以客户体验为中心、会展数据为核心、信息技术为手段,实现经济上的高效持续化、管理上的智能信息化、服务上的体验个性化,从而为参展者提供一种全新的智慧体验。

智慧会展是会展信息化建设的高级阶段。智慧会展是以智慧地球、智慧城市为背景的智慧时代产物,借助于物联网、云计算、人工智能等新一代的信息技术,将会展的服务质量和发展模式带上新台阶。相比于智能会展,除了技术上的提升,从单纯强调技术上的智能,转变到强调科技对用户体验带来的提升,技术服务于人,将以人为本的价值理念作为出发点和落脚点。智慧会展绝不是概念上的重新包装,而是能够帮助会展业解决智慧时代下产生的新问题,满足会展发展中的新需求,为会展业的发展提供新思路及新理念。

8) 系统设计

贝塔朗菲《一般系统论》中解释了系统论的研究方法。一般系统论使人们认识到事物是由一个多层次、多时空的网络交叉结构组成的,成为科学思维的新范式。它使人们的研究方法和思维方式产生了根本性的变革。会展场景设计的复杂性迫切需要用系统设计的思维,就是把会展设计看成若干要素组成的具有一定层次和结构,并与环境发生关系的有机整体,从整体上、全局上、相互关系上来研究设计对象及有关问题,从而达到设计总体目标的最优和实现这个目标的过程和方式的最优。

7.3 会展场景设计范畴

依据上文对会展场景概念的解释,我们需从一个大场景的视角来思考其范畴。其内容既包括原有会展设计发展至今的成熟部分,又要突破原有的框架,站在更为综合的时代及未来层面,以全新的方式思考。会展场景设计可归纳为以下 5 个部分:传统会展造型设计、超体验式会展设计、会展跨界链接设计、会展社群共享设计、会展数据虚拟设计等。

7.3.1　传统会展造型设计

随着社会的发展和技术的进步,展示设计的表达方式趋于多样化。从简单的实物排列到二维图片、三维实物模型、电子技术表达方式的并存,使得展示效果越来越灵活、生动。一般来说可分为:

1)二维图片平面表达

二维图片平面表达的形式可以分为以下两种:一种是以实物为基础的图片表达,一般应用于展示早期一些已经消失了实物特征,这些图片见证了历史的发展,是展示中常用到的方式。另一种就是出现在早期设计或创意阶段的手绘图,由于这种手绘图比较随意,常会用来收集灵感,帮助设计师定位设计方向,按阶段可以分为草图、空间结构图、手绘效果图。这种表达方式的缺点是缺乏真实感,而且绘制较为精细的效果图时,耗费时间长,不适合大量应用。

2)三维计算机模型表达

计算机技术的应用、三维软件发展、计算机辅助设计在实际设计中应用广泛。计算机模型表达的优点有:设计师可以在计算机环境里任意修改设计,并调整比例、造型、颜色、材质、灯光等,从整体上把握整个空间和环境的关系,达到设计师想象中的展示效果。

3)三维实物模型表达

三维实物模型表达属于设计的后期呈现阶段,设计师根据原来实物等比例缩小制作的模型,相比于二维表达,它更具有真实感。模型的制作把设计者的创意变为现实,准确展现出空间造型、周围环境、设计材料、色彩等,通过模型可以提高人们对真实空间的认知。

7.3.2　超体验式会展设计

1)体验设计的理论基础

在经历了农业、工业和服务业大经济阶段之后,我们迎来了体验经济时代,体验的理论也在体验经济出现后应运而生。当体验经济的理论和商品市场战略结合后,产生了以消费经验作为设计核心的体验设计。在这个时代,人们对于参观展示空间的目的不再是单纯地接收展品所传达的信息,更重要的是通过参观展品的过程进行一种更深层次的体验,一种身体和精神上的高级体验,体验的概念由此而来。

谢佐夫在《体验设计》中对其定义为:体验设计是把设计和人们消费的过程相结合,在设计中把服务作为"舞台",产品作为"道具",环境作为"布景",努力让观众在展示活动的过程中感受到舒适、愉悦的体验过程。体验设计的最终结果是把更多人性化的理念和产品融合起来,使人们能够便捷地操作和使用,适应广大人群的操作习惯。由此可见,人们对于体验设计的理解,是从人机界面的交互设计开始的,强调人与界面的信息交流与反馈。

2)体验式展示空间中受众的体验维度

从体验式消费的语境下看,体验是消费者通过实践活动认识周围事物的过程,是一种亲身经历在受众心理上的反映,这种反应是复杂综合的感受。美国学者伯德·施密特提出了5种战略体验模块,他认为消费者的综合体验是由感官、情感、思考、行动和关联5个维度的体验共同构成的。

（1）感官体验

人体的感官是人能够感知世界和认识世界的基本方式,因此在体验式展示空间的体验维度中,感官体验是综合体验形成的基本条件和最底层的一个维度。

具体而言,在体验式展示空间中感官体验主要表现在空间设计给人带来的视觉冲击,以及材料质感上。展示空间设计的一个重要评价标准在于是否达到了合适的视觉效果,视觉的构成要素是展示空间设计主要的表达方式之一,而触觉在展示空间设计中也应用得相当广泛,各种材料的不同质感与肌理会对触觉感官产生不同的刺激,触觉是对视觉感受的丰富和完善。在展示空间中增加可参与性的展陈,可以让观众亲身体验展示内容,更能够使观众全面地认识展品。

（2）场景体验

体验式展示空间中的场景体验是指通过展示空间中恰当氛围的营造或者对真实场景的还原,给受众带来的一种似曾相识或是身临其境的真实感受。体验式展示空间中的场景体验能够提高展示空间受众在展示活动中的参与感,从心理需求上说还能够满足受众在空间中的存在感,使受众满足精神层次的需求。

场景体验是建立在场景的故事性和真实性的基础之上的,此外,空间中的灯光、色彩、景观小品、互动式展陈方式等都是营造场景体验的重要因素。比如在美国国家海军陆战队博物馆中,设计者大量还原了真实的战争场景,馆内的装甲、坦克、飞机等都栩栩如生。配合多媒体技术和体感技术将局部战争的场景氛围还原得生灵活现,使受众仿佛置身战争现场,第二次世界大战时期的美国军人活生生地出现在受众眼前,使受众获得了前所未有的场景体验。

在体验式展示空间的体验维度中,场景体验的激发不仅能给受众带来即时愉悦感和互动行为,场景体验基础的奠定也是情感体验和思考体验被激发的诱因。同时,场景体验的营造对于展示空间主题信息的传达和主题氛围的渲染也起到了相当重要的作用。当受众参与展示活动游走于展示空间中的时候,恰当的场景塑造能够将受众带入一个与受众所处的现实环境脱离的体验中,达到暂时"忘我"的状态。这种状态反映的是人类在当代社会生活中难以企及的一种遁世的心理需求。因此,场景体验在体验式展示空间受众的体验维度中起到的是一个承上启下的作用,它能够激发展示空间受众在精神层次上高级别心理需求,还能激发受众的高峰体验。

（3）审美体验

从现代美学的观点切入，审美体验是指人在审美对象上感受到的精神超越和生命感悟，是一种极为宝贵的人格和心灵的高峰体验。在审美体验中，情感得到了激发，作品与受众之间产生了一定的联系和沟通，而这种联系和沟通能够使受众感受到艺术作品的美和自我价值的提升。这种审美体验在体验式展示空间中包括两个方面，一方面是由空间界面和空间韵律的自身美感给观众带来的视觉上的审美感受。这种感受是感性的，它基于观众对空间尺度、界面肌理、空间色彩等表面性质的认识，是一种直观的感受。另一方面是由展品本身以及展品陈列而带来的审美感受，这种审美是对于感性认识背后的理性思考，这样的思考与受众自身的素养和经历是密切相关的，不同层次的受众获取的审美感受不一样，因而他们获取的审美体验的程度也是不同的。换言之，在体验式展示空间中，受众要获取高层次的审美体验，除了对展示空间和展品有较高要求，对受众自身的审美情趣也有要求。

（4）思考体验

在体验式展示空间中，思考体验是可以启发受众获得新信息并有效处理问题的体验。它能使受众产生一样的或者有差异的想法，在思考体验形成的过程中，通过设计者设置的惊喜、策略和引导的手段启发受众在展示活动中主动思考，甚至是行动，使受众能够主动参与到展示活动中，主动融入展示空间的主题氛围中。思考体验与伯德·施密特提出的行动体验密切相关，两者相辅相成。行动体验可以带来受众的思考，同时思考体验在被激发的时候也会促使受众在展示活动中进行必要的活动。思考体验的激发也需有展示空间设计者的引导，在体验式展示空间中互动环节的设置就是思考体验产生的必要前提。从另一方面说，体验式展示空间中的思考体验和行动体验是可以同时存在的，行动体验强调通过在亲身参与的过程中不仅通过感官感受外部世界，还能从中得到心理上的满足感和成就感，而这种满足感和成就感的获得是必须要经过思考过程的。

（5）情感体验

情感可以影响人的注意力和记忆力。情感共鸣是由知觉体验引发的高层次体验。情感体验对于体验式展示空间的意义就在于它能在空间和受众、设计者和受众之间架起一座沟通的桥梁，使受众能够领会展示空间背后所蕴含的精神能量。

在体验式展示空间中，情感体验的激发在于两个方面，其一是受众在参与展示过程中所获得的内在感受；其二是受众的情绪变化。情感体验的核心在于通过恰当的手段来刺激受众而引发特定的感受或者情绪，使受众自然地受到感染，并融入这种情境中，从而唤起受众对展品和空间内容的兴趣。在设计中，最为常用的手法就是将特定空间场景化，通过场景将抽象无意义的空间转化成为能引发特定感受的有意义的场所。

（6）关联体验

关联体验是通过事物关联的信息而联想引发的体验。这种体验方式超越个体的感情、人格和个性。关联体验可以表现为对个体理想自我的关联，对其他个体的关联，对社会文化的关联等。关联体验是个人渴望的自我改进，是使个体与复杂社会系统产生关系的关键点。

在设计学科中，设计者往往通过对细节的符号化来引发受众的关联体验。在胡塞尔的

《现象学通论》中,体验的本质被描述为实显性和非实显性的相互转化,而细节符号化的实质就是通过非实显的联想引发实显的体验。

对体验式展示空间的体验维度的研究,是将体验经济和体验消费理论中的核心部分向展示空间设计领域的移植,也是将体验设计理论与展示空间设计结合的探索。设计者对体验维度的理解是体验设计理念符号化表达的依据,随着理解的深入,体验设计的运用越发成熟。

7.3.3 会展跨界链接设计

1) 跨界现象的出现

跨界,意思为"交叉、跨越",是时代发展导致的不同专业之间混合的现象。因为在生活的约定俗成中大家认为是有"界"的,所以才有了"跨界"这个说法。跨界通常指多个领域里的相互穿插和融合,它包括设计与时尚界的跨界、与材料的跨界、与形式的跨界、与科学的跨界等。跨界实际上是以实现设计上的创新和突破,从而通过新的设计概念的引导来打破设计领域、设计形式、设计材料和设计技术的约束为目的的,它尤其主张设计师在不同设计领域的合作和交流,代表着一种新的设计态度和设计方式。

11世纪末12世纪初,人们在罗马建筑的基础上创造发明了新的哥特式建筑。这使得在后面的几个世纪里,哥特风风靡了服装、雕刻、绘画、工艺品等几乎各个领域。这也说明了跨界不是偶然兴起的,它自古就有,它是为了创造出新的艺术而进行的跨领域的重新组合和再造。20世纪50年代末,福特公司以飞机为灵感来源设计生产了一款被称为"埃德赛尔"的跨界汽车,并通过平面广告的宣传使得该汽车在第一天销售时就创下了6 500辆的纪录。如今,跨界早已不再局限在汽车界,它已经扩散到各个设计领域之中,为各个领域的设计注入新鲜活力,成为新的设计代名词。它是一种新的设计潮流、设计方式,更是一种新的设计领域。它不是对设计思维的一种简单叠加,而是对设计领域的改造。很多人说,跨界像个可爱的混血儿,在各个领域自身优良传统的基础上,又闪现着其他领域的独特光彩。正是这个原因,跨界现在已经成为多个领域的新宠。

2) 跨界现象产生的原因

评论一件设计作品的好坏,从某方面来说是要看它的艺术生命力有多么持久,所以怎样才能使设计作品保持持久的生命力就成为设计师们要解决的难题。首先,根据马斯洛的需求层次理论,更高层次的需求是在人们首先满足了自身的基本需求之后才产生的。人们对物质产品的要求越来越高,产品不仅是用来满足人们的物质需求了,在某种层面上来说也正满足着人们的精神需求。消费者看的设计多了,也就容易产生厌弃心理,设计者为了应对这种变化,将不同的设计手段和方法不断融合,使得领域之间的界限变得不再明显了。其次,一件成功的作品是会使人们从中感到满足和愉悦的,它是一种美的感受。设计师和商家为了吸引更多的关注以及提升业绩,不断进行各种尝试,发现各种可能。这个动机就为跨界现象提供了良好的平台,推动了跨界现象的发展。再次,跨界现象的迅速发展和经济全球化是分不开的。经济全球化促使全世界的不同民族、语言、文化、艺术和设计等的不断借鉴和融合,这也给设计带来了新的机遇和挑战。其实跨界只是一种手段,是设计师为了设计出让生活更美好的作品而开始进行的各种尝试。跨界不是设计师的最终目标,他们的目标是实现对使用者的关怀。

3)展示设计中的跨界

展示设计师为了呈现出更加多元化、艺术化的设计作品,综合运用多种手段力图使展示信息能够更持久地留在观众的记忆里。

(1)展示设计本身的跨界行为

展示设计是一门综合的设计门类,具有较强的综合性、交叉性和边缘性。在一项展示设计中,设计师们需要涉及的学科领域非常广泛,比如艺术门类里的平面设计、环境设计、工业设计、建筑设计;比如社会科学学科中的传播学;再如自然科学学科里的人体工程学。例如,NENDO 设计团队 2011 年展出了两个经典作品"细黑线条特展"(图 7.2)和"跳舞的方块特展"(图 7.3)。"细黑线条特展"的作品以轮廓和线框作为创作中心,整个作品看似信手涂鸦画出的室内场景,但是当你站在不同的角度观看时你就会发现这些图形变得立体了。这些在白色空间里的安静黑色线条和观者的眼睛做着游戏,不断地进行着二维和三维的空间转换,挑战着人们的视觉体验。而展出的另一个作品"跳舞的方块"则被安置在了黑色的地面上。NENDO 设计团队把握了生活中物体被使用时的动态感并将这种感觉定格下来,表现出物体的翻转、扭动、展开等感觉,让人在平面与立体、静与动之间自由穿梭。这两个作品的完成就很巧妙地运用了平面设计领域的视错觉原理,使得展示作品打破了一般展示方式的束缚,拥有了自己鲜明的特色。通过案例可以看出,一个完整的展示设计方案必须包含多个领域的知识。跨界是展示设计的灵魂,展示设计本身就是一种跨界。

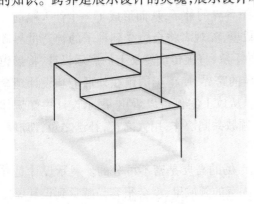

图 7.2　细黑线条特展

图 7.3　跳舞的方块特展

(2)展示设计中设计师的跨界组合

在展示设计的跨界现象中,不同领域的设计师之间进行跨界合作又是一大特点。来自不同领域的设计师充分利用自身领域的优势,把自己领域的独特手法运用在别的领域中,从

图 7.4 "Narcissus 镜花"空间花艺艺术展

而产生不一样的展示效果。"不想当空间设计师的花艺师不是好的视觉营销设计师。"2016 年 10 月 28 日 16：00，"Narcissus 镜花"空间花艺艺术展在中赫时尚画廊举行了开幕仪式，这场梦幻的希腊神话展正式拉开帷幕，终于与大家见面。(图 7.4)花与画的呈现，如同水中倒影般迷幻。在古希腊的传说中，山林中的泉水边有一个仙女 Echo，她爱上了年轻英俊的 Narcissus，但 Narcissus 却置之不理，Echo 因为忧郁憔悴而死，她清脆的叹息化作山林中的回声。来自居然之家的负责人说："这是一次跨界设计展。"如今许多设计师都爱上了跨界设计，花艺、时尚与空间设计的融合更能从不同角度发散，最终变为多元化的设计作品，不管是花艺设计师还是室内设计师，不再局限于设计花艺或是空间，而是打开视野和思维，迸发出无限灵感火花。

（3）会展设计中知识体系的跨界

传统的展示设计师通常把注意力的重点放在展品上，力图通过一些展示手段突出展品，传达展示理念。然而当跨界在展示设计领域里流行起来时，展示设计就不只是原本在展具上展示展品那么简单了。小小的展具被延伸放大，甚至连整个承载展示的建筑空间也被设计师当成展示的一部分。这就是展示设计中知识体系的跨界。2008 年上海世博会上英国馆的原创设计师托马斯·赫斯维克（Thomas Heatherwick）是一个十足的跨界设计师，他的作品中包括了展示设计、工业产品设计、建筑设计等。在这次世博会中，为了能够使展示场馆吸引眼球，设计师决定将展示的内容和形式作一个结合，这样参观者在体验展示形式的时候就能够深刻地记住展示的内容。在效果的实现上，设计师使用 6 万根亚克力杆构成整个展馆，使得整个展馆看似一朵毛茸茸的蒲公英。同时英国馆的主要展品种子被放置在每一根亚克力杆的内部端口，像一个个琥珀一样封存了形态各异的种子，从而形成了一个让人眼前一亮的展示设计作品。在这 6 万颗种子组成的圣殿里，参观者将会感受到种子的神奇世界和震撼人心的力量。设计师采用独特的造型跨界的手法，打破传统意义上的展示设计，将展馆与需要展示的物品有趣地融合在一起。正是这样的跨界，使得英国馆在外形上和设计理念上都成功地达到了设计师想要达到的展示效果。从以上案例可以看出，展示设计中知识体系的跨界使设计碰撞出了别具风味的火花，各个领域共同协作，用人之长，补己之短，使展示设计给人带来更多惊喜。

跨界在展示设计中能够取得成功，与文化市场的需要是密不可分的。展示设计是并不轻松的脑力活动，设计师若是仅仅局限在自己固有的领域里，就会很容易感觉到设计灵感的枯竭，感觉到难以创作出新的作品。而跨界设计使得设计师打破了原有的僵局，不断汲取其他领域的万千灵感，兼容并蓄，博采众长，让设计师更好地提升自己的设计思维和设计能力。从另一方面来说，人们在长期的生活中人为地划分了各种各样的"界"，因为这个"界"也随之产生了各种各样的问题。其实生活中的问题往往都处于复杂的环境中，如果只是依靠某一门学科来解决问题，就可能使问题不能得到很好的处理。就展示设计领域来说，我们必须更好地解放思想,打开展示设计领域的"界",积极探索展示设计领域本身与各个领域、学科之间的可能性,使跨界成为新的展示设计的灵感源泉。正是这样的跨界使得展示设计师们积极打破原有的思维定式,更加注重对于人文的关怀,怀揣一颗人文之心为生活提供好的设计,并且开始更多地关注人、自然和社会的关系,这也正是未来设计的大趋势。

7.3.4 会展社群共享设计

在互联网迈向移动互联网的大趋势中,互联网原住民开始发生族群细分,社群的概念应运而生。采用流量、中介的 Web 开始没落,符合场景、去中心化的 App 占得头筹,更加多元、平等的连接方式产生,零边际成本的社群经济逐渐成为新风向。

1) 现象:社群的变迁

①社群的起源。这里的社群指的是互联网意义的社群,它是基于互联网发展的。从最早的 BBS、QQ 群到贴吧、豆瓣、SNS,以及现在的微信群、QQ 兴趣部落和打破了六度分隔理论的微博等,一直在演变进化中,并在商业领域步步递进。

②社群的发展。经济配上移动互联网的新模式冲击着传统行业,各行各业都面临着巨大的挑战,社群经济已经成为互联网时代的主菜,社群模式也成为移动互联网产品的新宠。社群的概念在移动互联网经济社会的爆发并非偶然,它是商业行为的结果,商业的本质是通过推广和促销等方式来圈存大量的用户群,得到更好的营销成绩,而粉丝和社群的力量往往能够为商人汲取资本,降低原始成本和时间成本。这样的经济价值很快会成为商业社会争抢的新宠,再加上移动互联网技术的日新月异和移动智能设备的全球普及,社群时代的到来似乎早已预料。

2) 本质:场景需求下社群的连接变革

场景囊括了时间、位置、环境、人物模型等要素,不同的场景映射着不同的社群连接方式,从连接的多元化、去中心化、直接化等多个角度剖析移动应用的社群交互场景。

(1) 连接的多元化

根据不同的场景,社群的组织形态也大相径庭。经过总结,将社群类产品分成了三种组织形态,分别是层级型、模块型和传递型,根据场景的复杂性,相互嵌套搭建社群交互的框架。

形态一:层级型

层级型也可以称之为金字塔型,与公司的管理结构类似,是一种自上而下的运作方式,它的特征是拥有绝对的中心节点,且存在多重甄选机制。但层与级的概念往往会让人产生阶级感,在大多数的社群类移动应用产品中,层级关系会被无意识化,很难被发现,但当社群达到一定的规模后,后台人员会开始编写管理机制,它往往是隐藏在底层机制中的一个排序模式。(图 7.5)

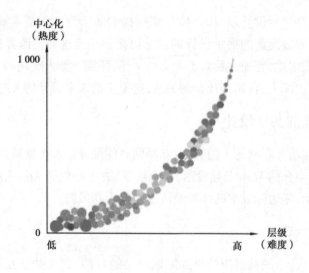

图 7.5　层级型

场景模式：

经过调研总结，层级型的场景模式可以大致分为两类："兴趣风向型"和"创新进阶型"。

"兴趣风向型"，顾名思义，以兴趣聚集的社群，愈向兴趣中心靠拢的个体在社群内所处的级别愈高，这一类型的社群属于原始社群，早期的论坛和贴吧都是以这种模式运作。

随着社群的不断进化，中心节点开始慢慢弱化，开启了社群的内容创新时代，也就是第二种场景模式——"创新进阶型"。由于社群风靡于"90 后"的一代青年，趣味成为第一宗旨，于是内容社群类移动应用如雨后春笋般占领了一片高地，如 Lofter、same 等。这类移动应用看似打破了层级性，但是却无法离开层级秩序，这类场景下的层级性体现在组织内部的排列，如通过热度、销量这样的指标将社群重新分层，无形中给社群设置了一定高度的门槛，同时也会激发社群的创新能力跨越门槛，这样种场景模式下的社群已经成为主流。

形态二：模块型

模块型是社群分裂的结果，当社群达到一定的规模或者话题失去新鲜度，人们的兴致便会产生疲软，开始寻找新鲜的目标和中心点。这一现象犹如细胞的分裂，社群逐渐形成模块化，但模块与模块之间没有明确的界线，这是模块型社群的最大特征，社群成员可以毫无门槛地跨越模块的虚拟门。所以不是用模块的概念划分社群，而是用社群的张力去探索模块，每个模块都是社群的新鲜血液。

场景模式：

模块型社群的场景模式随处可见，它是中心演绎的结果，一个中心裂变成多个中心，从绝对中心化转为相对中心化，内容更加丰富饱满，趣味性逐步增长，社群普及面也相对较广。模块型的场景模式在不断创新和发展中，从最早的主题分类到具有个性化的标签式分类，再到主题明确的订阅号，场景模式开始多样化。其中"same"这款手机应用就是将模块化演绎到极致的经典案例，采用"频道"这样一个创新的场景模式开启了"90 后"无限的想象力，它不仅仅是官方的生产力，而是这个社群的集体智慧，它具有及时性、话题性强、门槛低等特征。

形态三:传递型

顾名思义,传递型即是点传点的接力传播,相对于中心化,它属于节点传递,根据每个节点的分支状况可以知道信息的传播形态。传递是活跃社群的基础方法,挖掘不同的传递方式为运营社群提供了良好的推动作用。大社群与小社群、小社群与个人、个人与个人,每一种传递方式背后都隐藏着一个场景。

场景模式:

包括 3 种传递场景,第一种是点对群传递,即通过分享转发等方式进行信息传播,这种方式传播力度相对较广,如朋友圈;第二种是点对点传递,即通过短信的形式,这种传递方式较为私密;第三种是群对点,一般以通知或消息的形式向个人用户传递,是产品推广的常用手段。各类产品根据自己的场景需求针对用户行为进行产品设计创新才能具备一定的市场竞争力。

(2)连接的去中心化

随着小米社群营销的成功,去中心化的思维开始蔓延,当然也存在很多争议。去中心化即节点与节点之间的影响,会通过网络而形成非线性因果关系。去中心化具有开放式、扁平化、平等性的系统现象和结构。但是,去中心化并非毫无规律、重心和联系的连接,而是在确定重心的情况下打散中心节点,根据场景模式连接中心节点,架构出新颖并具有创意的互联网产品。

3)趋势:移动社群的未来

未来 3 至 10 年,社群经济会深入影响经济社会和人民生活。阿里、淘宝、京东、携程类的大流量平台成为绝唱,具有场景性、真实性、价值性的社群将成为商业主体。

(1)场景需求下的社群服务产品

社群商业向场景创新转型,流量被场景替代,如手机淘宝的改版和小红书的崛起,O2O的迅速走热,证明人们的购物逻辑在发生改变,用户越来越愿意为特定的场景解决方案买单,而通过价格竞争的商场式购物已经逐渐退出舞台。创造符合场景的创新产品成为很多小公司的新契机,这也是移动端应用产品迅速发展的原因。仔细研究调查发现,社群的引入为解决场景的需求方向提供了极大的便利,使得每个人的需求公开化,显得更加真实。

(2)小而美的特色社群的发展

在社群化的大环境下,类似淘宝的社群产品已经成为绝唱,小而美的特色社群产品却凸显出来,如一类富有创新精神的 O2O 店铺,它们的社群大都以专业匠人、特色服务、小众趣味为兴趣。这类店铺的特点是小团队、专业垂直的领域、专业垂直的服务、拥有稳定的用户群。这包括餐饮类、书店、作家、摄影师、手工艺人等。

4)会展场景的社群共享设计

在商业会展中,运用社群共享的概念进行线上社群的营造开发设计已经成为常态,各种社群媒介在会展界都呈现过。微信和微博是近几年网络社交圈的宠儿,前几年有 QQ 和博客,再往前有 MSN 和聊天室。可以说是"流水的 App,铁打的网络社群"。这些应用有不同的名字、功能、定位、目标客户等,但它们本质上都是网络社群的一种表现方式。科技越发达,人们交流的渠道越多,但人们对"交流"的渴望却愈加明显。社群建设为会展的交流功效增添了更自由的可能性。

案例

会展易研发设计

会展易 App,是国内独家整合展会采购和厂家资源的商务应用平台软件,为高端商务人士提供精准的实时供需匹配,并为全球最优质的商家和采购商提供资源展示及产品搜索平台。(图 7.6)

图 7.6　会展易

该 App 进入市场半年内,已覆盖全国各大顶尖展馆;目前会展易已为国内数十个大型顶尖知名展会提供专业的科技信息服务。半年内,已在全国各大顶尖专业展会上为国内外高端商务人士成功匹配超过 5 000 万次交易。

会展易 App 核心功能:

(1)实时供需发布,系统精准匹配,快速找到对应的客户。

(2)强大的商务社交功能:一键拨打电话或者私聊进行瞬时精准、快捷、省时的高效洽谈。

(3)跨越供需信息鸿沟,用户交叉了解各行业的供需匹配情况。

会展易 App 核心亮点:

(1)整合各行业供应链的供需信息,了解行业市场经济动态。

(2)打破展会参展时间短的局限,打造全行业永不落幕的展会。

(3)采购商和参展商随时随地发布供需信息,解决展会接触客户数量和延长沟通时间有限的短板。

(4)同时高效、精准、不限时地精准匹配客户,降低厂家供应成本和采购商的采购成本。

(5)甄别客户的真实需求,缩短供需之间的信息误差。

7.3.5　会展数据虚拟设计

1)传统会展设计中技术创新的发展演变

技术创新在会展场景设计的过程中起到重要作用。20 世纪以来,技术与艺术的相互融合,不仅是设计的主流发展趋势,同时也是会展设计的重要特征之一。回顾会展设计历史,从最初的工业革命时期的搭建技术,奠定了会展业以标准化、批量化、可拆卸的搭建方式作为最基本的展示方式。第二阶段,即第三次工业革命也称为数字革命,计算机的发明和互联网的运用,数字化革命深刻影响会展设计,以计算机为依托的多媒体技术颠覆了传统会展的展示形态,数字化的虚拟展示手段极大地丰富了展示手段,提高了传播效率。会展多媒体展示系统分类见表7.1。

表 7.1　会展多媒体展示系统分类

类　别	内　容	具体展项
互动投影系统	互动投影系统的运作原理首先是通过捕捉设备（感应系统）对目标影像（如参与者）进行捕捉拍摄，然后由影像分析系统（数据采集系统）分析，从而产生被捕捉物体的动作，该动作数据结合实时影像互动系统（互动投影软件），使参与者与屏幕之间产生紧密结合的互动效果	异性投影（3D mapping）、沉浸系统、电子沙盘、环幕融合、建筑投影、电子翻书、全景环幕、水幕投影、球形投影等
多点触控系统	多点触控系统基于先进的计算机视觉技术，获取并识别人手指在投影区域上的移动，以自然的手势姿态控制软件，实现图像的点击、缩放、旋转、拖曳，是一种极为自然和方便的互动模式。操作者可用手指触摸玻璃表面，选择自己感兴趣的内容，或对相关信息进行查询	互动触摸屏、透明橱窗、智能查询台、电子签到、电子导示、数字展示台、广告台、信息公示牌等
灯光设备系统	灯光设备系统可以通过集中控制、无线操控、网络控制、电脑控制、定时控制等多种方式对灯光启动、调光、调色、调亮等操作，会展的舞台灯光设备系统对塑造展台形象、烘托展区氛围具有重要作用	灯光控制系统、效果灯、投射灯、激光灯、投影灯、LED 系统、灯光表演等
视音频设备系统	视音频设备系统分为视频显示系统和音频播放系统，通过各种类型的显示终端将信息以图片、动画、影视等动态或静态的图像，并配合音乐、解说的方式传播，是数字会展中最常见的展示方式，是多媒体展示的基础构成	高清显示、4K 显示、拼接显示、融合显示、语音导览、智能播报、背景音乐、同声传译、信息引导
虚拟展示系统	虚拟展示系统是计算机技术和网络技术的发展而产生的，以互联网为基础的虚拟展示技术分为 VEML 技术、Cult 3D 技术、3D Java 技术、Quest 3D 技术等，是网络会展和虚拟会展的技术基础，通过 3D 建模构建也可以模拟创造出虚拟场景以满足观众体验	网络会展、数字会展、虚拟试衣、虚拟仿真、裸眼 3D、虚拟实景等

2）智慧会展场景设计的展示技术分析

这个时期的会展技术得以更大程度的改变，运用技术呈现的虚拟场景体验将获得更多的关注。

（1）介导现实技术

媒介现实（Mediated Reality）是指通过穿戴设备或手持设备改变人对现实感知的能力，通过设备人工地改变人类对现实的感知的总体框架。1994 年，智能硬件之父 Steve Mann 提出媒介现实的概念，并开始电子介导现实技术的探索。介导现实技术并不是单指某一项技术，而是泛指一系列的技术，如虚拟现实技术、增强现实技术、混合现实技术等，都属于媒介现实的范畴。

①虚拟现实技术。虚拟现实技术(Virtual Rrality,VR)是指以计算机为核心的技术手段,模拟出立体仿真的 3D 虚拟场景,用户借助 VR 设备与虚拟场景进行交互,并通过视觉、听觉、触觉等感官的模拟,提供用户身临其境般的真实体验。该技术集成了计算机视觉、计算机仿真、人工智能、人机接口、传感器等技术,广泛应用于各个领域。

对于商业会展而言,虚拟现实技术不仅丰富了智慧会展中线上会展的展示手段和体验方式,在未来可能颠覆传统模式成为重要的参展方式之一。目前虚拟现实技术在会展中的应用主要体现在 3 个方面:

产品的虚拟体验。观众佩戴 VR 设备,对产品的使用方法及应用场景进行沉浸式的虚拟体验,解决了部分产品不便或无法展示的难题。例如,在 2015 年中国军民融合技术装备博览会上,通过虚拟现实技术模拟赛道及场景驾驶训练,为观众带来更直观、更真实的互动体验。

场景的虚拟体验。将体验场景以建模或全景照片的形式,通过 VR 设备让观众进行场景漫游和互动体验。

综合的虚拟体验。场景漫游、产品展示等形式综合应用,为观众带来一个虚拟且真实的沉浸式体验。目前,虚拟现实技术已经在会展市场得以应用,但更多的 W 技术设备作为吸引观众的展示设备,并没有真正得以普及应用。随着未来虚拟现实技术不断成熟、成本不断下降,VR 技术及设备真正成为消费级产品时,它会成为智慧会展的重要参展形式之一。

②增强现实技术。增强现实技术(Augmented Reality,AR)是将计算机技术构建的虚拟的图像信息与现实的物理世界结合并产生交互的技术。通过跟踪定位技术、人机交互技术、虚拟融合技术、系统现实技术使得虚拟世界与物理世界实时同步,用户与两者进行同步交互。AR 技术与 VR 技术看似相似,但两者之间有很大的区别:虚拟现实技术是为用户创造出一个纯粹的虚拟体验,增强现实技术则是把虚拟场景带入用户的物理世界里。

增强现实技术对会展业及智慧会展具有重要意义,目前主要应用于以下几个方面:首先是营销展示。增强现实技术颠覆了会展营销的展示互动的方式,在与实体展示融合展示时,能给观众带来更加逼真生动的沉浸式体验,与投影互动相比,表现手法更加丰富,环境要求相对较低。其次是信息检索。增强现实技术能够有效提升会展服务质量。在万物互联的智慧时代,所有物体都将被数据化,增强现实技术可以帮助我们通过视觉,更加直观地获取目标物体的数据信息。所谓增强现实也是增强人们对客观现实的认知能力,消除语言障碍、认知障碍等。例如,荷兰的软件公司 SPRXmobile 发布的名为 Layar 的增强现实浏览器,能够显示出手机摄像头捕捉的建筑物的相关数据,包括周边房屋出租、酒吧及餐馆打折、银行 ATM 机等实用性的信息。再次是游戏娱乐。游戏化设计正在被紧密地融合到很多移动会展应用中,以提高观众/参会者的参与度,并增强在"人们对奖品、状态、收获、自我表达、竞争和利他主义等基本的需求和渴望"方面的吸引力。目前增强现实技术在会展的应用更多地体现在现场游戏活动中,是有效吸引观众的游戏工具。(图 7.7)

图 7.7 增强现实技术的应用场景

③混合现实技术。混合现实技术(Mixed Reality,MR)是指基于虚拟现实技术而发展起来的一种增强现实技术,结合真实和虚拟世界创造新的环境和可视化,物理实体和数字对象共存并且实时互相作用,用户通过佩戴显示头盔等设备观察现实环境与虚拟环境融合感官世界。

随着技术的发展,混合现实技术注定是虚拟现实未来的主流发展趋势,并且配合其他感官设备的介入,虚拟环境和真实环境的混合程度会越来越高。当覆盖的感官越多,沉浸式体验越逼真。目前虚拟感官主要以视觉和听觉为主,而触觉和嗅觉体验属于较难模拟的领域。然而目前已经有相关产品能够有效模拟出触觉和味觉,如虚拟现实手套 Gloveone 和气味虚拟设备 Feelreal。

Gloveone 是一款具有触觉反馈功能的手套,它能够兼容多款虚拟现实头盔,将其戴在手上就能在虚拟现实中模拟真实的触感,包括形状、质量、温度和力量。Gloveone 通过手掌和手指部分内置 10 个驱动马达的震动,可模拟出较为真实的触感,如雨滴滴落在手上的感觉,甚至是火焰的热量。(图 7.8)

图 7.8 虚拟现实手套 Gloveone

Feelreal 是一款口罩式设备,将气味发生器、热风机和蓝牙麦克嵌于面具中,配合 VR 眼罩设备使用。其中气味发生器可以装有 7 管可替换气味筒,加上控制空气的温度和湿度给人以逼真体验。(图 7.9)

(2)可穿戴技术

可穿戴技术主要探索和创造能直接穿在身上,或是整合进用户的衣服或配件的设备的

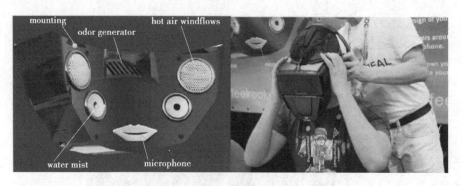

图 7.9　气味虚拟设备 Feelreal

科学技术。该技术可将多媒体、传感器和无线通信等技术嵌入可穿戴设备中,并且可以通过语音、手势等多种人机交互方式加以操控。基于可穿戴技术的智能交互设备称为可穿戴智能设备。智能可穿戴设备主要应用于四大领域:健身与健康、医疗与保健、工业与军事、信息娱乐。

对于商业会展而言,智能穿戴设备为观众、参展商提供数据增值服务的同时还可以进行数据采集,智能穿戴设备采集和相关 App 收集到的数据无论是对于组展商、参展商、观众,还是科研或管理机构都可以产生巨大的商业价值和社会价值。目前美国迪士尼就推出了名为 Magic Band 的智能腕带,它不仅能取代钱包、纸质门票、酒店房间钥匙,还可以通过存储用户信息,如旅游景点、商店、购物、餐饮、游戏和音乐的偏好,以便在游玩过程中享受到个性化服务体验。Magic Band 收集的数据被整合到 My Magic 的游客管理系统中,系统就可以帮助游客提供更加个性化和简便的身份验证,改善游客的预约、预付费、照片存储、个性化推荐、路线选择以及游乐园导航等服务的体验,所有的信息服务都可以通过游客的智能手机进行查看。Magic Band 不仅是智能穿戴设备在提升用户体验方面的成功案例,同时也可以帮我们预见到智能穿戴设备对会展服务及其互动体验的未来。(图 7.10)

图 7.10　Magic Band 应用场景及 App 界面

(3)体感交互技术

体感交互技术是一种通过识别用户手势、肢体动作等行为,从而使人们可以更为真实地与虚拟内容进行互动。体验交互是人机交互的最新阶段。

按照体感方式和原理,可将体感交互技术分为惯性感测、光学感测、惯性与光学联合感测。(表 7.2)

表 7.2　体感交互技术分类

类　别	主要原理	代表产品
惯性感测	主要以惯性传感器为主,如用重力传感器、陀螺仪、磁传感器等感测获取动作的加速度、角速度、磁场等物理参数,进而求得使用者的行为动作	Logitech 空间鼠标(MX Air) Wii Remote PS Move
光学感测	主要通过光学传感器获取使用者的人体影像,将肢体动作影像与数字内容进行互动	Sony EyeToy Kinect Leap Motion
惯性与光学联合感测	结合了惯性感测和光学感测两种技术,是未来的体验交互技术的主要方向	Wii Motion Plus

（4）全息影像技术

全息影像技术（Holographic Display）又称为虚拟成像技术,是一种利用干涉和衍射原理通过三维影像还原物体场景的技术。目前,全息影像技术已经广泛应用于各种展示场所,较为常见的有以下两种形式：

①全息展示柜。全息展示柜是利用全息金字塔的成像原理,在不借助任何屏幕或介质的情况下,直接将立体影像悬浮在设备外的自由空间。通过表面反射原理,观众不需要佩戴任何偏光眼镜,透过透明材质制成的四面椎体 360 度任意角度观看 S 维影像,具有强烈的立体感和纵深感。全息展示柜多应用于产品展示、名品发布,可以根据产品尺寸定制出不同规格、不同造型的柜形。

②全息舞台。全息舞台与全息展示柜原理相同,由于观众位置相对固定,一般采取 180度单面展示的方式。全息影像技术在舞台中的应用,虚拟影像与现实演出之间的互动所带来的视觉震撼,突破了传统舞台表演的局限性。现如今,全息舞台广泛应用于国内外的高端发布会和大型综艺晚会,如奥迪 R8、宝马 7 系等高端发布会都热衷于使用全息舞台的震撼效果烘托出产品的特性,2015 年央视春晚中《蜀绣》节目,让这种新奇的表演形式走进了更多人的视线。

从全球技术趋势来看,全息影像技术被认为是未来主要技术之一,可能颠覆人类的交互方式,甚至会让物理屏幕消失。随着全息技术及产业的发展,技术的成熟、成本的下降注定是智慧会展的主要视觉展示手段。（图 7.11）

3）技术创新的本质

技术创新总是不断演化和替代的。满足人类需求是技术创新的本质。技术本身并没有价值,只有当技术满足人类的需求或解决问题时,技术才会有应用的价值。在智慧时代,科学与信息技术的地位不断被推升,不是在强调技术的价值,而是通过技术最大限度地凸显出人的价值,通过技术创新更高效、更人性地满足人的需求。

设计是体现技术创新价值的关键。技术是以理性的方式解决人的需要,设计则是以感性的方式满足人的需求。设计的过程实际上是弱化技术存在感的过程,通过艺术的表达方式,将技术以隐性化、人性化方式,让人们本能地接纳或使用。在智慧会展场景设计中,设计

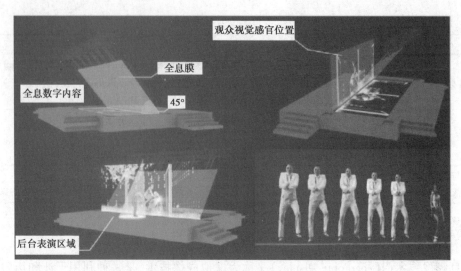

图 7.11　全息舞台的原理与效果

是将智能技术转化成智慧化应用的关键环节。

　　如今是技术引发的颠覆与变革的时代,面对技术不断迭代升级,设计师应该保持清醒,明确设计与技术的本质,处理好两者之间的关系。技术改变了社会的经济模式、产业的运作方式、人们的生活习惯。对于会展设计而言,智慧会展创景设计改变的不仅是设计理念、设计动机、设计内容和展示方式,更重要的是技术改变了人们的生活习惯,包括学习习惯、阅读习惯、交互习惯等,进而导致客户需求的改变。在智慧会展逐步发展应用的过程中,技术因素被纳入了设计师必备技能,但仍需要强调技术的本质功能,技术是为了更好的客户体验,总的来说就是:技术服务设计,设计创造体验,体验满足需求。

7.4　会展场景设计的价值

　　从 1851 年的水晶宫博览会到 21 世纪的今天,会展设计一直行走在全速发展的进程中,仅仅在两次世界大战时期做了短暂停滞。发展至 21 世纪的今天,尽管会展设计已经非常成熟,成为独立的一门学科,然而新的时代所带来的冲击,给会展设计带来的挑战依然是全新的、艰巨的,它必须回答时代所提出的尖锐问题。在今日,体验经济、大众消费、虚拟现实高度发展的时代,会展业的价值诉求在发生巨大改变。设计理念的改变——以客户体验为中心;设计动机的改变——以收集数据为目标;设计内容的改变——以客户触点为边界;展示方式的改变——以技术创新为驱动。以往的会展设计理念显然无法应对这个繁荣与错综复杂的时代,新的设计理念必将产生。

7.4.1　设计理念的重大创新

　　从 1851 年的第一次现代意义上的水晶宫博览会到会展业成熟发展的今天,设计的理念在不断地更迭。最初以玻璃建造的展馆对建筑业的巨大影响,甚至直接导致新工艺美术运动。到第二次世界大战期间,这个时期的现代主义设计思潮深刻地影响着会展设计的发展,吸引了俄国的构成主义,芬兰、美国及欧洲的众多设计先锋,展示设计为这些天才的设计家们提供了设计实践的试验场。最引人瞩目的包括基斯勒、李西斯基、格罗皮乌斯、密斯和莉莉、赫伯特·拜耶、保罗·鲁道夫。到 20 世纪 50 年代末,会展设计成为一门完整的科学。直至 20 世纪末和 21 世纪初,计算机技术和互联网的发展,信息传播的概念在展示设计中成为主体思想。而时至今日,体验经济时代,以人为本的互动设计,符合大众消费的个性化精神体验的设计思想,场景化的故事为线索的会展设计思想必将成为会展设计主流,成为新的会展设计思路。

7.4.2 现代科技发展的最佳诠释

技术创新在会展设计的过程中起到重要作用。从最初的工业革命时期的搭建技术,奠定了会展业以标准化、批量化、可拆卸的搭建方式作为最基本的展示方式。第二阶段的数字革命,数字化革命深刻影响会展设计,数字会展主流的多媒体展示系统大放光彩。而今天,会展越来越朝着智能会展的方向前进,新的现实虚拟相结合的技术日臻完善,这个时代,体验即数据,数据即体验。虚拟现实不再满足于虚拟空间,它直指现实,一系列的介导现实、可穿戴技术、全息影像技术扑面而来,颠覆着整个会展业的展示空间指向。会展场景设计理念可以在现实与虚拟的场景中切换,极大地丰富了展览效果。

7.4.3 新时代人文体现新的商业模式

正如某经济学家所言,一旦进入大众消费时代,商业模式会发生急剧变化,消费者是多元的、个性的,这必将带来生产方式的新样式,产生新的商业模式。"智能会展"将成为"互联网+"时代会展行业新趋势。如 2015 年 1 月成立的蓝色光标活动管理集团,将蓝色光标所有会展活动整合在同一平台上,利用线上线下双模式运营构架,借助移动互联的大潮和资本杠杆的利器,致力于打造中国会展活动业的"航空母舰",形成线上线下结合的、基于 SaaS 应用的、全产业链的会展活动管理平台。新的会展商业模式已经形成,商业模式下的场景式设计理念可以满足这个时代的会展业对于客户的个性化、多元化诉求。

思考题
1.简述会展场景设计的概念。
2.会展场景设计有哪些时代特征?
3.会展场景设计的范畴包括哪些?
4.简述会展数据虚拟设计的特征。

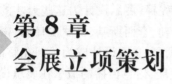

第8章
会展立项策划

【学习要求】

掌握会展题材选择的4种方法及其优缺点；了解会展策划书的基本内容；了解会展立项可行性分析的内容；掌握宏观市场环境分析、微观市场环境分析涉及的因素及其影响；了解展会项目立项可行性研究报告基本内容。

会展立项策划要解决的基本问题是掌握与展会相关的基本市场信息和相关产业信息，为将来制订展会的各种执行方案、营销策略和竞争战略作准备；确定展会要包括的展品范围有哪些，并为将来调整展品范围留下空间；建立起展会的基本框架，并对该展会的有关发展前景作出初步预测。

会展立项策划的重点工作是会展项目的定位，特别是要明确对参展企业和观众的定位，有针对性地根据他们的营销需求进行立项策划，在服务他们的需求中获得办展机构的主要收入来源——参展费用。会展立项策划涉及会展立项题材选择、展会项目立项策划、会展立项可行性分析等环节。

8.1 会展立项题材选择

会展立项题材选择首先要了解产业政策，知晓政府重点发展的产业及其扶持政策。政府的产业政策和产业导向较好地反映了产业发展趋势，预示着政府将会投入较多的资源推进相关产业发展，给其中的办展企业和会展项目带来发展机遇。因此，会展立项题材选择需要关注和了解政府各类规划和文件，了解政府确定的重点产业，扶持产业和新兴产业内容等，并在这些产业中去寻找和选择会展立项的题材。

会展的举办要以推进产业发展为己任，在获得政府支持的同时坚持走市场化发展道路，发展自身市场竞争力和市场化生存能力，防止过度依赖政府，因为躺在政府怀里的展会最终必将被市场淘汰。

会展立项题材选择的方法可以分为新立题材、分列题材、拓展题材、合并题材4种。新立题材是指进入一个全新的行业或领域举办新题材的会展活动。新立题材的好处是办展机构可以进入一个新的产业和开发一个新的市场,可以避开激烈竞争。新题材很多时候是市场的新兴产业,只要抢先一步,成功概率较大。新立题材的风险在于:对于办展机构来说,进入一个陌生的领域有一定的风险。由于缺乏对该产业的了解,办展机构可能对抓住该产业的行业发展重点和行业热点有困难,展会可能因此而缺乏市场号召力。新立题材要求办展机构具有积极进取的市场竞争意识,能够敏锐地发现和把握市场机会,设计创新出新的会展项目,并具有较好的执行力和市场资源整合能力,成功实施新立题材的会展项目。

分列题材是指在一个成功、成熟的会展项目中,把其中某一块具有成长潜力的展品范围分离出来单独办展,使该块会展项目更具专业性和发展空间。分列题材的好处在于办展机构对该题材有一定的了解和客户基础。原有展会其他题材、依据细分题材所办的新展会可以有更大的发展空间。原有展会和依据细分题材所办的新展会都将更加专业化。分列题材的风险在于办展机构很难确定题材分列的最佳时机,对原有展会会造成一定程度的冲击以及细分题材的展会独立办展的实力也将受到考验。

拓展题材是指在原有的展品范围内新增加相关的展品范围,扩大会展项目的规模和市场。拓展题材的好处在于扩大了展会的招展展品范围,为扩大展会规模作出贡献;扩大了参展企业数量和观众来源,为拓展展会发展空间服务。拓展题材的风险在于新题材的加入可能会影响到现有展会的展区划分,影响展会的现场布置和管理。如果拓展的展会题材与现有展会的展会题材的关联性不大,可能会影响展会的专业性。

合并题材是指把两个相同或者相似题材的会展项目合并成一个项目进行举办,以增加项目的吸引力和代表性。合并题材的好处在于有利于做大做强该题材的展会,使展会更具有行业代表性,有利于提高展会的档次;可以消除市场竞争,独占该题材的展会市场;可以更好地安排展会日期和划分专业展区,得到行业内知名企业的大力支持,提高参展的积极性,更方便企业参展和观众参观。合并题材的风险在于办展机构之间的业务合作不当和利益分配不均可能会导致题材合并的失败。合并题材往往涉及多个展会,如果处理不当,可能会对这些展会带来不利的影响。如果合并题材选择不当,可能会使新展会成为一个"大杂烩",影响展会专业性。

会展立项题材选择切忌闭门造车式搞策划,而要严谨地进行市场调研,去发现市场需求,然后用展会的形式满足市场需求。展会是解决行业问题、满足行业需求的手段和工具。没有针对行业发展存在的问题,就不可能有成功的展会;没有很好地对接行业需求,展会的举办也会失去方向。展会题材的选择及其举办本质是以展会的方式推进行业问题的解决,集中于行业发展中的热点和难点,呈现行业发展趋势。随着大数据的发展,通过数据挖掘技术,能够在庞大的数据中发现市场存在的某些需求,然后策划会展项目去满足这些需求,所以大数据的应用将使会展策划更加有针对性。

案例

智慧城市博览会策划和设计

智慧城市是把新一代信息技术充分运用在城市的各行各业之中的基于知识社会下一代

创新的城市信息化高级形态。智慧城市基于互联网、云计算等新一代信息技术以及大数据、社交网络、Fab Lab、Living Lab、综合集成法等工具和方法的应用,营造有利于创新涌现的生态,实现全面透彻的感知、宽带泛在的互联、智能融合的应用以及以用户创新、开放创新、大众创新、协同创新为特征的可持续创新。

某智慧城市博览会是中国以智慧城市为主题的国家级重点展会。博览会参展企业均由国内外物联网/云计算软硬件生产企业、知名 IT 厂商、国内外电信运营商构成。中科院、三大电信运营商集团公司、大唐、中兴、华为等国内顶尖的 20 多家行业龙头企业及 IBM、思科、微软、塔塔等多家世界 500 强企业将同台展示最新智慧城市及物联网应用技术成果。

近年刚刚举办的博览会围绕新主题"建设智慧城市 打造网络强国",结合"两化融合"政策,在前几届以"智慧交通""智慧健康""智慧物流""智慧家居"等主题进行展示后,正向"智慧教育""智慧能源""智慧金融""智慧工业"等领域延伸推进。同时,本届博览会延续往届特色,举办"1+N"论坛会议,"1"指由工信部主办的"全国智慧城市座谈会","N"指 1 个智慧城市高峰论坛+4 个智慧产业高层论坛,主题相关"智慧交通""智慧健康""智慧教育""智慧金融"等,邀请了几十位院士、海内外专家、知名学者和行业精英作精彩的主题报告,更立体化地展现智慧城市的层次性和丰富性。

经过跟踪调研,专业人士认为,该博览会存在的问题是:没有很好地针对行业关注的成功案例、规划、融资等问题进行策划和设计,建议做好以下 3 点来更好地推进这些行业问题的解决:

1.成功案例展示。在智慧城市建设中,城市管理者存在着对智慧城市概念感到模糊,缺乏具体的感性认识。因此,展会举办者需要开辟智慧城市成功案例的展示专区,增加城市管理者对智慧城市具体的感性认知。

2.规划供需展区。缺乏科学合理的规划来推进智慧城市建设。因此,展会举办者需要开辟智慧城市规划者的展示专区,邀请国内外智慧城市规划机构参展,与各个城市管理者进行洽谈,完成智慧城市的规划供需洽谈和合作。

3.融资供需展区。智慧城市建设中缺乏资金。在城市大发展的过程中,政府普遍存在着城市建设资金不足的困难,特别是智慧城市所需要的资金数量特别庞大,智慧城市必须多方面筹集资金。因此,展会举办者需要开辟智慧城市融资供方展示专区,对接智慧城市资金需求方的融资需求,推进智慧城市建设。

讨论:展会应该如何针对行业存在的问题进行策划和设计?

案例

TED 大会扩大 TED 的影响力

TED 是美国的一家私有非营利机构,TED 是三个英文单词的首字母大写,分别是 Technology(技术)、Entertainment(娱乐)、Design(设计)。

TED 大会的举办使得 TED 全球闻名,名流趋之若鹜。2002 年起,克里斯·安德森接管

TED,创立了种子基金会(The Sapling Foundation),并营运 TED 大会。每年 3 月,TED 大会在美国邀请众多科学、设计、文学、音乐等领域的杰出人物演讲,分享他们关于技术、社会、人的思考和探索。TED 演讲的主旨是:Ideas worth spreading(思想值得分享)。

从 2006 年起,TED 演讲的视频被上传到网上。这一举措使 TED 从以往 1 000 人的俱乐部变成了一个每天有 10 万人流量的社区。为了继续扩大网站的影响力,TED 还加入了社交网络的功能,以连接一切"有志改变世界的人"。

截至目前,TED 官方网站上收录的涉及科技、娱乐、设计、商业和科学的 TED 演讲视频已达近千个,有逾上亿的网民观看了 TED 演讲的视频。所有 TED 演讲的视频都是以"创用CC"(Creative Commons,是一个非营利组织,也是一种创作的授权方式。此组织的主要宗旨是增加创意作品的流通可及性,作为其他人据以创作及共享的基础,并寻找适当的法律以确保上述理念)的方式予以授权的。世界民众以收看 TED 演讲的视频为时尚,因而 TED 引领了技术、娱乐、设计等各领域的世界潮流。

讨论:如何用会展的思路去运营和扩大组织的影响力?

8.2　会展立项要素策划

会展策划书是会展立项策划的最终形式呈现。会展立项策划完成,撰写会展策划书就有了基础。会展策划书的基本目录一般包括以下 12 个部分:①办展市场环境分析;②提出展会的基本框架;③展会价格及初步预算方案;④展会工作人员分工计划;⑤展会招展计划;⑥展会招商计划;⑦展会宣传推广计划;⑧展会筹备进度计划;⑨展会服务商安排计划;⑩展会开幕和现场管理计划;⑪展会期间举办配套活动计划;⑫展会结算计划。

会展立项策划涉及展会的基本要素,包括展会名称,展会举办地点,办展机构,办展时间,办展频率、展会规模,展品范围,展会定位,展会价格和展会初步预算,人员分工,招展招商和宣传推广,展会进度,现场管理和配套活动等的策划。办展机构必须紧密注意移动互联发展新特点、新趋势,以及会展 O2O 理念和模式的快速发展带来的会展业态的深刻变化,来开展立项策划。

1)展会名称策划

展会名称的核定需要包括基本部分(说明展会、博览会、展销会等)、限定部分(说明举办的时间、地点)、行业标识(说明展会题材和展品范围)3 个部分。如"第 118 届中国进出口商品交易会"这个展会名称,基本部分为"交易会",限定部分为"第 118 届、中国",行业标识为"进出口商品"。

2)展会举办地点策划

举办地点是指举办城市。有的展会在一个城市举办,叫作固定展,如中国义乌国际小商品博览会(义博会)每年固定在浙江省义乌市举办;有的展会每年在不同的城市举办,称为巡回展,如奥运会,2008年在中国北京举办,2012年在英国伦敦举办,2016年在巴西里约热内卢举办,2020年将在日本东京举办。世界会展业发展趋势是固定展,当今展会举办地点越来越趋向固定在一个城市举办。因为每一类展会都有其举办的一些特殊要求,并不是所有城市都适合举办某类展会,但可能会有一个城市是最适合举办这类展会的;同时,固定在一个城市举办某个项目,有利于这个城市发展出与这类展会配套的城市实施、服务机构等,提升展会的办展质量。就好比一棵树,一旦落地生根,最好不要移栽,移栽会损伤根系,不利于树木的生长,经常移栽会使树木无法长成参天大树;而只有种植在一个地方几十年,才会长成参天大树,这是同一个道理。

当然,并不是说所有项目都要办成固定展。像奥运会这样的项目,举办目的是促进世界各个国家和民族之间的"相互了解、友谊、团结和公平竞争",推进世界文化交流和世界和平,就需要由不同的国家轮流举办。巡回展的项目一般需要由举办城市提出申办要求,然后由一定的委员会通过投票决定。

3)办展机构策划

办展机构是指负责展会的组织、策划、招展和招商等事宜的有关单位,主要包括主办单位、承办单位、支持单位、协办单位等。对于一个展会而言,主办单位和承办单位是最为核心和最为重要的办展机构,也是举办一个展会所必不可少的办展机构。如义博会的主办单位是中华人民共和国商务部、浙江省人民政府、中国国际贸易促进委员会、中国轻工业联合会、中国商业联合会,承办单位是浙江省商务厅、义乌市人民政府,支持单位是国家市场监督管理总局、中华全国工商业联合会、香港贸易发展局、大韩贸易投资振兴公社、澳门贸易投资促进局等。办展机构策划对于一个展会的成功举办和长远发展有十分重要的意义。在策划选择办展机构的组成时,要处理好该展览题材所在产业的政府主管部门和行业协会的关系,要与全国及海外在该产业有较大影响的机构建立合作伙伴或者招展组团代理的关系,并要与该行业各大专业媒体和社会公众媒体搞好关系。这些单位不仅可以提高展会的档次、规格和权威性,扩大展览的影响力,吸引媒体的关注和展开新闻宣传,还能提高展会的行业号召力,利于展会组织目标客户参展和邀请目标买家参观。另外,它们还能帮助揭示行业的发展状况和趋势,能有效地形成展会的品牌效应。

4)办展时间策划

办展时间既包括具体开展日期,又包括筹展和撤展日期,还包括对观众开放的日期。

展会具有明显的淡旺季,一般来说,每年的3—6月和9—10月是会展业的旺季,而每年的7—8月和12月—次年的1月是会展业的淡季。展会的淡旺季主要是企业的采购周期使然,企业在执行年度和半年度生产销售计划需要的采购形成了会展业的旺季;同时,气候使然也是一个原因。在气候适宜的春季和秋季,便于参展商和买家出行。另外,社会文化环境也是造成会展业淡旺季的原因,如欧洲人普遍喜欢在每年的8月度假,在这个时间点举办欧洲市场的展会往往不会成功。就开幕时间来看,杭州西湖国际博览会(简称"西博会")的开幕时间是每年 10 月第二个星期,广交会的开幕时间是每年 4 月中下旬(春交会)和 10 月中下旬(秋交会),华交会每年 3 月 1 日在上海举行。

案例

展会的淡旺季

具有较大影响力的某糖烟酒交易会曾经进行创新,将举办时间放在国庆节期间的 10 月 1-7 日举行。结果,采购商数量稀少,成交量出现巨大萎缩,参展商抱怨声四起,最后以失败告终。据了解,买家之所以没有前往参加交易会,一是由于难得的国庆节长假,交易会与自己和家人一起旅游和探亲的计划冲突;二是由于长假导致交通、住宿紧张,有的买家因为买不到机票或者订不到房间而不得不放弃参加交易会。

讨论:从时间方面进行考察,为什么该交易会放在展会的旺季却导致失败?

5) 办展频率、展会规模策划

一般的展会一年举办一届或者一年举办两届,也有的是两年举办一届,而奥运会是四年举办一次。办展频率受到所在产业的产品生命周期长短、不同阶段的客观制约。所以,有的人认为"提高办展频率是提升会展企业经济效益的有效手段"的观点是值得商榷的。展会规模包含展会面积、参展单位、专业观众、成交额等要素。如我们经常可以看到媒体报道:"本届博览会的展会面积为 61.6 万平方米,参展单位 38 000 个,共有 210 个国家和地区的 18.5 万国外采购商参与采购,成交 103.8 亿元人民币。……"类似报道往往较好包含展览规模的所有要素。

6) 展品范围策划

有人提出:"为了扩大展会规模,一个展会的展品范围包含得越广泛越好,以便吸引更多的企业前来参展。"实际上,会展专业化发展是会展业发展的一大趋势。当前,我国的展会主题由综合化趋于专业化、展会分工专业化、展会从业人员专业化、观众向专业化方向发展。展品范围越广泛,专业化程度往往受到不利影响。

案例

广交会的专业化发展

从第 104 届起,广交会将由"两馆两期"转为"一馆三期",即从琶洲馆和流花馆"两馆"变为琶洲馆"一馆",由"两期,展期 6 天,撤换展 4 天"变为"三期,展期 5 天,撤换展 4 天"。通过这个变化,广交会的细分展区将从之前的 34 个重组为 50 个,附载最多 5.4 万个展位,新增超过 3 000 个展位。

根据对广交会负责人的采访,这样做的优势在于:按采购目标和展品用途重新细化设置展区,产品设置充分考虑产品关联度的最大化,从而能够提高广交会的专业化水平,符合国际展会业的专业化潮流。展位数量的适度增加,解决现有规模仍然不能满足中外企业参展需求的突出矛盾,为更多的企业提供迈向国际市场的平台。对缩短展出时间,3~5天的展期符合国际展会的一般规律。同时,时间短了,也减少了采购商比较压价的机会,对参展企业的成交有利。

讨论:广交会变革的优势有哪些? 这种变革符合国际会展发展趋势吗?

立项策划包括展会定位、展会价格和展会初步预算、人员分工、招展招商和宣传推广计划、展会进度计划、现场管理计划和配套活动计划等的策划。

7) 展会定位策划

展会定位就是要清晰地告诉参展企业和观众本展会"是什么"和"有什么",具体地说,展会定位就是办展机构根据自身的资源条件和市场竞争状况,通过建立和发展展会的差异化竞争优势,使自己举办的展会在参展企业和观众的心目中形成一个鲜明而独特的印象的过程。

8) 展会价格策划和展会初步预算策划

展会价格就是为展会的展位出租制订一个合适的价格,包括门票价格、广告价格。展会层位的价格往往包括室内展场的价格和室外展场的价格,室内展场的价格又分为空地价格和标准层位的价格。在制订展会的价格时,一般遵循"优地优价"的原则,即那些便于展示和观众流量大的展位价格往往要高一些。

展会初步预算是对举办展会所需要的各种费用和举办展会预期可以获得的收入进行的初步测算。展会初步预算可以使办展单位对举办该展会的投入和产出有一个初步的认识,使办展单位及时筹措和准备举办展会所需要的资金。

9) 人员分工、招展招商和宣传推广策划

人员分工计划、招展、招商和宣传推广策划是展会的具体实施计划,这4个计划在具体实施时会互相影响。人员分工计划是对展会工作人员的工作进行统筹安排,招展计划主要是为招揽企业参展而制订的各种策略、措施和办法,招商计划主要是为招揽观众参观展会而制订的各种策略、措施和办法,宣传推广计划则是为建立展会品牌和树立展会形象,并同时为展会的招展和招商服务的。

10) 展会进度计划策划

展会进度计划是在时间上对展会的招展、招商、宣传推广和展位划分等工作进行的统筹安排。它明确在展会的筹办过程中,到什么阶段就应该完成哪些工作,直到展会成功举办。展会进度计划安排得好,展会筹备的各项准备工作就能有条不紊地进行。时间是展会成功的第一要素,必须提高时间意识。

11) 现场管理策划

现场管理策划是展会开幕后对展会现场进行有效管理的各种计划安排,它一般包括展

会开幕计划、展会展场管理计划、观众登记计划和撤展计划等。现场管理计划安排得好,展会现场将井然有序,展会秩序良好。

12) 展会配套活动策划

展会配套活动策划是对准备在展会期间同期举办的各种配套活动作出的计划安排。与展会同期举办的配套活动最常见的有技术交流会、研讨会和各种表演等,它们是展会的有益补充。

新展会运作的时间表

两年前:

饭店预订(考察饭店设施及服务,并与饭店洽谈、签订协议)。

确定场馆使用面积,并与场地拥有者洽谈、签订合同。

制作工作进度表。

收集邮寄名单,寄发展览宣传资料、报名表等。

定期召开筹备会议,落实各项工作进度及决议。

制作筹备企划书(含展览的意义、宗旨、内容、工作进度及预算等)。

制订营销计划(如何宣传推广本次展览)。

选择合适的专业展览顾问公司。

初步确定展览主题及拟邀人员名单。

决定报名费及相关费用(可参考以前的展览并由筹备会决议)。

收集旅游、文艺等资料(可委托和指定专业旅行社办理)。

一年半前:

草拟展览通告(含邀请函、展览主题及日期、地点等)。

印刷并寄发展览通告(针对可能参与的人士,初步告之展览的举办日期、地点、报名费及摊位费等)。

确定展览期间的论坛形式及内容(为邀请演讲人等作准备)。

初步确定社交活动(酒会、晚宴、开闭幕式等)。

制订各类印刷品的印刷时间表,并与设计印刷公司协调(参展手册、宣传册、报名表、名牌、邀请卡等)。

网页设计(专业公司或专业人士制作,以便参展商或观众等上网浏览,或进行网上报名)。

一年前:

草拟展览说明书及合同。

收集参展商名单。

招展工作正式开始。

印制并寄发宣传手册及相关表格。

确认演讲人和嘉宾是否接受邀请,并提供论坛题目。

选制展览纪念品、资料袋、奖牌等(数量、确认交货期)。

向政府有关部门报备本次展览的举办时间。

联络并确定展览的有关供应商(视听音响、灯光设备、旅行社、交通、餐饮、会场布置等)。

半年前:

检查展览的各项准备工作。

安排展览的会议议程并挑选论坛主持人。

寄发通知函件给申请参展者,告之其参展申请是否被接受以及展览的具体日期、地点。

寄发通知给所有受邀请的主持人并提供相关参考资料,如参展商构成、演讲人背景等。

三个月前：

发布新闻。

邀请出席开闭幕式的嘉宾（如需嘉宾致辞，应书面告之时间、地点）。

规划和招聘现场工作人员。

草拟展览期间的活动手册（议程、演讲人、主持人、开闭幕式等）。

安排接机事宜（车辆、接机人员、下榻宾馆等）。

展览现场布置规划（机场欢迎牌、会场、报到处、酒会、晚宴场地等）。

报到处使用规划（使用流程）。

确认各项餐饮安排（酒会、茶点、午餐、晚宴等）。

两至一个月前：

报名参展工作结束（统计、评估参展商）。

与饭店核算已预订房间数。

现场接待工作人员培训。

印制展览节目手册、参展商名册（报到时领取）。

印制其他物品，如胸卡、证书、邀请卡、餐券等。

落实各个环节（参展议程、论坛演讲人、主持人、视听设备、开闭幕式嘉宾及流程、酒会、晚宴等）。

参展商协调会（摊位位置、进场、撤场等）。

检查场馆的各项准备工作。

开展前三天+展览期间：

召开新闻发布会（准备新闻通稿及相关资料、安排新闻发言人）。

现场接待工作人员预演（筹委会主要委员也应到场）。

报到相关资料装袋。

检查各场所布置（主要是会场、展览现场）。

报到处、秘书处（相关资料进场）。

各项节目、表演彩排。

会场布置（灯光、音响、麦克风、电脑、投影仪等）。

参展商进场（报到、领取资料）。

检查餐饮安排（再核实数量、菜单）。

展览正式开始（根据流程表开展每一项工作，每日闭馆后，要对当日工作及问题进行总结，并及时改善，同时预习第二天的工作流程）。

展后阶段：

统计参展商及观展人数（总量、来源地区、行业等）。

整理、分析相关资料并归档。

与饭店核对总住房数（收集账单、支付账款）。

财务结算。

给协助单位、主要参展商、演讲嘉宾等相关人员寄发感谢信。

征求参展商和专业观众意见。

召开总结大会（报告收支情况、总结经验、解散筹委会）。

展览文集编撰。

薪资清册。

结案，并开始准备下一届展览。

8.3　会展立项可行性分析

会展立项可行性分析是展会项目立项策划的继续。会展立项可行性分析是在仔细研究各种信息的基础上,深入分析举办展会立项策划提出的方案是否可行,为最后是否举办该展会提供科学的决策依据。会展立项可行性分析包括市场环境分析、展会项目生命力分析、展会执行方案分析、展会项目财务分析、风险预测,在这些分析的基础上提出存在的问题、改进的建议、努力的方向等。

8.3.1　市场环境分析

市场环境分析分为宏观市场环境分析、微观市场环境分析。宏观市场环境所包括的因素都是办展机构本身以外的市场因素,并且基本上都是企业自身所不能控制的因素,包括经济环境、政治法律环境、社会文化环境、人口环境、技术环境等。经济环境是指那些从侧面影响着企业参展和观众到会参观的意愿的各种经济因素。对经济环境的考察可预测和检验企业参展和观众购买力、参展意愿。政治法律环境是由那些具有强制性的和对举办展会产生影响的法律、政府部门和其他压力集团所构成,如政府对举办展会在消防、安保、工商管理和产品进出口方面的严格要求。政治法律环境是举办会展的硬环境,社会文化环境是指物质文化、关系文化、观念文化等。对社会文化环境的考察可预测和检验目标对象的喜好,安排合适的展会举办时间和内容。人口数量是市场规模的重要标志,对人口环境的考察可预测和检验展会专业观众、普通观众的数量。科学技术的发展会对企业的经营活动和经营方式产生重大影响。了解技术环境可对会展业的办展思路、竞争模式、展会服务等提供支撑。

微观市场环境是指对办展机构举办展会构成直接影响的各种因素,包括办展机构内部环境、目标客户、竞争者、营销中介、服务商和社会公众等。进行微观市场环境的分析是为了整合资源,使各种资源间优势互补,最大限度地挖掘资质优良的资源,壮大办展队伍,并最大限度地降低办展成本。进行办展机构内部环境考察的目的是审视自身优劣势,评判自身办展能力。办展机构内部环境就是办展机构内部所具备的各种条件,包括目标客户、竞争者、营销中介、服务商、社会公众等。目标客户就是展会的潜在参展商和观众;进行目标客户考察的目的是预测和检验展会规模与客户需求。竞争者就是与本展会有竞争关系的其他同类展会;进行竞争者考察的目的是预测和检验是否能比其他办展机构更有效地满足参展商和观众的需求,设计应对市场竞争的对策。营销中介是受办展机构委托的,或者是协助展会进行宣传推广和招展招商的那些中介组织和单位,包括展会的招展代理、招商代理、广告代理和其他营销服务机构等;进行营销中介考察的目的是甄别中介组织,选择有实力的机构协助办展。服务商是受办展机构的委托、为展会提供各种服务的机构,包括展会指定的展品运输代理、负责展位搭装的展位承建商、提供旅游服务的旅行社、提供住宿服务的宾馆酒店,以及提供展会资料印刷和观众登记的专门服务商等;进行服务商考察的目的是预测和检验展会服务商质量,确保展会的服务质量。社会公众是指对展会实现其目标具有实际或潜在影响的各类群体;进行社会公众考察的目的是预测和检验公关策略,确保有一个举办展会的宽松市场环境。

案例

社会公众的类别

· 媒体公众,即专业和大众报刊、广播和电视等,它们具有广泛的影响力,对展会的声誉具有举足轻重的影响。

· 政府公众,即负责管理展会和商业活动的有关政府部门。

· 当地民众,即展会举办地的居民、官员和其他社团组织等。

· 市民行动公众,即各种知识产权保护组织、保护消费者组织、环保组织等。

· 办展机构内部公众,即办展机构的全体员工。

· 金融公众,即那些关心并可能影响办展机构获取资金的能力的机构和组织,如银行和投资公司等。

市场环境评价一般采用 SWOT 分析法。SWOT 分析法基于内外部竞争环境和竞争条件下的态势分析,就是将与研究对象密切相关的各种主要内部优势、劣势和外部的机会和威胁等,通过调查列举出来,并依照矩阵形式排列,然后用系统分析的思想,把各种因素相互匹配起来加以分析,从中得出一系列相应的结论。(表 8.1)

表 8.1 SWOT 战略对策表

内部 / 外部		内部环境	
		内部优势(S)	内部劣势(W)
外部环境	外部机会(O)	SO 战略 依靠内部优势 利用外部机会	WO 战略 利用外部机会 改进内部劣势
	外部威胁(T)	ST 战略 依靠内部优势 回避外部威胁	WT 战略 克服内部劣势 回避外部威胁

SWOT 代表着优势(Strengths)、劣势(Weakness)、机会(Opportunities)、威胁(Threats)。SWOT 分析法将这 4 个方面结合起来研究,以寻找到适合办展机构举办本展会的可行战略和有效对策。SWOT 分析法操作相对简单,基本分成三步:第一步,整理和分析收集到的各种信息,并根据这些信息对环境的变化趋势作出预测;第二步,详细地分析办展机构内部和外部的各种环境要素,列出市场环境对办展机构举办该展会所形成的优势、劣势、机会和威胁;第三步,对市场环境对办展机构举办该展会所形成的优势、劣势、机会和威胁进行综合分

析,确定可以选择的战略和对策。

SWOT 分析法为办展机构举办该展会提供 4 种可以选择的对策。SO 战略即利用办展机构的内部优势去抓住外部市场机会,ST 战略即利用办展机构的内部优势去回避或减少外部威胁,WO 战略即利用外部机会来改进办展机构的内部弱点,WT 战略即克服办展机构的内部弱点,避免外部威胁。

8.3.2　展会项目生命力分析

展会项目生命力分析包括发展空间、项目竞争力的分析。

展会项目发展空间分析是根据展会项目立项策划提出的办展方案和展会定位,从展会的长远发展出发,分析展会项目是否具备可持续发展所需要的各种条件。项目发展空间要素包括产业空间、市场空间、地域空间、政策空间及其他因素。产业空间就是计划举办的展会展览题材所在的产业的发展现状和发展前景。产业的发展现状和发展前景是举办一个专业贸易性质的展会所依托的产业基础。产业的发展现状和发展前景是举办一个专业贸易性质的展会所依托的产业基础。市场空间主要是指市场结构状况、市场规模的大小和市场辐射力的强弱,这是举办展会的市场基础。进行市场空间考察的意义是衡量展会展览题材的选择是否适合市场的需求,是否具有吸引力、辐射力。市场结构状况揭示了展会展览题材的选择是否适合市场的需求。地域空间主要是指展会举办地的地域优势和辐射力如何。进行地域空间考察的意义是考察是否具有地域优势,选择产业生产或销售集中度比较高的地域举办展会。展会应选择在那些展会展览题材所在产业比较发达的地方举办,或者选择在该产业产品的主要销售地,尽管如此,那些交通比较便利、基础设施较完善、信息较灵通、服务业较发达的城市往往也是举办展会的首选之地。政策空间包括展会举办地对会展业发展的政策、对展览题材所在产业的政策以及对与会展业有关的行业的政策。进行政策空间考察的意义是理解政策意图,争取办展便利;尽量选择当地政府鼓励和支持发展的产业题材。其他一些因素如展馆设施状况等对展会项目发展空间也有较大影响。

案例

农博会易地举办为什么会失去人气

某省农博会成功在省会城市举办了多届后,应省内其他地区的要求,某年省农博会曾移师非省会城市举办。该城市政府为举办该展会提供了大量的政策和资金的支持,但是最终结果还是因为买家太少,办展效果不理想。该届农博会最大的一个变化是举办地点的变化,其他的条件和因素都没有发生变化。所以,可以认为:非省会城市辐射力不够,企业和买家参加展会的意愿不强。该城市作为一个国际小五金生产和销售基地,举办中国国际小五金博览会是非常具有优势的,但是就农博会而言,省会城市辐射力更高,参展商和买家都愿意前往省会城市参加该展会。

讨论:农博会易地举办为什么会失去人气?

展会项目竞争力分析是从展会本身出发,分析本展会与同题材的其他展会相比是否具有竞争优势,包括展会定位的号召力、办展机构的品牌影响力、参展商和观众的构成、展会价格和展会服务等因素,对展会的竞争优势具有决定性的影响。对展会定位的号召力的意义是找准目标参展商和观众,并清晰地让参展商和观众知道并认同该展会"是什么"和"有什么"。对于办展机构的品牌影响力来说,办展机构的品牌是这件商品的说明书和质量保证书,对参展商和观众的展会认同有很大的影响。对于目标参展商和目标观众的构成来说,一个展会要有强大的竞争力,就离不开该展会展览题材所在产业里有代表性的企业对展会的大力支持,离不开该产业产品的大用户到会参观。对于展会价格来说,展会价格是展会竞争力的重要组成部分,展会定价合理能在很大程度上提高展会的竞争力。对于展会服务来说,展会服务包括展会筹备和展会举办过程中办展机构为该展会的参展商和观众提供的各种服务,也包括展会的服务商和营销中介单位为参展商和观众提供的服务。展会服务分为展前服务、展中服务和展后服务3个部分。展会服务的考察,是分析办展机构能否为参展商和观众提供专业、及时、优质和周到的服务。对于办展机构来说,其自身的优劣势决定着他们在哪些产业里举办展会成功的可能性较大,也决定着他们举办怎样性质的展会将会有较大的优势。要考虑办展机构自己是否有举办这样一个展会的能力,或者自己是否适合举办这样一个展会;如果条件不具备,就不要轻易举办。

8.3.3 展会执行方案分析

展会执行方案分析包括展会基本框架评估、招展招商和宣传推广计划评估、展会进度计划评估、现场管理和配套活动计划评估等。

展会基本框架评估需要考虑的方面包括:展会名称和展会的展品范围、展会定位之间是否有冲突;办展时间、办展频率是否符合展品范围所在产业的特征;展会的举办地点是否适合举办该展品范围所在产业的展会;在展会展品范围所在产业里能否举办如此规模和定位的展会;展会的办展机构在计划的办展时间内能否举办如此规模和定位的展会;办展机构对展会展品范围所在的产业是否熟悉;展会定位与展会规模之间是否有冲突。对展会基本框架进行评估,重点是从总体上分析展会基本框架是否合理和可行。

对招展招商和宣传推广计划评估,是要考量招展计划、招商计划和宣传推广计划3个方案要做到具体、可行。所谓具体,就是这3个方案要尽量详细、不空泛、不泛泛而谈;所谓可行,就是这3个方案要尽量符合展会展览题材所在产业的实际,要能抓住该产业的特征,又不脱离展会定位,能发挥实际作用,达到实施的目标。从可行性分析上看,这3个方案还要相互配套、彼此配合,重点突出、目的明确。

展会进度计划评估需要考虑各项工作进程安排的合理性、各阶段工作目标的准确性、各项工作安排的配套性、各项工作安排的可行性、各阶段工作安排的统一性。

现场管理计划是对展会开幕现场和展会展览现场进行管理的计划安排。对于现场管理评估,需要考虑现场管理计划的周密性、可控性。展会配套活动计划是对在展会同期举办的各种研讨会、表演和比赛等进行的计划安排。对于配套活动计划评估,需要考虑到配套活动的必要性、可行性。同时,办展机构需要考虑现场管理和配套活动的协调性。

8.3.4 展会项目财务分析

展会项目财务分析是从办展机构财务的角度出发,按照国家现行的财政、税收、经济、金融等规定,在筹备展会时确定的价格的基础上,分析测算举办该展会的费用支出和收益,并以适当的形式组织和规划好举办展会所需要的资金。展会项目财务分析的主要目的是分析计划举办的展会是否经济可行,并为即将举办的展会制订资金使用计划。展会项目财务分析包括展会项目财务分析的方法、价格定位、成本收入预测、盈亏平衡分析、现金流量分析、资金筹措等。

展会项目财务分析是为评估一个展会是否可以举办而进行的财务分析。项目财务分析所需要的基础数据,如投入资金的多少、成本、收益和利润等,都是来源于前期的市场调查和基于这种调查而作出的预测。同时,项目财务分析所依据的数据带有很大的预测性,展会项目的各个实施方案对项目财务分析也有重大影响,不同的实施方案会产生不同的财务分析结果。一般地,项目财务分析的步骤首先是财务分析预测。在对计划举办的展会总体了解的基础上,对相关市场和执行方案进行充分调查,收集并预测项目财务分析所需要的各种基础数据。其次是财务效果的计算和分析。根据财务分析基础数据及其预测,计算展会项目的财务盈利性如何。再次是制订资金计划。根据财务分析和预测,筹措和安排举办展会所需要的资金投入量,为展会的前期资金投入提供保障。

给展会定一个适当的价格,不仅可以提高展会的竞争力,也是进行展会项目财务分析的一个重要基础,因为后面对展会进行成本收益预测和盈亏分析等都要依赖于展会价格的确定。给展会定怎样一个价格,是与办展机构的定价目标密切相关的,有什么样的定位目标就会有什么样的价格定位。分析展会的价格是否可行,首先就要分析其定价目标是否符合实际。(表 8.2)

表 8.2 展会常用定价法

名　　称	特　　点
利润目标	办展机构以盈利为主要目标来给展会定价,包括当前利润最大化、满意利润
市场份额目标	为最大限度地增加展位销售量、扩大展会规模、提高展会的市场占有率,制订比较低的价格,而不惜放弃目前的利润,甚至不顾目前的成本支出
市场撇取目标	为展会定出尽可能高的价格,争取在展会举办的前几届就获取尽可能多的利润;一旦竞争变得激烈,办展机构就有充分的主动权逐步降低价格
展会质量领先目标	针对大众"价格高质量就优良"的心理,以保证向客户塑造一个高质量的展会为主要目标的价格定位
生存目标	为在市场上先站稳脚跟,采取以先求得企业的生存空间为目标的价格定位,以求得企业生存为目标的定价,其价格往往定得较低

办展机构最终会选择哪种定价目标,主要受 3 个因素的影响:顾客、成本和竞争。同时,还必须考虑其他的一些因素。比如,以占领市场份额为主要目标的定价,受上述 3 个因素的影响,要获得成功还必须满足以下条件:第一,价格弹性系数较大,降低价格能有效地扩大展位销售;第二,展会的规模效应明显,展会规模扩大所产生的利润能弥补价格降低所造成的损失,展会将会随规模扩大而利润增加;第三,企业有足够的经济实力能承受一定时期内的低价所造成的利润损失和成本增加;第四,低价能有效地阻挡潜在竞争者加入举办同题材展会的竞争,不因低价而引发恶性竞争。如果上述条件不能满足,该定价目标就有可能脱离实际,是不可行的。

办展机构需要对举办展会的成本和收入进行考察,细致地分析举办该展会是否经济可行。举办一个展会的收入、成本一般包括的项目见表 8.3。

表 8.3　展会成本收入预算表

	项　目	金　额	占总收入比/%
收　入	展位费收入		
	门票收入		
	广告和企业赞助		
	其他相关收入		
	总收入		
成本	展览场地费用		
	展会宣传推广费用		
	招展和招商费用		
	办公费用和人员费用		
	税收		
	其他不可预测费用		
	总成本费用		
利　润			

在进行成本收入预测时,如果发现某项支出所占比例过大,可以通过调整相关的执行方案来调整相关的费用支出。比如,如果发现展会计划的宣传推广费用所占比例过大,就可以通过调整展会宣传推广方案,来调整这一费用支出。通过对收入和成本的各具体项目进行分析和调整,可以使展会成本收入预算更加合理。

在对展会项目进行成本收入预测时,必须对展会进行盈亏平衡分析。所谓盈亏平衡,就是办展机构举办展会所得到的所有收入恰好能弥补其为举办该展会所支出的所有成本费用,也就是总收入正好等于总成本。能够使展会达到盈亏平衡的展会规模就是展会盈亏平衡规模,能够使展会达到盈亏平衡的展会价格就是展会盈亏平衡价格。除了一些特殊情况,办展机构举办展会最起码的要求,应该是能够达到盈亏平衡的状态。进行盈亏平衡分析,最重要的是要找到能够使展会达到盈亏平衡的"盈亏平衡点"。所谓盈亏平衡点,就是能够使展会达到盈亏平衡的展会规模或展会价格。有些展会尽管发展前景很好,但需要有好几届作为培育期,对于这样的展会,我们就要通过现金流量分析来进一步分析其是否值得举办。

为了保证展会顺利举办,展会需要合理地筹措资金。展会筹备各阶段所需要的资金投入必须要有所保证,不能出现因资金短缺而导致展会筹备工作无法推进的现象。办展机构可以根据其自身的经营以及展会筹备工作对资金投入的需要,通过一定的渠道,采取适当的方式筹措必需的资金。办展机构在筹措资金时,应遵循规模适当、筹措及时、方式经济、来源合理等基本原则。

8.3.5　风险预测

风险是指某一行动的结果所具有的不确定性,这种不确定性可能会给办展机构带来人、财、物的损失。举办展会可能面临的风险包括市场风险、经营风险、财务风险和合作风险。市场风险如通货膨胀、战争、地震、瘟疫等;经营风险如主办方与参展商发生纠纷,展会期间食物中毒等;财务风险是展会举办收入低于预期的风险;合作风险是不同主体合作参与举办一个会展活动之中产生的各类问题等。办展机构要通过对各种风险的评估,采取相应对策,尽量回避和降低可能遇到的风险。对于展会风险,办展机构首先要评估它们存在的可能性有多大,并评估一旦它们发生,对即将举办的展会可能会造成哪些影响,展会是否可以规避或者克服这些风险以及它们所造成的影响。有些风险办展机构无法控制,只能规避;有些办展机构可以通过有效措施来进行积极预防和消除。

展会需要对举办该展会项目的社会效益进行评估。所谓展会项目的社会效益,就是举办该展会对当地社会各方面可能产生的影响。评估展会项目的社会效益,可以从会展项目具有的社会经济功能和社会功能来进行。会展项目的社会经济功能是指通过举办会议和展览,取得直接的经济效益以及因此而带动一个地区相关产业发展的功能。会展项目的社会功能是指通过举办会议和展览而达到一定的社会、政治和文化目标。认识会展项目社会效益双重功能及其相互关系,有助于清除在策划会展项目时可能出现片面追求狭义上的展会经济效益的短视行为。通过评估,举办该会展其本身的经济效益和它所带来的社会效益都是明显的和可以接受的,那么,就可以认为举办该展会是可行的;否则,就是不可行的。

思考题

1.展会应该如何针对行业存在的问题进行策划和设计?

2.会展题材选择 4 种方法的优劣有哪些?

3.会展策划书的基本内容有哪些?

4.会展立项可行性分析包括哪 4 个方面?

5.占领市场份额的定价目标实施需满足哪些条件?

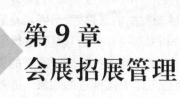

第9章
会展招展管理

【学习要求】

掌握招展的定义;掌握制订合理的招展价格需要考虑的因素;理解办展机构常用的招展价格折扣种类;了解招展函主要内容、招展方案的基本内容;掌握招展代理管理的要点;预防招展代理可能带来的风险;理解招展进度计划的定义;理解展位营销的主要方法。

招展就是办展机构招揽企业参加展会的展出活动的行为,是展会成功运作的基础。展位营销是办展机构用各种营销手段和渠道将展会计划展出的场地销售给目标参展商的过程。招展往往伴随着展位的销售。

9.1 招展策划准备

招展策划是对招展活动方案进行的策划,是展会整体策划中最基础的工作之一,也是展会筹备过程中最重要的环节之一。招展策划是展位营销的基础,展位营销是对招展策划方案的具体实施。

9.1.1 数据库建设

招展策划的第一步是通过广泛地收集目标参展商的信息,建立一个完整实用的目标参展商数据库。目标参展商是展会招揽参加展会企业的目标范围,会展招展是在掌握了展览题材所在行业企业的基本数量、特征和分布状况的前提下进行的,展会的展位营销工作基本就是针对这些企业而展开的。

案例

目标参展商信息的收集

王同学到会展公司进行毕业实习。公司总经理让王同学为某展会进行目标参展商信息初步收集工作。王同学通过查阅电话黄页、专业网站、专业报刊以及购买行业企业名录等方式进行了相关信息的收集,并对企业的名称、地址、联系电话、传真、邮箱、网址、联系人等基本信息进行了详细的登记。总经理肯定了王同学的努力,指出除了收集企业的名称、地址、联系电话、传真、邮箱、网址、联系人等基本信息之外,还需要收集企业规模、目标市场、企业产品种类等信息;告诉他还可以到商会和行业协会、同类展会、政府主管部门、外国驻华机构等地方去收集目标参展商信息,并让其他人员带着王同学去相关部门进行目标参展商信息收集。

讨论:收集目标参展商信息的渠道和要素有哪些?

除了要掌握每一个具体企业的基本信息外,办展机构还要从总体上把握这些信息。所谓从总体上把握,是指办展机构要从宏观上对行业企业的结构状况、行业企业的地区分布状况、行业的市场特点等信息加以分析和把握。

9.1.2　展区展位划分

展区和展位划分是会展招展管理的基础性准备工作。展区划分一般按照专业题材划分成不同的展品类别。所谓按专业题材划分,就是将同类展品安排在同一个区域里展出。合理地划分展区和展位,对于会展招展和更好地吸引目标观众到会参观、提高参展商的展出效果、进行展会现场服务与管理等有着重要的作用。

案例

展区展位安排的原则

在某国际模具技术和设备展览会中,办展机构面临着以下需解决的问题:①部分参展商要求办展机构重点考虑提高他们展出的效果;更多采购商要求办展机构采取更多措施便于他们参观;而展会服务商则强烈要求办展机构重点考虑能最大便利地为相关客户提供服务。②有的参展商希望展位是岛形的,有的参展商希望是半岛形的,有的参展商希望是通道形的,有的参展商希望是道边形的,而且都不愿意自己的展位里有柱子。如果满足这些参展商的需要,场地就会出现一些"死角"。③划分展会展示区域时,展馆内只设置了登记处、新闻中心,而没有考虑咨询处、洽谈区、休息区的设置。④消防等安全部门将对展会的消防设施、安全通道进行严格的检查。而按照标准,展会面临着某些指标的不合格。讨论再三,办展机构提出了"统筹兼顾、因地制宜、贴心服务、安全第一"的展位安排原则:在安排展区展位时最大限度地兼顾到办展机构、参展商、采购商以及展会服务商各方面的利益和便利性;同时,充分考虑展馆的场地条件,在展区展位设置、功能服务区域设置上做到了因地制宜,严格按照标准设置了消防设施、安全通道,以确保展会的安全。

讨论:展区展位安排的原则有哪些?

划分好展区和展位以后,要按一定的比例将它绘制成展会展位平面图,并在图上标明各展区和展位的具体位置,标明展馆各出入口、楼梯、现场服务点等,以便参展商在选择展位时能更好地作出选择。展位平面图是会展招展时需要经常使用的主要资料之一,在绘制时一定要准确、细致,图标和线条要清楚,使人一目了然。

案例

展区展位安排的四个"有利于"

在某次展览会筹备中,办展机构按专业题材划分好展区和展位,并按一定的比例绘制了展会展位平面图,在图上标明各展区和展位的具体位置以及展馆各出入口、楼梯、现场服务点等。在平面图的基础上,负责人李经理召集管理小组进行了多次会议,在坚持展位安排的原则前提下,按照四个有利于,即有利于采购商的参观、有利于提高参展商的展出效果、有利于展会现场管理和现场服务、有利于提高展会档次,反复讨论了展会的展区和展位划分,不断提升展区展位安排的科学性。

讨论:优化展区和展位划分的会议的讨论点应着眼于哪些方面?

展区展位的划分要注意适应参观人流的行走规律。一般来说,展会人流规律是人们进入展馆后习惯于直接向前走,如果不能直接向前就习惯于向右转;在展馆的入口处、主通道、服务区和大的展位前的人流比较多,容易形成大量的人群围观某一个展位或展品等;在展馆的入口处要留出一定的区域供参观人流聚散,展场的各种通道要达到一定的宽度以便参观人流通过。

9.1.3　招展价格制订

确定一个合理的招展价格,对展会的展位营销和展会的经济效益都有着重大的影响,也是展会整体策划的重要内容之一。

1)展位类型

展位可以分为空地展位和标准展位。空地展位是在展览场地里划出一定面积的场地,办展机构不负责提供任何展具和展架,租用该场地的参展商需要自己设计和搭建展位。空地展位可以根据参展商的需要,搭建成岛型、半岛型、环型展位等。岛型展位四面都与过道相接,观众可以从任意一个侧面进入展位内,由于没有毗邻的展位,也没有其他类型展位所必须遵守的种种视线的限制,高度可以高至展厅天花板的高度,更能吸引观众的注意力。半岛型展位三面与过道相接,标准高度可达到 3.65 米,通常位于一排展位的尽头,观众可从三个侧面进入这种类型的展位。环型展位形状基本上与标准展位相似,一般后墙和侧翼的高度略有增加,一般可高达 3.65 米,多为沿墙搭建。

标准展位是由展会统一设计、使用统一的标准、使用标准的展架、配备基本展具的展位,它的面积一般是 9 平方米,有些特殊题材的展览也有 12 平方米或者 15 平方米的。标准展位可以分为单开口展位和双开口展位。单开口展位,又称排式展位,它夹在一排展位中间,观众只能从其面前的过道进入展位内。双开口展位,又称墙角型展位,它位于一排展位的顶端,两面邻过道,观众可以从它前面的通道和垂直于它的过道进入展位。标准展位的最低配置是有 3 面围板、展位楣板和常规照明,一般配置是除了上述配置外,还有谈判桌、椅子、普通电源,有的还有地毯。由于展位搭建的难易程度有很大的差异,有些展会将空地展位和标准展位的承建工作交给不同的承建商来完成,这样有利于节省成本,但可能会增加管理难度。(图 9.1)

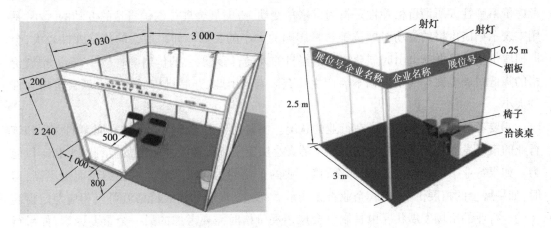

图 9.1　单开口展位与双开口展位

展位还可以分为室内展位和室外展位。室内展位是指展览馆内的展览场地,室外展位是指露天的展览场地。大部分的展览及展品是在室内展览场地里举行和展示的。对于一些超大、超重和超高的展品以及某些特殊的展品来说,室外展场是其首选,特别是一些工业类和农业类题材的展览,通常是在室内展位和室外展位同时展出。

2) 招展价格

招展价格就是展位的出售价格。按展位不同,可以分为标准展位的价格和空地的价格;按场地不同,可以分为室内展位价格和室外展位价格等。一个展会的招展价格一般有两种:一是标准展位的价格,通常是以一个标准展位多少钱来表示;二是空地的价格,一般用每平方米多少钱来表示。

为了能制订最合理的招展价格,需要强调几点:

①要充分考虑竞争的需要。制订展会的招展价格时,办展机构要充分考虑那些与本展会有竞争关系的同类展会的价格状况。办展机构要充分评估本展会在市场上是处于市场领先地位还是处于跟随地位,采取相应的价格策略。

②要结合展会的发展阶段来定价。每个展会都会有一个从培育、成长到成熟和衰退的发展阶段,在展会的培育阶段,展会的知名度还不高,展会的招展价格不宜太高;在展会的成长阶段,展会在市场上已经有了一定的竞争力,在行业内也有了一定的知名度,这时展会的招展价格可以适当提高;在展会的成熟阶段,展会在市场上的地位基本稳定,本展会与其他竞争展会的价格基本相对固定,参展企业的数量也基本固定,展会的规模也难以进一步扩大,这时,展会的招展价格也基本固定,不宜变动;在展会的衰退阶段,展会的竞争力开始减弱,参展企业开始逐渐减少,展会规模也在逐渐缩小,展会面临着要么被放弃要么需要重新策划和定位的命运,这时展会的招展价格应该较低。展会的发展阶段对展会的招展价格有

着十分重要的影响,在制订展会的招展价格时必须充分考虑这一点。

③要考虑展会的价格目标和价格弹性。不同的价格目标,展会的招展价格不尽相同。你是采取生存目标、市场份额目标,还是利润目标,展会价格会出现较大的差异。同时,需要考虑价格弹性。所谓价格弹性是指当价格每变动1%时展会展位的销售量的变动的大小,是用来表示招展价格的变动对展位销售量影响的大小的参数。如果展会的价格弹性较大,会展招展价格的降低就会引起展会展位销售量的大增;如果展会的价格弹性较小,会展招展价格的降低对展会展位的销售就不会产生什么影响。因此,办展机构必须考虑展会价格弹性的大小。

④要考虑展会展览题材所在行业的状况。主要是要考虑该行业平均利润率的大小和该行业的市场发展状况。行业平均利润率的大小决定了该行业企业可能的盈利水平和支付能力。如果行业平均利润率较小,那么,该行业的企业的盈利水平和支付能力可能也不高,这时,如果展会的招展价格过高,企业将无法承受;反之,展会的招展价格就可以相应地定得高一些。行业的市场发展状况也是制订会展招展价格时需要考虑的另一个重要因素,如果行业处于买方市场状态,企业参展的积极性就较高,展会的招展价格可以定得高一些;如果行业处于卖方市场状态,企业参展的积极性就较低,展会的招展价格就应该定得低一些。

⑤要考虑展位位置和展商来源。也就是考虑展区和具体展位的位置差别,办展机构一般是执行"优地优价"原则,即那些比较好的位置的价格要比其他地方的价格高。要考虑参展商的地区来源,如我国展会对国外参展商与国内参展商制订不同的展位价格,国外参展商的展位价格一般要比国内参展商的展位价格高。当然,国外参展商的展位位置一般也要优于同档次的国内参展商的展位位置。

案例

招展价格的制订

在某国际体育健身器材展览会中,办展机构对不同展区的展位制订了不同的价格,并且同一展区不同位置也制订了不同的价格。同时,对国外参展商与国内参展商制订了不同的展位价格。在展览会期间,部分相对高价展位的国外参展商、国内参展商表达了对此操作的不满,有媒介也以"价格歧视"对此事进行报道,报道中提到办展机构工作人员对此事的回复:"办展机构对不同展区的展位采取不同的价格,符合行业操作惯例;同一展区不同位置采取不同的价格,符合'优地优价'原则和行业惯例;对国外参展商与国内参展商采取不同的价格,符合'优地优价'原则和行业惯例。我们会和相关参展商加强交流,解决沟通不足的问题,促进展会成功举办。"

讨论:办展机构的回复内容是否正确? 办展机构还需要加强什么工作?

需要指出的是,上述各因素往往彼此影响,互相牵制,因此,在制订展会的招展价格时,对上述各因素必须通盘考虑。

3) 招展价格折扣

招展价格折扣是办展机构给予参展商或者招展代理的一种价格优惠,其主要目的是吸引更多的企业到会参加展览。常用的价格折扣有:

①统一折扣。所有的参展商都适用于一个统一的折扣标准。这种折扣标准通常是按参展商参展面积的大小来制订的。参展面积越大,所得到的折扣也越大;当参展面积达到一定的规模时,折扣不再增加,也就是有一个折扣上限。

②差别折扣。按参展商的地区来源不同给予不同的折扣标准。从整个展会的角度看,各参展商适用的折扣标准是不一样的,但从某个具体折扣标准所覆盖的所有参展商来看,它们所适用的折扣标准又是一样的,因此不会引起招展价格的混乱。

③特别折扣。通常是给予那些参展规模巨大、在行业内有较大影响力和知名度的企业的特别价格优惠。行业知名企业参展对于提高展会的档次和影响力,促进其他企业参展选择有重要影响,它们参展的面积一般也比较大。特别折扣只适用于少数行业知名企业,对于一般企业不适用。

④位置折扣。针对展馆内场地位置的优劣而制订折扣标准。同一个展区内不同的展位其位置有好有坏,同一个展馆内不同的展位其位置好坏也有差别。为了避免相对较差的位置无人问津,对这些较差的位置可以给予较多的价格优惠。如果执行得好,价格折扣对会展招展有一定的促进作用;但是,如果执行得不好,价格折扣往往会引起会展招展价格的混乱。招展价格的混乱对会展招展非常不利。所以,在展位营销过程中执行招展价格时,办展机构必须要注意一些问题。

4) 执行招展价格时应注意的问题

招展价格混乱,不管对当届展会还是对展会的长远发展,都是一个严重的问题。办展机构在执行招展价格时必须避免价格混乱。

①严格执行价格及价格折扣标准。价格及价格折扣标准一旦确定,就要求所有的招展人员严格执行,对于不符合折扣标准的参展商坚决不能给予过多的价格折扣。办展机构要有勇气放弃,不能因为吸引个别企业参展而破坏了整个展会的价格折扣标准。因为如果给予了这些企业过多的价格优惠,对于其他同类参展商是不公平的;一旦其他参展商知道了可以讨价还价,他们必然也会要求更大的价格优惠,这势必会引起整个价格体系的混乱以及招展进度的停滞。

②加强对招展代理的招展价格管理。招展代理有时候是引起招展价格混乱的一个重要方面。由于招展代理的佣金一般都是按照他们所招企业的参展面积的大小来确定的,招展面积越大,他们所得到的佣金也就越多。所以,招展代理为了获取更多的佣金,有时会有"让渡佣金、提升销量"的低价销售展位的冲动,而这种招展价格又往往不符合展会的价格及折扣标准,导致整个会展招展价格的混乱。为了避免出现这种情况,办展机构要对招展代理的招展价格进行严格管理和监督,通过合同和协议书面明确价格执行要求,不容许他们破坏展会价格标准而低价销售,一旦发现就严肃处理。

案例

展位价格执行管理

某展览会办展机构与多个招展代理商定：标准展位价格8 000元/个，招展代理获得的佣金为1 200元/个。在招展过程中，某招展代理为了更多地招徕企业参展，将自己的佣金让渡给参展企业，按照标准展位价格7 500元/个，自己实际获得代理佣金为700元/个。有人认为：该招展代理是为了使更多的企业参展，并且没有损害办展机构的利益，该行为应该鼓励。有人认为：这种行为不符合展会的价格及折扣标准，从而引起整个会展招展价格的混乱，对展会整体的顺利招展造成致命损害。办展机构应该加强对招展代理的招展价格执行管理和监督，坚决制止低价销售，避免价格混乱！

讨论：你支持哪个观点？为什么？

③避免在招展末期低价倾销展位。有些展会因为临近开幕但是展位没有如期销售出去，就会不顾展会的价格标准，将这些展位大幅度降价出售。这种做法是一种短视的行为，对下届展会的招展和展会的长远发展非常不利。因为这种做法不仅严重挫伤了那些早于这些企业而参展的企业的积极性，还使所有知道在会展招展末期能获得特别价格优惠的企业对下一届会展招展采取观望的态度，并等到会展招展最后期限才决定是否参展，这对展会未来招展非常不利。在会展招展末期低价倾销，其实是对早早预订展位决定参展企业的一种价格惩罚，这对鼓励企业及早预订展位非常不利。

④严格控制各种折扣的适用范围。各类折扣的适用范围有时候较难把握，而一旦把握不稳就会引起价格混乱。在执行各种折扣时，折扣的标准不宜设计得太复杂；各种折扣的标准划分要非常明确，不能含糊。比如执行特别折扣应该将适用该标准的企业的名单一一列出，并明确他们达到多大参展面积时能给予的折扣范围，以避免执行折扣引起的价格混乱。

案例

展位价格执行管理

在某国际汽车展会举办中，某展览公司对外商和国内企业制订了不同的展位折扣；决定对行业内10个最知名的品牌给予特别优惠，并列了一个名单。在招展过程中，几个企业也要求给予特别优惠，"否则就不来参展"。为了使这几个企业来参展，招展负责人同意给予这些企业特别优惠。在招展末期，因为展位销售远远低于预期，该展览公司不得已在最后两星期，按照原先招展价格的两折低价销售出了60%的展位。在展会后期总结的时候，有人认为：为防止价格混乱，要严格控制特别折扣的适用范围；对不符合折扣范围企业的不当要求，要学会明确拒绝和舍得放弃。末期低价倾销是对早早决定参展企业的一种价格惩罚，严重挫伤这些企业的积极性，实际上鼓励了参展企业对下一届会展招展采取观望的态度，使会的未来经济效益也难以保证，是一种短视的行为，对下届展会的招展和展会的长远发展非常不利。有人认为：展位不能储存，过期价值为零。不管是给予更多企业特别折扣，还是末期低价倾销，都是不得已而为之；这些操作都增加了企业参展数量和展览公司的收入，提升了展会人气，减少了公司的亏损，这些都是最实际的。

讨论：你支持哪种观点？为什么？

9.1.4　会展招展函

招展函是办展机构用来说明展会以招揽目标参展商参展的小册子。招展函的主要作用是向目标参展商说明展会的有关情况,并引起他们对参加展会展出的兴趣。招展函主要包括展会的基本内容、市场状况介绍、展会招商和宣传推广计划、参展办法、各种图案 5 个方面的内容。

展会的基本内容主要包括展会名称和标志、展会的举办时间和地点、办展机构名单、办展起因和办展目标、展会特色、展品范围和价格等。

市场状况介绍主要包括行业状况和地区的市场状况等。行业状况介绍需要结合展位的定位,对展会展览题材所在行业的状况作简要介绍,如行业生产、销售、进出口及发展趋势等。地区的市场状况需要简要介绍办展所在地区的市场状况。介绍的"地区"范围主要取决于展会的定位和市场辐射范围的大小。

展会招商和宣传推广计划主要包括展会招商计划、宣传推广计划、相关活动计划、展会服务项目等。招商计划需要简要介绍展会计划邀请采购商的办法、范围和渠道。如果展会是已经连续多次举办的展会,那么对往届展会到会观众的回顾分析将是十分有用的资料。宣传推广计划需要简要介绍展会宣传推广的手段、办法、范围和渠道以及展会计划如何扩大其影响的措施等。展会宣传推广计划是参展商较关注的项目,需要详细列明。配套活动需要简要介绍展会期间将要举办哪些配套活动、各种活动的举办时间和地点,以及参展商参加活动的联系办法等。服务项目需要告诉目标参展商,他们将能从展会获得怎样的服务,包括有偿服务和免费服务。

参展办法主要包括如何办理参展手续、付款方式、参展申请表和办展机构的联系办法等。一旦目标参展商确定参展,他们就可以填写参展申请表并传真回办展机构预订展位。办展机构应该写明自己的联系地址、电话、传真、网址和邮箱等,供参展商参展联系之用。(表 9.1)

表 9.1　参展申请表

单位名称	中文				
	英文				
联系地址	中文		邮编		
	英文				
联系人		电话		传真	
邮箱					
网址					
申请展位					
展品介绍					
申请单位(盖章):		负责人签名:		日期:	

招展函还包括一些图片和其他图案,如展馆图、展馆周边地区交通图、往届展会现场的图片等。如果有需要,有些招展函还对展馆做一些简要介绍。这些图片既可以对展会相关情况作进一步的说明,也可以起到美化招展函的作用。

制作简明易读的招展函不是一项容易的工作,不仅需要对展会信息了如指掌,还需要对手册制作有专业的经验。在编制招展函时,一定要对其内容、图片和版面作仔细的规划和安排,做到内容全面准确、简单实用、美观大方、便于邮寄和携带,使招展函在会展招展的过程中发挥其应有的作用。

9.2　招展方案制订

招展方案是在招展策划的基础上,为展位营销而制订的具体执行方案。招展方案是对会展招展工作的整体规划,是对会展招展工作的总体部署,对展会的招展工作有着重要的影响。

9.2.1　招展方案的基本内容

招展方案的编制,要在全面掌握市场信息的基础上,结合展会的定位,参考展览题材所在行业的特点,对各项招展工作进行统筹规划和科学安排。招展方案内容涉及会展招展工作的方方面面,大体包含10个方面。

案例

招展方案目录

1.产业分布特点

编写要求:从宏观上介绍和指出展览题材所在行业在全国的分布特点,指出各地区的产业发展状况,介绍该产业的企业结构状况及分布情况,这些内容是制订招展方案的重要依据。因此,这部分内容一定要密切结合产业实际,科学分析,力求准确无误。

2.展区和展位划分

编写要求:介绍展区和展位的划分和安排情况,并附上展区和展位划分平面图。

3.招展价格

编写要求:列明展会的招展价格及制订该价格的依据。招展价格是招展方案的核心内容之一,也是对招展工作有重大影响的因素之一。招展价格要合理,价格水平不能太高,也不能太低。

4.招展函的编制与发送

编写要求:介绍招展函的内容、编制办法、发送范围与方法。在做招展函的编制计划时,要考虑招展函的印制数量、发送范围和如何发送等问题。

5.招展分工

编写要求:对展会的招展工作分工作出安排,包括招展单位分工安排、本单位内招展人员及分工安排、招展地区分工安排等。

6.招展代理

编写要求:对会展招展代理的选择、指定和管理等作出安排,对代理佣金水平及代理招展的地区范围与权限等作出规定。

7.招展宣传推广

编写要求:对配合会展招展所做的各种招展宣传推广活动作出规划和安排。

8.展位营销办法

编写要求:提出适合本展会展位营销的各种渠道、具体办法及实施措施,对招展人员的具体招展工作作出指引。

9.招展预算

编写要求:对各项招展工作的费用支出作出初步预算,以便展会能及时、合理地安排各项工作所需要的费用支出。

10.招展总体进度安排

编写要求:对展会的各项招展工作进度作出总体规划和安排,以便控制会展招展工作的进程,确保会展招展成功。

9.2.2　招展分工

会展招展分工涉及三方面的内容:各招展单位之间的分工、每个单位内部招展人员的分工和招展代理机构的分工的安排。(表9.2)

表9.2　招展分工

招展分工类型	主要内容	备　注
各办展单位之间的分工	制订共同的招展原则	
	发布展区划分情况和安排展位的政策	
	确定各单位的招展面积指标	
	明确各单位的招展地区和重要潜在客户	
	统一参展费用的收取办法	
给招展代理机构的分工	明确代理机构的招展权限和义务	
	制订具体的招展代理运作方式(包括价格与折扣政策、佣金支付办法、展位分配、收款规定等)	
每个办展单位内部的分工	确定项目组的招展负责人	
	组织(包括临时招聘)招展人员	
	明确各招展人员负责的地区范围和重要潜在客户	
	制订各招展人员之间的信息沟通和资料共享办法	

1）各招展单位之间的分工

当展会是由几个单位共同来负责招展时，我们必须明确各招展单位之间的分工，特别是各招展单位必须共同遵守的招展原则、各招展单位的计划招展面积、各单位负责的招展地区和重点目标参展商、展位费的收取办法、如何具体安排各参展商的具体展位等。对各招展单位的招展工作进行分工，是保证展会顺利招展的重要手段之一。各单位招展工作混乱和招展地区出现交叉是会展招展工作中的大忌。各招展单位之间的招展必须做到合理分工、通畅协调，兼顾各方面的利益，充分结合各单位的招展实力，充分发挥各单位的优势，做到优势互补，各方共赢，共同圆满完成展会的招展任务。

2）本单位内招展人员及其分工安排

招展单位要对本单位的招展人员及其分工作出安排，包括确定招展的人员名单，明确各招展人员负责招展的地区范围和重点目标客户名单，制订各招展人员的信息沟通和工作协调办法，制订统一安排展位的措施。单位内招展人员之间的分工也要注意发挥各自的特长，统筹协调。要避免在招展过程中出现招展任务不明确、跟进措施不力、彼此信息不通等现象。

案例

招展分工的管理

小张负责某次展会的招展工作，他认真制订了招展原则，明确了各单位负责的招展地区和重点招展目标，要求各招展单位的招展面积不少于 3 000 平方米。同时，他还明确规定了参展商具体展位的安排方法以及展位费的收取办法。展览公司总经理检查了小张的工作，给予了很高的评价；同时，要求小张注意各单位的招展实力，充分发挥他们各自的优势，兼顾到各方面的利益，以胜利完成招展工作。

小张在单位内招展人员管理中，首先列明了招展工作的人员名单，并明确了各招展人员负责招展的地区范围和重点目标客户名单；同时，制订了各招展人员的信息沟通和工作协调办法；以及统一安排展位的措施。在这次安排中，小张有意识地考虑了各招展员工特长的发挥。在正式招展过程中，小张要求参与招展员工保持通信畅通，以便及时沟通；对招展工作进行及时跟进，发现问题立刻采取措施解决。

讨论：招展负责人需要重点做好哪些工作？

9.2.3 招展代理

指定会展招展代理是办展机构借用外部力量来做大做活招展业务的一种有效手段。它可以增加招展单位的业务网络，扩大业务规模，提高经济效益。指定会展招展代理，要尽可能地保证代理商的资质可靠，因为只有可靠的代理商才能切实地履行其职责。

1) 招展代理种类

根据展览项目的需要,展会的招展代理有:①独家代理。在某一时期内办展机构将某一地区的招展权赋予某一家代理商独家负责,在该地域内不再有其他的代理商为本项目代理招展,办展机构也不得在该地域内招展。独家代理的业务范围较大,但一般要承诺完成一定数量的招展任务。②排他代理。办展机构赋予代理商在某一地区一定时间内的招展权,在该地域内不再有其他的代理商为本项目招展,但办展机构可在该地区招展。③一般代理。在同一地区同时委托几个代理商作为本招展单位的招展代理,办展机构也可在该地区招展,但须明确各代理单位的招展权限。采用此种方式时,代理条件必须统一、明确。④承包代理。代理商承包一定数量的展位,不论能否完成约定的展位数量,代理商都得按商定的展位费付给办展机构。

公司、相关协会和商会、有关媒体、个人、国外驻华商务处、贸易代表处和公司等都可能成为招展代理。为保证代理的资质可靠,我们在指定某一机构为代理前必须对其进行资质考察,只有符合条件的才能被正式确定为代理。

2) 代理佣金

支付给代理商的佣金要根据代理的形式、代理期限的长短、代理商的业绩水平等来综合确定。办展机构给予代理商的佣金和准许代理商给予参展商的折扣要分开,以免引起招展价格的混乱。

独家代理、排他代理和一般代理的代理佣金,一般按办展机构实收到的、由该代理商招来的参展商所交的参展费总额的 5% ~ 15% 的比例提取。承包代理一般只有在完成承包展位数量后才可提取佣金,因此佣金一般要高一些。为鼓励代理商的招展积极性,给代理商的佣金可以采取累进折扣制,即按招展的不同数量给予对应的佣金比例。代理佣金支付的时间和方法,可根据具体情况分别采取定期结算、定期支付,逐笔结算、汇总支付,逐笔结算、逐笔支付三种方法。

3) 代理商管理

招展代理管理需要做好:①坚持定期书面报告制度。要求代理商必须定期汇报其招展的进展情况,汇报自己和当地企业对展会的看法、意见和建议,并对当地市场作出分析,形成简要的书面报告上报给展会项目负责人。项目负责人根据书面报告中的问题及时采取措施加以解决,确保招展进度的实现。②招展价格的控制。代理商对外招展的价格折扣应严格按照代理合同所规定的价格折扣操作。办展机构给予代理商的佣金和准许代理商给予参展商的折扣要分开,给予参展商的折扣由办展机构决定,代理商无权给予,以免引起招展价格的混乱。③收款与展位划定。展位的划定一般应由办展机构控制和最后确定,代理商无权划分展位或者对展位进行重新分割;如遇特殊情况,只能提出建议由办展机构定夺。④参展商的参展费。除承包代理已经提前支付展位费用外,其他代理商原则上不得代收参展商的参展费及其他一切费用,防范财务风险,同时确保办展机构及时收到展位费,保证展会举办必需的现金流。⑤累进制折扣的控制。累进折扣的最高佣金比例,应要求相应招展展位达到一定的数量。佣金的结算,是按当时招展数量对应的比例计算。以后跨档,再补足以前已结算的佣金差额。如是超额累进折扣,则要书面明确展位数量和对应的佣金。

4) 代理风险控制

招展代理可能带来一些风险,办展机构需要严加控制:①多头对外的风险。多个代理商在同一地区招展,则可能会引起多头对外招展,如同一个项目招展条件不一致、招展价格有差异、对外口径不统一等。②代理商欺骗客户风险。某些不法代理商以种种手段欺骗客户来获取私利。③损坏办展机构的声誉和形象风险。由于种种原因,代理商可能有时会有意或无意地做一些损坏办展机构声誉和形象的事。④收款和展位划位混乱风险。代理商自己划出展位与办展机构统一的展位安排计划不一致,个别代理商代收参展费时多收款、乱收款等。⑤展位临期空缺的风险。代理商可能会招不满其当初约定的展位数量,这会导致展会开幕而展位空缺。办展机构要注意监控和监督招展代理,及时发现问题,及时采取有针对性的措施,防止风险发生。

9.2.4 招展预算

招展预算是为招展各项工作的顺利进行而做的费用支出预算。展会的直接招展费用见表9.3。

表 9.3   展会直接招展费用名录

费用名称
招展人员费用,包括工资、差旅费、办公费等
招展宣传推广费用
代理费用
招展资料的编印和邮寄费用
招展公关费用
其他不可预见的费用

招展预算要本着节约的原则,只有确实需要支出的费用才可进入预算支出,这样可以严格控制展会的招展成本,防止招展费用失控。另外,招展预算的费用在使用上要注意在时间安排上与招展工作的实际需要相配合,不能出现工作开始时费用充足而最后费用不够,或者是开始不愿支出而最后拼命追加费用支出等不良现象。

9.2.5 招展进度计划

所谓招展进度计划,就是在招展工作开始实施之前,就对招展工作及其要达到的效果进行统筹规划,事先安排好什么时候该开展什么样的招展活动、采取什么样的招展措施、到什

么阶段招展工作要达到什么样的效果、完成什么样的任务等。招展进度安排一般采用招展进度计划表来表示。（表9.4）

表9.4　招展进度计划表

时　间	招展措施	宣传推广支持	计划完成的招展任务

　　根据招展进度计划表,就可以有条不紊地按计划开展招展活动,并对招展效果及时作出检查,如果发现没有达到招展阶段性目标,则及时采取补救措施,促进招展任务的顺利完成。一般来说,如果不是该计划本身就制订得不合理,招展进度计划一般不要做过多的大幅度调整,否则招展工作进度将会受到很大影响。

9.3　展位营销方法

　　展位营销是综合利用产品、价格、渠道、促销等要素,结合招展工作人员的努力和展会相关内容的有形展示,用适当的过程传播展会的服务承诺,将展会的展位销售出去的招展活动。展位营销就是为展会成功招展服务的。

案例

展位销售中常见的十大错误

1.不能真正倾听

销售新手习惯于以大量的述说来缓解销售中的紧张和不安,或错将客户的沉默当作接受而滔滔不绝,所以倾听在销售中很容易被忽略。过多的陈述容易引起客户的反感,也丧失了获取客户内部信息的机会。根据统计,客户开口的时间应该是销售人员的两倍左右。

2.急于介绍产品

一次面对面的交谈,通常不超过半个小时,包括必要的开场白、提问的时间和大部分客户回答的时间。我们需要重点了解的是尽可能多的背景信息和需求信息。所以,真正有必要介绍产品的时间应该不超过5分钟,只有在客户感觉有必要深入了解时才可详细说明。

3.臆想客户需求

正确挖掘客户的需求是顺利完成销售活动的保证。很多销售人员被客户的一些表面性陈述所困扰,不能真正了解客户的真实想法。"5Why方法"是一个比较好的方法,就是当客户提出一个要求时,要连续深化询问"5个为什么",以便客户的需求最终浮现水面。

4.过早涉及价格

过早涉及价格的直接后果就是泄露了自己的价格底线,丧失了销售中的主动。报价的最佳时机是在沟通充分后即将达成交易之前,这时客户需求都明确了,产品的优点和缺陷都达成了谅解。这样,一旦报价就可以直接转入签约,减少了讨价还价的时间。

5.客户总是对的

"客户是上帝"是口号,不是商业活动的实质。在很多时候,客户是无知的,或者是无理的,在决定是否遵从客户的要求时,要区别对待,是基于"需求"还是一个随意性的"需要"。销售人员应该关注客户的长期目标,关注客户稳定的核心需求,关注能够满足的需求,这样才能使双方成为平等的合作者。

6.没有预算的概念

搞清客户的预算情况(包括客户的财务状况、预算情况和预算决策流程)是销售人员需要取得的最重要信息之一。优秀的销售人员更是切入客户的预算决策流程之中,引导客户安排预算,甚至在必要的时候临时增加或重新安排预算。

7.不能有效影响决策者

销售的结果并不是由销售人员本身的销售活动决定的,而是由客户内部沟通和相互影响决定的。销售人员应成为导演,为那些与你有相同利益的人,提供道具,设计台词,促成他们为自己在客户组织内部完成推销,影响决策者。

8.无谓的闲谈

很多销售人员倾向于花几个小时不着边际地闲谈,与客户交朋友以建立关系。无谓的闲谈不但会让客户心烦,还会降低自己给客户的专业感觉。更重要的是,"和客户做朋友"并不是一种被广泛倡导的销售理念。

9.没有下一步的行动安排

销售人员,特别是新手,往往容易将销售活动隔离开来,缺乏连贯性的考虑,在第一次拜访中没有为下一次拜访留下伏笔,下一次见面也没有呼应和巩固上一次的效果。其实每一次拜访时,销售人员都应想法为下一次见面进行铺垫,设计再次见面的理由。

10.忽视客户差异

正如很多销售专家所说,决定销售成败的因素往往在产品之外。客户的差异就是产品之外的关键因素之一。要想成功销售产品,就得考虑客户的差异,包括需求的差异、财务状况的差异、企业文化的差异等。

在新媒体营销环境下,办展机构需要用好关系营销、合作营销、直复营销和公共营销等。新媒体营销是基于特定产品的概念诉求与问题分析,借助于新媒体中的受众广泛且深入的信息发布,让他们卷入具体的营销活动中。从本质上来说,它是企业软性渗透的商业策略在新媒体形式上的实现,通常借助媒体表达与舆论传播使消费者认同某种概念、观点和分析思路,从而达到企业品牌宣传、产品销售的目的。新媒体营销的平台,主要包括但不限于:门户、搜索引擎、微博、博客、播客、微信、手机、移动设备、App 等。新媒体营销并不是单一地通过上面的渠道中的一种进行营销,而是需要多种渠道整合营销。

9.3.1　关系营销

关系营销是指办展机构与顾客以及展会服务中间商等建立和保持密切的关系,并通过彼此交换和履行共同的承诺,使有关各方都实现各自的营销目的的各种营销行为。关系营销的目的是希望与参展商结成长期的相互依赖的关系,发展办展机构和参展商之间的连续性交往,以提高顾客的品牌忠诚度来巩固市场,促进展位销售。

关系营销就是要通过与企业建立长期的稳定关系来赢得企业对展会的长期支持,有别于一般的交易营销。在实际操作中,关系营销可以分成三个层次,见表 9.5。交易营销与关系营销的差异,见表 9.6。

表 9.5　关系营销的层次

名　称	特　点
财务性关系营销	营销人员主要以价格为手段,通过价格因素来与企业建立起某种关系,并通过这种关系来刺激和鼓励企业参加展会
社会性关系营销	以个性化的服务和在财务关系的基础上寻求与客户建立起某种社会性联系的营销策略
系统性关系营销	通过将企业参展和展会服务设计成一个服务价值传递系统,办展机构通过这个系统而不仅仅是营销人员个人与客户建立起紧密的关系

表 9.6　交易营销与关系营销的差异

区分纬度	交易营销	关系营销
基本假设	经济人,关注结果	社会人,关注结果和过程
企业的关注点	以交换实现短期利益	以承诺实现长期利益
营销的职能	营销组合	以营销组合为基础的营销互动
价格弹性	顾客的价格敏感度较高	顾客的价格敏感度较低
产品纬度	产品的技术质量	产品的技术质量和服务过程
顾客满意度的测量	市场份额	顾客的态度
营销组织和顾客的互动	不具有战略重要性	具有战略重要性

需要特别指出的是,关系营销对于针对那些有影响力、有话语权的参展商或者行业企业的招展工作尤其适用。

9.3.2 合作营销

合作营销是指办展机构有选择地与一些机构和单位合作,采取一些有效的策略,共同对展会展位进行营销的一种营销策略。合作营销的目的是通过与有关机构和单位的合作来扬长避短,优势互补,拓宽营销渠道和营销范围,扩大营销覆盖的地域,取得更好的营销效果。合作营销的主要合作机构包括:行业协会和商会、国内外著名展览主办机构、专业报纸杂志、国际组织、各种招展代理、行业知名企业、国外同类展会、外国驻华机构、政府有关部门、网站和媒体等。

办展机构可以根据自己的展会特点和本身的优劣势,从相关机构中选择自己的合作伙伴。合作营销追求的就是在统一的营销规则的统领下,充分发挥各合作伙伴的优势和积极性,为展会展位营销服务。选择好合作伙伴以后,统一的营销规则的制订是一个基础性工作。这个营销规则主要有招展价格、宣传口径、服务承诺、展品范围、各单位招展地域或题材范围、展区和展位的划分等。

9.3.3 直复营销

直复营销,顾名思义是指一种直接反应,或直接回复的营销方式。现代社会生活节奏不断加快,使消费者用于购物的时间渐趋减少,同时信息、通信技术的发展,信用系统的不断健全,为直复营销的发展提供了契机。常见的直复营销方式见表9.7。

表9.7　直复营销方式

名　称	特　点
大众媒体直复营销	目标参展商从电视、报纸杂志和广播等媒体得到展会信息,并通过上述媒体或者直接与办展机构联系而预订展位
直接邮寄营销	办展机构将有关展会的宣传资料、招展书和邀请函等以邮件的方式直接邮寄给目标客户
目录营销	营销人员给目标顾客邮寄目录,或者备有目录随时供顾客索取
电话营销	营销人员通过电话直接向目标参展商推销展会,不仅进行展位促销,还进行市场调查、目标客户的确定、市场定位、提供咨询、处理投诉等
直接拜访客户	办展机构的营销人员到目标客户的公司或工厂直接拜访他们,听取他们的参展意见

直复营销方式常常组合使用,形成"大众媒体直复营销—直接邮寄营销、目录直复营销—电话营销—直接拜访客户"的直复营销渐进促进系统,取得理想的效果。

9.3.4　公关营销

公关营销是办展机构利用各种传播手段,与包括参展商、采购商、展会服务商、普通大众、政府机构和新闻媒体在内的各方面公众进行沟通,建立良好的社会形象和营销环境的活动。公关营销主要是为了树立办展机构和展会的良好形象,并希望通过这个良好形象的树立来改善展会的经营环境。公关营销的方式见表9.8。

表 9.8　公关营销的方式

名　称	特　点
新闻宣传	通过新闻发布会、人物专访、记事特写、新闻报道等形式对外进行新闻宣传
公关广告	以宣传自身和展会的整体形象为内容,以提高办展机构和展会的知名度和美誉度
社会交往	通过组织联谊会、俱乐部、行业研究、礼节性和策略性的拜访等,扩大社会交往,扩大影响力,与各方建立长期稳定的关系
公益赞助	办展机构可以以展会的名义对一些富有新闻价值的公益事件或事业进行赞助,借以提高展会的知名度和美誉度

公关营销着眼于长期利益,其营销效果可能不像其他营销方式那样容易立竿见影。公关营销包括为办展机构创造良好的外部环境、促进办展机构与客户建立良好的关系、协助办展机构对展会进行调整和重新定位、协助办展机构拓展新的展览题材或展会、协助销售展位等。

思考题

1.收集目标参展商信息的渠道和要素有哪些?

2.招展函主要包括哪 5 个方面的内容?

3.招展方案的基本内容包括哪些?

4.何谓招展进度计划?

5.如何进行招展代理的管理和防范代理风险?

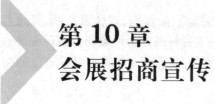

第10章
会展招商宣传

【学习要求】

掌握会展招商的定义;理解"重招展,轻招商"的危害;掌握展会的宣传推广规划及其指导原则;理解会展宣传推广计划的方式。

会展招商主要是指办展机构通过各种方法和渠道邀请采购商到会采购洽谈等。招商过程是一个宣传推广的过程,或者说是一个宣传推广紧密伴随的过程。所谓宣传推广是为了促进招展招商,扩大展会知名度,提升展会形象等而借助大众媒介的广告或直接借助人员的展会推广活动。

10.1 招商方案制订

10.1.1 会展招商

会展招商就是邀请采购商来展会采购。拥有一定数量和质量的参展商是一个展会成功的重要标志之一。招商工作十分重要。参展商参展就是期待采购商到他们的展台参观和洽谈。足够数量的采购商是参展商的展出效果的保证,也是企业持续参展的动力所在。

会展招商工作的效益是服务于整个展会的。和展会招展不同,会展招商工作是一项不能直接带来可见的经济收益的工作。会展招商工作经济效益的隐形性和间接性使一些办展机构"重招展,轻招商"。首先,拥有一定数量和质量的采购商是"品牌展"的重要标志之一。足够数量和高质量的采购商是办展机构对参展商提供的最基础、最核心的服务。邀请尽量多的高质量的采购商到会,才是办展机构对参展商提供的最好的服务。其次,会展招商和展会招展是互相影响、互相作用的。一方面,如果会展招商效果好,到会采购商数量多,质量上乘,参展商的展出效果就有保证,企业就更乐意来参展;反之,企业参展的积极性就会降低。如果没有足够质量和数量的采购商,参展商参展就意义不大,展会的发展也会存在很大的问题。另一方面,如果展会的招展效果较好,参展企业尤其是行业知名企业较多,展品新,信息集中,可以高效地实现"一站式"采购,采购商到会参观就会更加踊跃。只有招展招商实现良性互动,相辅相成,才能确保展会良性发展,因此,"重招展,轻招商"的做法是错误的。

案例

因为展位的销售是展会收入的主要来源,亚特展览有限公司展会经理 A 主张:"应该和很多展览公司的做法一样,将主要力量和大部分经费安排在招展上;而招商只需要安排非骨干的力量和少量经费,结合宣传推广适当做一下即可。"经理 B 主张:"招展是基础,招商才是关键。拥有一定数量和质量的观众是品牌展的重要标志之一。不应该和很多展览公司的做法一样,招展和招商应该一样重视,安排相当的力量和经费进行。"

讨论:为什么说"重招展,轻招商"的做法是错误的。

10.1.2　招商方案内容

招商方案是对会展招商工作的整体规划和总体部署,常见的会展招商方案要包含的基本内容大体包括 7 个方面。

案例

招商方案目录

1.制订招商方案的依据

编制要求:描述展会展品的主要消费市场的地域分布状况和需求情况、展览题材所在行业及其相关产业在全国的分布状况、相关产业在各地区的发展现状、各有关产业的企业结构及分布情况等。

2.会展招商分工

编制要求:进行对各办展单位之间、对本单位内部招商人员及招商工作分工进行安排,对各招商地区的分工进行安排等。

3.观众邀请函及展会通讯的编印和发送计划

编制要求:设计好观众邀请函及展会通讯的内容、编印办法和发送范围与方法等。

4.招商渠道和措施

编制要求:提出会展招商计划使用的各种渠道,以及针对各招商渠道计划采取的招商措施。

5.招商宣传推广计划

编制要求:对配合会展招商所做的各种招商宣传推广活动作出规划和安排。

6.招商预算

编制要求:对各项招商活动的费用支出作出初步预算。

7.招商进度安排

编制要求:对展会的各项招商活动进度作出总体规划和安排。

招商分工、招商预算、进度计划与前一章内容的招展的相关操作相似,因此不再累述。在具体的展会招商操作中,需要进一步强调的是:

①明确特定人员的工作是招商而不是招展。会展招商负责人必须强调招商的重要性,确定招商人员名单,让相关人员清楚地认识到自己的任务是招商而不是招展,并且在实际的操作中,做好招商目标和监督计划的监控,避免招商人员把工作重心偏移到招展上去。

②招商渠道的全面开拓。可考虑的对象包括:行业协会和商会、各类招商代理、参展企业、专业媒体、大众媒体、门户网站、国内外同类展会、国内外著名展会主办机构、政府有关部门、国际组织、外国驻华机构等。

③招商预算费用支出安排要合理。要注意在时间上与招商工作的实际需要相配合,不能出现开始时费用充足而最后费用不够,或者是开始不愿支出而最后拼命追加费用支出等不良现象。

案例

在某国际奢侈品消费展会招商过程中,负责招商的厉经理工作负责,严格管理招商预算,精打细算,节约有加。最后,招商工作基本达到了预期目标和完成了基本任务,招商费用剩余了 3 万多元。办展机构总经理却以"招商费用的剩余不是好事,只能说明没有最大限度进攻性地开展工作,没有实现招商效果和办展效益的最大化"而批评了厉经理,同去招商的工作人员也抱怨工作太累没有得到招商工作必要的物质保障。厉经理为此感到委屈和困惑。

讨论:如果你是厉经理,会怎样管理和开支招商预算?

值得一提的是,招商与招展的很多内容、基本原理、工作方法都是相似的,不同的是针对的目标对象不一样。故相关的操作可以参照招展的相关工作进行。下面仅对招商中的观众邀请函及展会通讯的编印和发送进行简要介绍。

10.1.3 观众邀请函与展会通讯

观众邀请函和展会通讯是两种最为常见的用于招商和会展宣传推广的宣传资料。观众邀请函是办展机构根据展会的实际情况编写的,用来进行会展招商的一种宣传单。展会通讯是办展机构根据展会的实际需要编写的,用来向展会的目标客户通报展会有关情况的一种宣传资料。

1) 观众邀请函

观众邀请函是专门针对展会的目标观众发送的,主要作用在于邀请采购商到会参观,其发放的针对性非常强,效果往往也很好。观众邀请函的目的在于吸引采购商到会参观。因此,对展会的特点、优势、展品和参展企业的介绍就成为观众邀请函最为主要的内容。观众邀请函在邀请观众到会参观的同时,也直接扩大了展会的宣传推广,间接地帮助了展会的招展工作。

案例

观众邀请函目录

1.展会的基本内容

包括展会的名称、举办时间和地点、办展机构、展会 LOGO、展会特点和优势、上届展会简短总结等。

2.展会招展情况

包括展出的主要展品、参加展出的新产品和展会招展情况、知名企业参展情况通报。

3.配套活动

列举配套活动的时间、地点和主题。

4.参观回执表

包括参观申请的联系办法和联系人等。

和展会通讯不同,观众邀请函一般只在展会开幕前一个月左右才开始向国内采购商直接邮寄;在展会开幕前 3~6 个月内向国际采购商直接邮寄。

2) 展会通讯

展会通讯通常是一本小册子,或者是一份小小的报纸。展会通讯编印出来以后,办展机构就以直接邮寄的方式及时地将它邮寄给其目标客户(即展会的目标参展商和目标采购商),或者通过电子邮件发送给其目标客户,并在展会的专门网站上发布。

因为展会通讯能够及时准确地向展会的目标客户传递展会的有关信息,与目标客户保持经常的联络和信息沟通;通过直接邮寄向目标客户发送,针对性非常强,有效率极高,可以扩大会展宣传推广的范围和渠道,建立展会良好形象。展会通讯可促进展会招展招商,还可为展会目标客户提供良好的信息服务。因此,展会通讯是一份重要的资料,办展机构往往十分重视展会通讯编制,并花费较多的人力财力向目标客户寄送。

一般来说,展会的目标采购商的范围比其目标参展商的范围要广,其涉及的行业也更多。所以,办展机构在进行会展招商时,展会通讯的寄送范围不仅仅局限在展会展览题材所在的行业,还要考虑其相关行业。如体育用品博览会的目标采购商除了体育行业以外,还可向众多的健身休闲产业、房地产行业、各种会所等潜在客户寄送展会通讯。

案例

展会通讯目录

1.展会的基本内容

包括展会名称、举办时间和地点、办展机构、展会 LOGO、展会特点和优势、上届展会的总结和展览现场图片等。

2.市场信息和行业动态

包括国内外同类展会的情况、本展会展览题材所在行业国内外市场状况、行业动态和发展趋势等。

3.展会招展情况通报

包括所有参展企业名单,重点通报行业知名的企业参展情况。

4.会展招商情况通报

包括招商的渠道、招商宣传推广、招商措施和招商效果等。

5.会展宣传推广情况通报

包括各种宣传推广渠道、办法和时间安排,用以增强客户参展和观众参观的信心。

6.配套活动情况通报

包括展会期间将举办一些什么样的配套活动,如专业研讨会、产品发布会等。

7.参展(参观)回执表

包括参展(参观)申请人的单位名称、地址、联系人、联系办法,参展(或感兴趣的)产品介绍,办展机构的联系办法和联系人等。

值得说明的是,因为展会通讯一般是分期编印,其内容随着展会筹备进展的需要而不断调整。例如,在展会筹备的初期,展会通讯的内容要偏重于能促进展会招展的有关信息;在展会筹备的中后期,除了继续促进展会招展以外,展会通讯的主要作用在于与目标客户保持经常的联络和信息沟通,提供信息服务,促进会展招商。

展会通讯通过直接邮寄发送到目标客户并对他们的参展(参观)决策产生影响。为了展会通讯阅读率的提升,展会通讯要做到:具有知识性、时尚性和趣味性;外观美观大方;内容短小精悍,信息真实可靠。办展机构要充分认识到展会通讯的重要作用,不要因为网络发达而忽视这个有效的工具。

10.2　会展宣传推广策划

会展宣传推广策划是展会策划和营销工作中的一个重要环节,对展会的发展有重要的影响。招展宣传推广和招商宣传推广是会展宣传推广的重要内容。展会的招展宣传推广和招商宣传推广可以独立进行,也可以包含在展会整体宣传推广中。在会展业的实际操作中,展会招展宣传推广和会展招商宣传推广常常是按实际需要分别做计划,然后再与展会整体宣传推广进行综合协调,最后融入展会整体宣传推广计划里统一实施。

10.2.1　会展宣传推广

1)会展宣传推广的类型

在展会筹备的不同阶段,会展宣传推广的目的和重点是不同的。按照不同的目的,展会的宣传推广可以分为五种类型,见表10.1。

表 10.1　会展宣传推广的类型

名　称	时间点	重　点
显露型宣传推广	多在展会创立的初期,或是有一个规模展会对客户定期"提醒"之用	以迅速提高展会的知名度为主要目的,宣传推广的重点是展会的名称、办展时间和办展地点等简单明了、便于记忆的展会信息
认知型宣传推广	多在行业对展会有初步了解后,展会作进一步招展和招商时实施	主要目的是使受众全面深入地了解展会,增加受众对展会的认知度,宣传推广的重点是展会的特点、优势等较详细的内容
竞争型宣传推广	多在展会受到竞争威胁,或展会意欲与其他展会展开竞争时使用	目的是与竞争对手展开竞争或进行防御,宣传推广采取与竞争对手针锋相对的措施,是一种针对性很强的宣传推广活动
促销型宣传推广	多在展会招展和招商时使用	在短期内推动展会展位的销售或者招揽更多的观众到会参观,宣传推广的重点是参展商或者观众所关心的主要问题
形象型宣传推广	可在展会筹备的任何阶段实施	扩大展会的社会影响,建立展会的良好形象,服务展会长远发展;重点是追求客户对展会定位及形象的认同,增加他们的忠诚度

2) 会展宣传推广的规划与原则

展会的宣传推广规划包括四个方面的内容,见表 10.2。

表 10.2　展会的宣传推广规划

内　容	说　明
时间跨度	宣传推广的时间范围,从何时起到何时止
地域	宣传推广活动传播的地域范围
目标受众	宣传推广活动主要针对哪些人
性质描述	宣传推广的主要目的和重点内容是什么,用什么方式将它们准确形象地表达出来并传递给目标受众

从本质上看,会展宣传推广是在宣传和推广展会的各种服务。展会和展台仅仅是办展机构提供各种服务的有形载体,参展商购买的核心产品是展会提供的各种服务。针对服务的无形性,会展宣传推广的原则是:

①强化有形展示。有形的东西总会比无形的东西更能给人留下深刻的印象。会展宣传推广要努力将客户看不见的各种无形的展会服务用有形的形式展示出来,让客户对这些服务看得见、摸得着,切实感觉到自己参加展会就能享受到这些服务。比如用具体数据说明参展的效果、观众构成等。

②重视口碑沟通。不管是企业参展还是观众参观展会,口碑传播对他们的最终决策都有着重要的影响。有项调查研究表明,同行或熟人向他推荐是企业选择展会的重要因素。办展机构要重视口碑传播,努力使满意的客户带来更多的客户。

③只承诺能提供的。会展宣传推广时向客户承诺什么非常重要,因为客户可能会基于这些承诺而对展会产生各种期望,如果届时展会无法实现当初的承诺,客户将会非常失望,展会将因此而受到极大的伤害。所以,会展宣传推广时只承诺展会能提供的东西,避免客户对展会产生过高的期望。

④注重宣传推广的连续性。会展宣传推广要有连续性,其对展会定位、主题、优势和特点等的宣传要一如既往,不能变幻不定。只有这样,展会才能在客户心目中留下深刻的印象,否则,客户将会无所适从。

⑤不忽视内部营销。展览服务有许多是要通过办展机构的员工来完成的,办展机构一定要做好内部营销,让自己的内部员工明白展会经营、服务理念和对外承诺内容,使之成为员工努力的方向。指导内部员工如何对待客户则是最容易被会展宣传推广所忽视的任务。

⑥使用行业和客户熟悉的语言。会展宣传推广要尽可能地使用行业和客户熟悉的语言,不要使用太抽象的描绘而影响客户对展会的认识和理解,也不要用一些模棱两可的语句而使客户产生误解。

⑦内容和分享形式上的创新。会展宣传推广的所有营销手段必须在内容和分享上进行创新,目标是保证客户持续参展。现在很多跨国展览公司都提出建立社区概念。这是因为展会展期只有三四天,而一年有 365 天,所以,在一整年的时间里与参展商和参展观众保持联系,关键就在于办展机构在内容和分享上的创新。

3) 会展宣传推广的创新

会展宣传推广需要紧跟传播技术的发展进行创新。人们有很强的社会表达的欲望,也有在社交媒体上分享的欲望,会展宣传推广需要利用好人们希望分享的特性。办展机构需要深知,不能把商业和社交、社会生活,还有个人的生活环境割裂开来,同时给用户创造分享的环境,以此来增加用户对展会的忠诚度。

社交媒体能够发挥巨大的效用。美国国防部高级研究计划局(DARPA)设计了一个活动,来研究人们如何互相协作。在这个活动中,DARPA 拿出 4 万美元奖金,奖励第一个发现在美国各地放飞的 9 个红气球的民间团队。这在会展里面可以称为"活动",当然也可以称为"比赛"。几十个团队开始寻找红气球,MIT(Massachusetts Institute of Technology,麻省理工学院)团队说我们知道怎么做。他们在网上发布消息,说愿意把部分奖金分给那些看到红气球的人,或者能以中间人身份找到红气球的人。人们通过邮件、推特等各种渠道知道了这件事,很快就找到了所有的红气球。

办展机构需要创新必须利用好社交媒体,才能高效低成本地实现会展的宣传推广目标。想象一下,如果上述活动在传统媒介上打广告做这个协作,会太贵太慢。MIT 团队使用了社交媒体,创造性地组织了一个活动,成功地以很低的价钱得到许多人的协作。结果,DARPA 给出的时间是 30 天,MIT 团队只用了 9 小时,是预期时间的 1/80。当社交媒体在很多人中发挥作用时,能创造出单个个人不能完成的任务。社交媒体改变世界,不只是让事情变得简单,而是让从前不能解决的事情得到解决。不只是解决,而且能够在极短的时间内解决,而解决问题的核心就是通过手机等移动设备。

10.2.2 会展宣传推广的特点与步骤

1)会展宣传推广的特点

会展宣传推广的特点包括整体性、阶段性、计划性、整合性等。

①整体性。会展宣传推广服务于整个展会,是一种整体的宣传推广工作。会展宣传推广具有多重任务,主要有促进展会招展、促进会展招商、建立展会的良好形象和创造展会竞争优势、协助业务代表和代理们顺利展开工作、指导内部员工如何对待客户 5 个任务。会展宣传推广要处处注意展会的整体利益,不能因为要实现其中的某一个目标而妨碍其他目标的实现。当展会招展宣传推广和会展招商宣传推广独立操作时,这两个方案既要突出各自的任务,又要与其他的宣传推广进行整体配合,才能够获得理想的效果。

②阶段性。会展宣传推广的 5 个任务不是同时在某一个时间段里集中实现的,它们是随着展会筹备工作的进展和展会的实际需要而分步骤和分阶段逐步实现的。所以,展会宣传的阶段性很强,展会发展到什么阶段就进行什么样的宣传推广工作,必须十分清晰和明显。

③计划性。会展宣传推广的任务多,阶段性强,这就要求在展会一开始筹备时就必须认真规划好展会的宣传推广工作,照顾到展会筹备工作各方面对宣传推广的需要,给展会筹备工作以强有力的、全方位的支持。

④整合性。会展宣传推广是一种多媒体、多渠道的宣传推广工作。宣传推广需要做好媒介整合,各媒体和渠道的宣传推广要求时间上要协调,口径上要统一,内容上要各有侧重,效果上要互相补充,这样,会展宣传推广的效果才会最大化。

案例

新展会典型的宣传推广进度计划

在展会开幕前 12 个月,招商工作就要开始,要进行一些显露性的和提示性的招商宣传推广活动,目的是使行内人士对该展会有一定的认知。

在展会开幕前 9 个月,随着展会招展活动大规模的实施,会展招商活动也逐步展开,招商宣传推广转为对招商活动的直接支持性宣传。

在展会开幕前 6 个月,与各行业协会和商会、国际组织等机构的合作招商工作正式开始,招商宣传推广活动范围缩小,目标更明确。

在展会开幕前 3 个月,会展招商工作大规模地展开,对普通观众的宣传推广力度开始加强,对专业观众开始实施各种客户跟踪服务,为展会顺利开幕作准备。

在展会开幕前后,大众媒体成为重点宣传推广阵地。

2) 会展宣传推广的步骤

制订会展宣传推广计划的步骤有 6 个：目标、投入、信息、资料、渠道和评估。

①目标。目标就是要确定会展宣传推广所希望达到的目标，否则会展宣传推广工作就会变得无的放矢。会展宣传推广任务在总体上受展会的定位和办展机构的办展目标的制约，但在具体实施时具有一定的阶段性。一般是前期偏重于招展，后期偏重于招商等。

②投入。投入就是要确定为了达到宣传推广目标所需要的资金投入，编制会展宣传推广预算。在实际操作中，会展宣传推广预算可以先按宣传渠道的不同来分别制订，如专业媒体宣传投入预算、大众媒体宣传投入预算等，然后再将各渠道的预算汇总成会展宣传推广的总预算。从国际普遍的做法来看，办展机构一般会将展会收入的 10%～20% 拿出来作为会展宣传推广的资金投入。

③信息。信息就是要确定会展宣传推广需要向外界传递的信息，如展会的办展理念、展会的优势和特点、展会的品牌形象等。会展宣传推广传递的信息要真实可靠且具有较高的可信度；要具有自己的特色，不能与别的同类展会雷同，具有差别性和排他性。

④资料。展会的宣传资料很多，如招展书、观众邀请函、展会通讯、广告等。在制作这些宣传资料时，要遵循针对性、系统性、专业性、统一性等特点。

⑤渠道。渠道就是要确定资料的发行或传播渠道。办展机构需要充分认识招展书、观众邀请函、展会通讯、专业媒体、大众媒体、同类展会、电子商务、直接邮寄、事件推广、公共关系等渠道的特色，发挥各自特色，做好渠道组合。办展机构要注重口碑传播，加强行业沟通，充分利用展会的邮件、网站以及相关展会的友情链接等。

⑥评估。评估就是测量会展宣传推广的质量与效果，评估会展宣传推广目标完成的状况如何。效果评估一般要在宣传推广之前就设定评估的方法。会展宣传推广的效果可以分为即时效果、近期效果和远期效果。对这些效果的评估可以从观众、参展商和展会功能定位三个方面来进行，也可以从宣传的传播效果、宣传的促销效果和宣传的形象效果三个方面来评估。展会的宣传推广效果具有滞后性、交融性和隐含性等特征，有时候较难测定，对此办展机构必须采取科学的方法。

随着展览行业竞争日趋激烈，在制订会展宣传推广计划时，办展机构要不断适应市场变化的需要，以变应变，不断创新，以新的思路和新的手段来进行富有成效而经济的宣传推广。

10.3 会展宣传推广计划

10.3.1 新闻发布会计划

新闻发布会又称记者招待会，是一个社会组织直接向新闻界发布有关组织信息，解释组织重大事件而举办的活动。新闻发布会是展会常用的宣传推广方式之一，也是展会与新闻界加强联系的有效办法,是一项成本低而效益高的会展宣传推广手段。

1) 召开新闻发布会的时机

一个展会从开始筹备到最后开幕的过程,可视需要组织多次新闻发布会。在展会筹备之初、展会招展工作基本结束时、展会开幕前、展会闭幕时都是召开新闻发布会的绝好时机。在这些时候召开新闻发布会,对展会具有较大的促进作用。

在展会筹备之初召开新闻发布会,是向新闻界介绍举办展会的时间、地点、目的、主题、展品范围和发展前景等。发布会的目的主要是要通过新闻界告诉行业人士:在某时某地将有一个十分有发展前景的展会要举办。这时召开新闻发布会,主要是起一种"消息发布"和"事件提示"的作用。

在展会招展工作基本结束时,有些展会也会就展会的筹备进展情况、参展商的特点及构成等情况举行新闻发布会,通过新闻发布会告诉社会展会的进展情况,吸引展会的目标观众届时到会参观,对尚未决定参展的目标参展商提供进一步的参展激励。

在展会开幕前,绝大多数展会都会召开新闻发布会,向外通报展会的特点、参展商的特点和构成、展会的招商情况、展品范围、贵宾邀请等内容。在展会开幕前召开的新闻发布会是一次十分重要的发布会,很多展会都会精心组织,广泛邀请记者与会。

在展会闭幕时召开的新闻发布会一般是向外界通报展会的展出效果、展出者的收获、参展商和观众的构成和特点、贵宾参观情况、展望展会的未来发展等内容。这种发布会就像是展会的总结,如果组织得好,对下一届展会的筹备会有一定的帮助。

2) 新闻发布会的筹备

新闻发布会是有一定的程序的,不管是在什么时候召开新闻发布会,一定要准备充分。办展机构要做好以下工作:

①确定发布会的地点。召开新闻发布会的地点可以在展会的举办地,也可以不在展会的举办地,须视展会的具体需要而定。新闻发布会通常会在展馆或其附近较高级的酒店里举行。从实际操作看,很多展会都将展会开幕时和闭幕后的发布会放在展会举办场馆。

②确定出席发布会的媒体及相关人员。新闻发布会要选择邀请对目标参展商和观众有较大影响的媒体,如专业报纸杂志、大众传媒、网站、电视台等。除了新闻媒体,还可以邀请一些行业协会、工商部门、政府主管机构、外国驻华机构、参展商代表等单位的人员参加。需要注意的是,参加新闻发布会的媒体人员不应该仅仅是记者,还可以邀请一些专栏评论员、摄影师、编辑和其他有舆论导向作用的人员参加,以提升报道率。

③确定发布会的主持人。发布会的主持人可以是有关行业协会或商会的领导、办展机构的负责人、政府主管部门的官员等,也可以由上述机构共同来主持。

④确定发布会要发布的内容。发布会内容应视发布会召开时间的不同而各有侧重。发布会的内容可以编成各种新闻资料,如新闻稿、特别报道、特写、新闻图片、专题报道等。其中新闻稿是给媒体提供的最基本和最重要的新闻资料,新闻稿的写作一定要符合新闻报道的基本写作规律,其内容要有新闻价值和报道价值,要目标明确、重点突出。

⑤确定发布会的召开程序。新闻发布会的程序一般是:办展机构、行业协会或政府主管部门有关领导讲话,展会信息发布和展示,记者提问。有关领导的讲话要简短,其所占用的时间不要超过展会信息发布和展示的时间,且要精心准备回答记者可能提出的各种问题,避免冷场。发布会的时间不应太长,一般认为最好不要超过一个小时。

发布会结束以后,还要及时跟踪和收集各媒体的报道情况,如果有媒体需要更详细的资料,要及时提供;如果一时提供不了,可以安排有关媒体进行实地采访和拍摄。

案例

展会新闻发布会

××××陶瓷博览交易会在筹备之初召开了新闻发布会,目的是向业界发布展会的基本信息。在招展工作基本结束时又开了一次新闻发布会,目的是邀请目标观众届时到会参观,对尚未决定参展的企业进行参展激励。在展会开幕前,办展机构第三次举行新闻发布会,通报展会特点、参展商构成、招商情况和展品范围。在展会闭幕时,办展机构再次召开新闻发布会,通报展会贸易额、观众和参展商数量等。

办展机构负责人安排了专门人员进行媒介跟踪,及时提供媒体所需的详细资料,满足一些媒介进一步实地采访和拍摄的需要。同时,全面收集各媒体的报道,分析报道是否符合预期,并在此基础上与媒介进行进一步深度沟通,使媒介很好地传播了该展会的信息。

发布会结束以后,要及时跟踪,如果有媒体需要更详细的资料,要及时提供;如果一时提供不了,可以安排有关媒体进行实地采访和拍摄。同时,需要全面收集各媒体的报道。

讨论:每次发布会的目的各有什么不同? 新闻发布会后需要做好哪些工作?

10.3.2 专业媒体推广计划

专业媒体包括展会展览题材相关行业的专业报纸、杂志、展会目录、展会会刊和网站等。专业媒体直接面对展会的目标参展商与目标观众,是展会首选的宣传推广媒介。

1)专业媒体推广的优缺点

专业媒体宣传推广的优点包括以下3个方面:

①受众稳定,富有专业特性。每一种专业媒体都有自己固定的读者群,这些读者是稳定的目标受众。一些影响较大的专业媒体往往拥有非常庞大的读者群。每一种专业媒体都专注于自己特定的专业领域,针对性强,并对这一领域产生影响。

②表现手法灵活,信息容量大。专业媒体如杂志等一般总体篇幅较长,容量较大,办展机构可以利用这一特性,采用图文并茂的形式,对展会作较详细深入的介绍,使受众获得尽可能丰富的信息。

③寿命较长,重复出现率高。很多专业媒体如杂志等都有保存价值,常常被读者长期保存,并重复阅读,这使得在它们上面所作的宣传也被长期保存和反复阅读。

在专业媒体上作展会宣传也有其局限性:时效性较差,专业媒体的发行周期一般都较长,如杂志一般是一个月一期,时间较滞后;在专业媒体上作宣传主要是针对专业观众的招商,它对普通观众的招商效果不如在大众媒体上作宣传的效果大;版面位置选择性较差等。

2) 专业媒体推广需要考虑的因素

为了达到推广效果的最大化,办展机构在专业媒体做宣传推广之前要考虑以下因素:

①客户规模与市场占有率。某专业媒体所覆盖的目标客户规模越大,在它上面做宣传的效果越好,对每一个目标客户单项推广活动的成本越低。当展会的市场占有率还较低时,宣传推广的边际效果随着宣传推广预算的提高而上升很快,因此对市场占有率较低的展会,适当地提高宣传推广预算则会达到更好的效果。

②竞争与干扰。如果竞争的同类展会较多,展会的宣传推广预算就要大一些,这样才能让客户在众多的竞争者中听到本展会的声音;如果其他展会对本展会的替代性较强,宣传推广的力度也要加大。此外,如果一个媒体上的广告很多,不管这些广告是竞争者的还是非竞争者的,它们都会分散客户的注意力,这时,宣传推广的力度就应该适当提高一些。

③展会发展阶段。在展会发展的不同阶段,宣传推广的目的和作用是有差别的。在展会的创立阶段,为了让市场尽快知道本展会,宣传推广的力度要大一些;在展会的培育阶段,为了建立展会品牌,宣传推广的力度也不应缩减;在展会的成熟期,因客户对展会已经比较了解,宣传推广的力度可以小一些;当展会进入衰退期,宣传推广的力度也可以小一些,但如果展会此时正在转型,为了突显展会的创新措施与服务,宣传推广的力度又应该大一些。

④宣传推广的频率。对于一般的广告信息,客户一般要接触几次才能产生印象或者记忆。理论上,目标客户在一个参展周期里需要接触到 3 次广告信息才能产生对该广告的记忆,实际产生效果的次数要超过 3 次;一般认为,在一个参展周期里让目标客户接触到 6 次广告信息为最佳频率。

10.3.3　同类展会推广计划

国内外举办的同类展会是展会目标客户最为集中的地方,在这些展会上进行宣传推广,费用较低,效果较好。

1) 同类展会推广的优缺点

选择到同类展会推广的优点是:可以直接面对目标客户,与客户进行面对面的交流;信息传达灵活,可以给目标客户以最直接的宣传刺激;容易与目标客户建立关系,可以即时得到客户的反应;容易引起目标客户的注意,迅速产生推广效果。由于具有这些优点,在同类展会上进行宣传推广同时被展会招展、招商和建立展会形象等目标大量使用。

在国内外同类展会上进行宣传推广也有其局限性:宣传推广方式的选择受展会彼此之间竞争关系的影响较大,缺乏一定的灵活性;有些推广方式费用较高;每个展会的客户群都是有限的,宣传推广的目标客户的范围因此也有一定的局限性。

2) 同类展会推广的不同形式

在国内外同类展会上进行宣传推广活动,可以根据同类展会与本展会竞争关系的不同

而采取不同的形式,包括:

①互换展位。即互相在对方展会上设立展位进行宣传推广。这适用于在彼此竞争性不强的展会之间进行。双方免费获取对方一个展位作为本展会的推广展位,不仅可以让目标客户直接获取其想要的资料,直接回答客户的问题,直接展示本展会的形象,还可以直接获得客户的有关资料和信息,效果较好。

②互换会刊版面。在对方展会的会刊里刊登本展会的信息或者宣传广告。如果展会彼此竞争性不强,而派出人员到对方展会进行宣传推广的费用又太高时可以采用这种形式。信息和宣传广告可以是单方面付费有偿刊登的,也可以是双方免费互换的。展会会刊都是直接发放到目标客户手中的,这种方式的有效率较高。

③到对方展会召开新闻发布会。在对方展会开幕期间举行关于本展会的新闻发布会。对于一些结成战略联盟的办展机构或者展会,可以在对方展会开幕期间,在展会里举行关于本展会的新闻发布会,这样效果很好;如果彼此有一定的竞争关系,可以选择在该展会附近或其他适当的地方举办。

④到对方展会网站发布广告。互相在对方展会的专门网站里发布关于本展会的信息或广告,或者双方网站互相建立友情链接,向对方展会的客户推介自己的展会。

⑤代为派发对方展会的宣传资料。可以委托对方展会在展会里适当的地方如信息咨询台等地代为派发本展会的宣传资料。这种资料派发可以是单方面付费有偿的,也可以是双方免费互换的。

⑥派出人员在同类展会上展开推广活动。如果同类展会彼此是竞争关系,上述方式将难以实现。这时,可以派出人员到该展会上进行专门的宣传推广活动,如直接向目标客户派发本展会的宣传资料、收集客户资料等。

以上这些方式可以结合使用,如互换展位、互相在对方会刊里做广告、网站互相链接等可以同时进行,这样信息传播的范围将更广泛,宣传推广的目标更容易达到。

10.3.4 大众媒体推广计划

大众媒体包括各种报纸、电视、广播、户外广告媒体、交通广告媒体、包装媒体、焦点媒体、网站等。这些媒体普及性较强,社会接触面较广,它们既面对展会的目标参展商与专业观众,也面对展会的普通观众,是展会常用的宣传推广媒介。

1)大众媒体推广的特点

会展宣传推广对大众媒体的使用与对专业媒体的使用有一定的差别:首先,从使用目的上看,展会在大众媒体上进行宣传推广一般是为了更好地树立展会的形象,建立展会品牌,或者是吸引普通观众到会参观,它对展会招展与吸引专业观众的作用不如专业媒体大。其次,从使用的阶段上看,展会在大众媒体上进行宣传推广一般是在展会刚创立时,或者是在每届展会即将开幕时进行,而在其他环节使用得较少。大众媒体具有其自身的许多优点:

①时效性强,传播速度快。报纸和广播电视等每天可以把当天的新闻及时传播出去,在它们上面做广告等能够及时地对外发布展会信息,传播展会最新动态。

②覆盖面广,传播效率高。大众媒体的影响面涉及一般普通大众,覆盖面极广,受众群体极为庞大。展会信息可以在短时间内传递给所有社会公众,这是其他媒介无法比拟的。

③选择灵活,形式多样。大众媒体的种类繁多,可以选择多种形式做展会宣传,如报纸的平面广告、软性文章,广播的声讯广告,电视广告,户外广告,交通媒体广告等。

④新闻性强和可信度高。在报纸、广播和电视上推出的展会特写、评论、报道等软性广告,具有一定的新闻性质,可信度较高。展会可以充分利用大众媒体的上述优点,采取合适的形式进行展会的宣传推广工作。

需要指出的是,从功能上看,展会在大众媒体上进行宣传推广在很多时候是作为对展会专业渠道推广方式的一种补充而出现的,它不是展会宣传推广的主要方式。

2) 大众媒体推广需要考虑的因素

大众媒体推广需要考虑的因素包括宣传主要目标、媒体特点与覆盖范围、宣传的费用、宣传时间安排等。

①宣传主要目标。每次展会宣传的任务都会不同,必须明确每次宣传推广的主要目标。如招展或者招商,展会宣传的主要目的不同,其选择的媒体也不一样。例如,招展和吸引专业观众一般选择专业媒体,吸引普通观众则多选择大众媒体。

②媒体特点与覆盖范围。媒体是专业媒体还是大众媒体、媒体的表现力和渗透度、媒体的读者群的大小、媒体是全国性的还是地区性等是影响媒体选择的一个重要因素。另外,该媒体的读者定位和地区覆盖也是影响媒体选择的一个因素。

③宣传的费用。在不同的媒体上进行宣传推广的费用有很大的差别,宣传的费用是影响媒体选择的一个重要因素。考虑宣传费用的大小,不仅要考虑绝对宣传成本,还要考虑相对宣传成本。绝对宣传成本是指每次宣传推广的费用总支出额;相对宣传成本通常用每一千个目标客户接触到媒体的费用来计算,它更能反映宣传的实际效果。

④宣传时间安排。宣传时间安排是会展宣传推广的一个重要因素。除了集中时间安排,即将宣传推广集中安排在某一段时间内,以在较短时间内迅速形成强大的宣传攻势。还可以在一定时间里连续时间安排或者间歇时间安排进行宣传推广活动。集中时间安排方式适合在开拓新市场、集中招展或招商时使用;连续时间安排方式适合展会已经有一定影响、客户参展参观安排以理智动机为主时使用;间歇时间安排方式适合在产品季节性较强或者展会宣传费用不足时使用。至于究竟采用哪种时间安排方式,展会要根据自己的实际情况来最后确定。

10.3.5 专项宣传推广计划

1) 专项宣传推广的类型

除新闻发布会、专业媒体、同类展会和大众媒体等宣传推广方式外,办展机构通常对以下专项宣传推广方式进行组合来宣传推广展会。

①人员推广。办展机构直接派出工作人员通过登门拜访、电话交谈等形式直接与目标

市场的客户建立联系,传递展会信息的一种推广方式。人员推广灵活性强,信息反馈及时,具有一定的亲和力和说服力,有较强的竞争力,其在客户对展会的评估和参展参观决策阶段以及促使客户对展会建立长期的信心方面能产生强大的促进作用。但是,人员推广的费用一般都较高,其能接触到的客户数量也较为有限。

②直接邮寄。办展机构直接向目标客户邮寄展会的各种宣传资料,它是展会最常采用的宣传推广方式之一。直接邮寄的针对性极强,效果也较好。

③公共关系。办展机构利用各种传播手段与社会公众沟通思想感情、建立良好的社会形象和经营环境的活动,服务于展会的长远发展。可分为3个层次:一是公共关系宣传,即通过各种媒体向社会公众宣传以树立展会的形象,扩大展会的影响;二是公共关系活动,即通过支持和组织各种社会活动来宣传展会,建立展会品牌;三是公共关系意识,即在办展机构的日常经营中和其全体人员中树立维护企业和展会的整体形象的意识。

④机构推广。办展机构与有关媒体、国际组织、行业协会和商会、国内外其他展会主办机构和政府主管部门等机构合作,共同推广本展会的一种宣传推广方式,如委托上述机构代为发放展会宣传资料、代为组织观众、代为在会员中宣传本展会等。随着世界经济全球化步伐的日益加快和中国展览市场的日益国际化,机构推广正在被越来越多的展会所采用。

⑤配套活动。在展会期间举办一系列的配套活动,也是展会进行宣传推广的一种重要方式。

在会展业的实践中,宣传推广各种方式往往组合使用,实现效果的倍增。在宣传推广中,会有不少环节需要工作人员在公众场合演讲,会展从业者需要注重相关能力培养。

案例

如何做好演讲

· PPT简练而感性。少即是多。简洁明晰的标题,能够更好地凝练主题点;删除PPT里密密麻麻的文字,取而代之图片、折线图、动画、数据和精心设计的几句话。

· 创建多感官体验。要令人印象深刻? 你不必刻意放一些触目惊心的图片。可以采用个人表演的方法,或者设计一两个让人意料之外的桥段。

· 分享你的激情。如果你的内容不能打动自己,就更别说打动他人了。深度挖掘你和话题间有深度意义的关联,不要害怕向听众表达你的热情。

· 保持真实并多加练习。要保持真实,不要装样子和装模作样,不要像背书或朗诵,听众一眼就能分辨真假;做你自己才能赢得听众的好感。同时,必须多加练习,重要演讲中的演讲人会为十几分钟的发言排练超过上百遍。

· 坚持18分钟定律。对于吸引并保持听众的注意力来说,18分钟是个极限。18分钟足够开展一个严肃的讨论;控制好你的演讲时间吧,千万不要絮絮叨叨。

· 分享故事和使用幽默。除了事实和数据,你至少分享三个故事,讲讲生活中发生在自己身边的事情和感受,反响会很好。同时,演讲中使用幽默,会让听众会心一笑。

2) 影响专项宣传推广组合的因素

①展会类型。不同题材和功能的展会,其目标参展商和目标观众也不一样,展会的宣传推广组合也应不同。例如,生产资料题材的展会的人员推广效果比消费品题材的展会人员推广的效果要好。以贸易成交为主要功能的展会和以产品展示为主要功能的展会,对宣传推广组合的要求也不一样。

②客户特性。客户参展和参观决策受他们对展会认识深度的影响。一般认为客户的认识深度可以分为 3 个层次:认识阶段、动心阶段、行动阶段。对于展会处于不同阶段的客户,不同宣传方式的效果差别很大。例如,对于处于认识阶段的客户,广告和公共关系的效果最好;对于处于动心阶段的客户,人员推广的效果最佳。

③营销策略。展会是采用向中间商推介"推"的宣传推广策略还是向终端消费者宣传"拉"的宣传推广策略,对展会的宣传组合也有较大的影响。

④市场特性。展会展览题材所在的产业的市场是处于"买方市场"状态还是"卖方市场"状态,对展会宣传组合的影响很大。

⑤发展阶段。展会是处于培育期、发展期、成熟期还是衰退期,对展会宣传组合的影响很大。

⑥预算额度。费用预算的大小对宣传推广方式的选择具有很大的制约作用,如果预算不足,有些较昂贵的宣传推广方式如人员推广等就不能使用。会展宣传推广预算的方法有 4 种,见表 10.3。

表 10.3　会展宣传推广预算的方法

名　称	说　明
量入为出法	根据展会的承受能力,能拿多少钱做宣传就拿多少钱
收入百分比法	根据展会收入的一定比例确定宣传预算的大小
竞争对等法	以竞争对手的宣传推广费用的大小来决定本会展宣传推广预算的多少
目标任务法	展会根据宣传目标计算实现该目标所需要的费用来决定宣传推广预算的大小

确定会展宣传推广预算的 4 种方法影响着宣传推广预算总额的大小,进而影响着会展宣传推广组合的选择。

思考题

1.为什么说"重招展,轻招商"的做法是错误的?

2.展会的宣传推广规划包括哪些内容? 其指导原则有哪些?

3.会展宣传推广计划的方式主要有哪些?

4.简述展会运作中召开新闻发布会的时机及其内容。

5.同类展会推广计划可采取哪些形式?

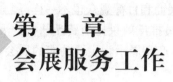

第 11 章
会展服务工作

【学习要求】

理解会展服务分类;掌握会展服务特征及其采取的对策;掌握会展服务质量缺口;掌握展会现场工作主要内容;掌握选择展位承建商的基本要求;掌握商务考察、休闲观光概念。

一个成功的展会必须具有一定数量和质量的参展商和采购商、优质会展服务、良好现场管理等要素,会展服务与展会现场管理、招展招商共同构成展会运作管理中最为核心的 3 个环节。会展服务贯穿于展会的始终,且在展会展览现场最为集中和明显。

11.1 会展服务内容与质量

11.1.1 会展服务内容

1) 以服务对象划分

以服务对象划分,会展服务主要包括对参展商的服务、对采购商的服务和对其他方面的服务。对参展商的服务包括通报展会筹备情况、提供行业发展信息、提供贸易成交信息、展示策划服务、展品运输、邀请采购商到会、展位搭建、展览现场服务、商旅服务等。邀请到一定数量和质量的采购商到会是展会提供给参展商最重要的服务。

对采购商的服务包括通报展会展品信息、提供行业发展信息、产品供给信息、招揽合适的参展商到会展出、展会现场服务、商旅服务等。同样,招揽到一定数量和质量合适的参展商是展会提供给采购商最好的服务。

对其他方面的服务的对象范围十分广泛,包括新闻媒体、行业协会和商务、行业主管部门、国际组织、国外驻华机构等,但是对这些对象服务的内容最主要是信息服务。

会展服务的范围不仅包括展会现有的展会客户,还包括展会潜在的展会客户。同时,会展服务商,如展位承建商、展品运输商、指定旅游公司和指定酒店,对展会客户提供的服务也是会展服务的重要组成部分。需要指出的是,对于服务商提供的服务,参展商和采购商通常都把它们看成是展会直接提供的,它们服务中的任何失误都会归结到展会身上。办展机构不但要委托高质量的专业机构来完成,并时刻监督其服务质量。

案例

会展服务的对象

某工业博览会办展机构因为忙于服务参展商和采购商,结果疏忽了对专业服务商的服务和管理,以致影响了展会展位承建、展品运输等进度,造成部分参展商筹展工作十分匆忙,引来众多抱怨。有媒体跟进此事,对展会展位承建、展品运输等存在的问题进行了负面报道。办展机构回应:"展位承建、展品运输服务已经委托给相应的专业服务商,对应存在问题的责任由这些服务商承担,与我们无关。"

讨论:办展机构的服务是否存在问题? 其回应是否正确?

2) 以筹备阶段划分

以筹备阶段划分,会展服务包括展前服务、展中服务和展后服务。展前服务,即展会开幕前提供给参展商、采购商和其他各方面的有关服务,如展会筹备情况通报、展品运输、参展参观咨询、展示策划服务等。展中服务,即展会开幕期间及以后展览期间的服务,如现场安全保卫、清洁卫生、采购商报到登记等。展后服务,即展会闭幕以后展会继续提供给参展商、采购商和其他各方面的后续服务,如邮寄展会总结、展会成交情况通报、介绍参展商和采购商的来源及构成等。

在实际操作中,一些办展机构只注重展中服务,对展前服务只是被动地提供,对展后服务很不重视或根本没有什么展后服务。其实,展前服务、展中服务和展后服务都是会展服务的重要组成部分,对任何一部分的忽视都会严重影响到会展服务的质量。

3) 以服务功能划分

以服务功能划分,会展服务主要包括展览服务、信息咨询服务和商旅服务。展览服务就是展会提供的产品展示、贸易成交、新产品发布、展示策划服务等传统服务,这是展会最基本的服务,它们主要是在展览现场提供和完成的。信息咨询服务就是展会为参展商、采购商和其他有关方面提供有关行业发展、贸易需求、行业动态、市场分析等商务信息及其咨询服务。商旅服务是为更全面地了解当地市场的展会客户提供商旅咨询和组织商旅考察等服务。

4) 以服务提供方式划分

以服务提供方式划分,会展服务主要包括承诺服务、标准化服务、个性化服务和专业服务。承诺服务是指办展机构事先对自己拟向客户提供的服务方式和服务质量等向客户提出承诺,然后严格按照承诺向客户提供服务。标准化服务是指办展机构对自己向客户提供的各种服务制订统一的标准,然后严格按照标准向客户提供规范的标准化服务。个性化服务是指办展机构根据各个客户的不同需求,对不同的客户提供适合其需求的有差别的服务。专业服务是指办展机构根据展览行业实际需要,由经过培训的专业员工,以专业的手段和方式为客户提供的各种服务。

案例

会展服务的对象、阶段与内容

在某工业博览会筹备工作会议中,高经理说:"要做好会展服务! 会展服务主要是展会开幕期间针对参展商、采购商、新闻媒介、行业协会等对象的服务,特别是为参展商做好展览服务,这对展会的口碑至为关键! 要提供高质量的三天会展服务。一句话,就是要为参展商做好展中服务,做好展览服务。展会结束了,我们的服务工作也就彻底结束,万事大吉。届时大家好好休息一星期。"

讨论:会展服务的对象、阶段与内容是哪些?

11.1.2 会展服务质量缺口

会展服务的过程中容易出现认知缺口、设计缺口、服务提供与交付缺口、沟通缺口、期望感受缺口,称为"会展服务质量缺口",可能会严重影响会展服务质量。(图 11.1)

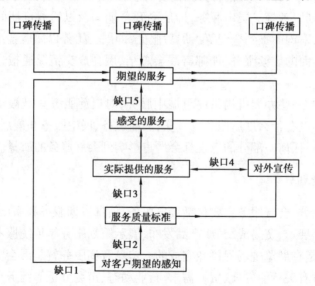

图 11.1 会展服务质量缺口示意图

1)认知缺口

认知缺口就是展会客户对会展服务的实际需要与办展机构对他们这种需要的认识之间的差距。衡量服务质量好坏的基本标准是客户标准,如果会展服务不符合展会客户的需要,或者与他们的需要相去很远,即使办展机构费尽心机,展会客户也不会满意。办展机构要注重了解目标展会客户对会展服务的需要、期望及其发展趋势,并在会展服务中努力满足它。

2)设计缺口

办展机构需要设计服务品种去满足展会客户的需求和期望。一些办展机构由于专业人才的缺乏,虽然能正确理解展会客户的需求和期望,但相关的服务设计却不能很好地满足对应的需求和期望,或者服务质量标准本身就设计得脱离实际,于是就产生了设计缺口。

3)服务提供与交付缺口

在实际操作中,由于存在服务人员素质和技术的差异等原因,依照设计所提供的服务在实际的提供中出现服务现场管理不善、服务流程设计不合理、服务人员素质不高等不能令人满意的情况,这些偏差就会导致服务提供与交付的缺口。

4)沟通缺口

沟通缺口是指办展机构所宣传的会展服务与其实际提供的服务或承诺之间的不一致。办展机构对会展服务的宣传通常是根据自身服务提供能力和市场研究结果而提出,展会客户往往根据经验属性、个人需求和信任属性来判断服务的好坏,两者的不一致带来某些会展服务上的误解,就很容易产生沟通缺口。

5)期望感受缺口

期望感受缺口是指展会客户实际感受到的会展服务与他们对该服务的期望之间的差距。展会客户在展会现场感受到的服务可能超出他们原来的期望,使展会客户对展会极为满意。展会客户在展会现场感受到的服务也可能低于他们原来的期望,使展会客户对展会深感失望。

11.2　会展服务特点与理念

11.2.1　会展服务的特点

1)会展服务的无形性

服务在本质上是抽象的、无形的,在很多时候,参展商和采购商对展会的服务只能通过感觉感受到而不能像触摸物品那样触摸到。

从有利的方面来看,服务的"无形"使会展服务难以度量,这为展会提高服务的技巧和满足客户的需要提供了极大的空间,为会展服务技巧的发展提供了广阔的天地。从不利的方面来看,展会客户不容易识别这些"无形"的服务,服务的质量也较难控制和测量,一旦发生纠纷,对服务的投诉较难处理。针对会展服务无形性,办展机构所采取的服务对策是:用服务专业化来发扬其有利的一面,用服务有形化来克服其不利的一面,具体对策见表11.1。

表 11.1　应对会展服务无形性带来的有利与不利的策略

对　策	说　明
用服务专业化来发扬会展服务无形性带来的有利的一面	
服务技巧化	增强会展服务人员的培训,利用服务人员的服务熟练程度、服务技艺和服务能力来提高服务质量,满足展会客户的服务需求
服务知识化	提高会展服务人员的专业知识素养,发挥知识在会展服务中的作用,努力用知识来完善会展服务和满足展会客户的服务需求
服务国际化	为展会客户提供符合展览业国际惯例的服务,如展会资料的制作应充分考虑各国文化的差异,提供不同语言服务等
用服务有形化来克服会展服务无形性带来的不利的一面	
服务承诺化	办展机构对外公布会展服务的质量或者效果标准,并对展会客户参加展会的利益加以承诺
服务品牌化	办展机构为自己的展会树立品牌,通过展会 LOGO,展会的 CI、VI 等形象来呈现,使展会客户对该品牌产生信赖和忠诚
服务展示化	尽量将会展服务通过有形的物品和展会现场环境布置来体现服务,让展会客户认识和感知到会展服务的无处不在
服务便利化	办展机构尽量从展会客户的需求出发来设计会展服务流程和布置展会现场环境,以最便利的方式为展会客户提供服务

2) 会展服务的差异性

服务是以人为中心的体验活动,是由人提供的一种行为或表现。由于服务操作人员的服务经验不同,各人的素质、修养和技术水平存在差异,同一服务由不同的人来操作,其质量可能会出现很大差异;即使是同一个人进行同样的服务,由于服务对象的不同以及在不同时间里服务人员心理状态的差异,服务质量也会有较大的波动。另外,不同的客户享受某种服务的经验和期望往往存在较大差异,这使得即使是同一种服务不同客户的评价也不一样。

差异性带来的有利的一面是有利于针对不同的展会客户提供差异化和个性化的服务,有利于提高服务的灵活性,有利于进行服务创新。差异性带来不利的一面是它使得会展服务难以规范化和标准化,服务规范较难严格执行,使服务质量不稳定。针对会展服务差异性,办展机构所采取的服务对策是:用服务个性化来发扬其有利的一面,用服务规范化来克服其不利的一面。(表 11.2)

表 11.2　应对会展服务差异性带来的有利与不利的策略

对　策	说　明
用服务个性化来发扬差异性带来的有利一面	
服务多样化	办展机构针对不同客户的不同需求提供不同的服务
服务特色化	办展机构向客户提供与众不同的能体现自己独有特色的会展服务
服务差异化	办展机构根据服务提供的时间和地点的不同,或者根据环境变化的需要来向客户提供不同的服务
用服务规范化来克服差异性带来的不利一面	
服务理念化	就是办展机构为会展服务提出符合客户需要和展会实际的服务理念,用以指导员工的服务态度和行为
服务标准化	在统一的和被客户接受的服务理念的指导下,办展机构为会展服务建立起一套质量标准,并用这套质量标准来约束服务人员的服务行为
服务系统化	在服务标准化的基础上,将会展服务的各环节有机整合,使会展服务流程系统化,将会展服务质量偏差控制在尽可能小的范围内

3) 会展服务的不可分割性

服务的生产、消费与交易是同时进行、不可分割的。展会工作人员在向客户提供服务的同时,客户也就享受到了这种服务。在很多时候,客户只有而且必须加入到服务的流程中来才能享受到该服务;同一个工作人员,很难同时在两个地方向不同的客户提供服务。

不可分割性带来的有利的一面是促使展会为更好地控制服务质量而不得不缩短服务流程,精简服务渠道,更多地采用直接供给的服务方式提供服务;由于客户大量地亲自参与服务流程,有利于展会和客户直接交流并建立更紧密的关系。其带来不利的一面是许多服务会展服务人员只能"一对一"地提供给客户,这会给展会带来不便,如展会开幕时大量的采购商准备登记进场参观时极易造成混乱;服务质量的好坏不仅取决于服务人员的操作,还有赖于展会所有相关服务人员及部门的配合和协调,如果某些人员或者部门不愿配合或配合不好,现场服务人员的服务努力有可能毫无成效;服务人员与客户接触的一瞬间十分重要,如果把握不好,服务质量将深受影响。

针对会展服务不可分割性,办展机构所采取的服务对策是:用服务关系化来发扬其有利的一面,用服务流程化来克服其不利的一面。(表 11.3)

表11.3　应对会展服务不可分割性带来的有利与不利的策略

对　策	说　明
用服务关系化来发扬不可分割性带来的有利一面	
服务情感化	办展机构使会展服务在服务实施过程中倾注情感因素,处处关心和体贴客户,从细微处照顾客户的需要和感受
服务合作化	办展机构通过服务外包,与会展服务商紧密合作来共同满足客户的需求,发展与客户的关系
服务组织化	办展机构以某种方式将参展商、采购商以一定方式组织起来,使客户与展会的关系更加明确化和正式化
用服务流程化来克服不可分割性带来的不利一面	
服务自助化	办展机构通过向客户提供部分服务用品或工具,使某些服务由客户自己来完成
服务分离化	将展会的某些服务分离出去,由其他专业的服务公司为客户提供服务
服务网络化	通过国际互联网来完成某些会展服务

4)会展服务的不可储存性

服务产品不能像普通物品一样储存、转售和退还,很多服务如果不即时利用就会过期作废。展会无法将服务事先储存起来以满足服务需求高峰时客户的需要。当客户对某项服务不满时也无法像一般物品一样退还给展会。

针对会展服务的不可储存性,办展机构所采取的服务对策是:用服务效率化来发扬其有利的一面,用服务灵活化来克服其不利的一面。会展服务效率化是指办展机构通过提高会展服务的效率来满足客户的需求,主要通过服务的便捷化、服务的一条龙化和服务的多功能化来实现。会展服务灵活化是指办展机构通过对服务时间、服务地点和服务供求关系的调节和灵活处理来满足客户的需求。会展服务不可储存性使会展服务供求平衡经常在时间和空间上不一致,会展服务灵活化有助于展会克服这些不一致。会展服务灵活化主要通过调节会展服务时间、服务地点和服务供求关系来实现。例如,对展会开馆和闭馆时间的调节,对展会现场服务设点及其布局的调节,对采购商进馆参观高峰时间人流量的调节等。

11.2.2　"体验传播"是会展服务的基本理念

会展服务的"体验传播"就是让参展客户通过看、听、用、参与的手段,充分刺激和调动消费者的感官、情感、思考、行动、关联等感性因素和理性因素,来提升参展客户对展会的服务以及展品等评价。参展客户并非是传统上所说的"理性消费者",而是理性与感性兼具的有血肉、有情感的人,消费者在消费前、消费中和消费后的体验是购买行为与品牌经营的关键。基于会展服务的特性,会展服务必须做好"体验传播"的内容、环境和氛围设计。

1) 创造体验的内容

创造体验的内容是"体验传播"的第一环。办展机构对展会现场以及参展商对展台的布置要处处"别具匠心",在细节之处见功夫,让无形的会展服务无处不在,时时能够体验到。展会现场、展台的陈设是直接面对观众的,如果观众觉得新奇有趣,都会第一时间发微博分享。数字时代,每个人都希望成为圈中的焦点、新闻源,这些创新的"素材"就是分享的动因,展会参与者无意间就会成为展会的义务宣传员,分享到社会化媒体的大海中,促使展会和展品走红。

2) 创造体验的环境

现在展会场馆和展会现场基本都已经提供了无线上网服务,这为建立一个"分享"的环境和氛围,让大家快速地把自己的"观展经验"快速分享出去,传递给自己的业内朋友提供了可能。主办方和参展商要会用微博,还有大众点评、微信、QQ、陌陌等各种社会化媒体形式,用好这些即时通信工具来订购和推送促销信息等。

3) 创造体验的氛围

创造体验的氛围就是通过各种媒介,包括沟通、识别、产品、共同建立品牌、环境、网站和客户,刺激消费客户的感官和情感,引发客户的思考、联想,并使其行动和体验,并通过客户体验,不断地传递展会品牌或好处。在数字营销时代,主办方要注重"体验传播"氛围营造,主动与用户互动或者发起一些活动来调动客户的参与性,千方百计促使展会客户在微博上、QQ 群里、论坛上、朋友圈中广泛地分享参展体验;特别是移动互联网出现后,让随手拍的行为不断放大展会中的每一个人都可以拍张图片,写上一点小心情,并分享到微博中,可以@一下展会的官方微博。这种自发的体验传播往往是在熟人之间的口碑传播,能很好地放大展会的行业影响力和社会影响力。

11.3 会展现场工作管理

展会现场工作管理是指对展会从布展开始,包括展会展览期间到最后展会闭幕这一段时间对展会布展、展览和撤展等事务的组织管理工作的管理。展会现场工作管理是办展机构展会组织管理的集中体现,是办展机构与展会客户最直接的面对面的交流。

11.3.1 布展管理

布展是指参展商为准备展览而在展会开幕前对展位进行搭装、布置和将展品陈列在展位上的系列工作,在这个过程中,办展机构对展会现场环境进行布置和对参展商的有关工作进行协调和管理。展会布展是展会开幕前的现场筹备工作,展会布展时间长短主要取决于展览题材及展品的复杂程度、展会规模的大小。对于一般的展会,布展时间常常为 2~4 天。

布展管理工作对展会的如期召开十分关键。办展机构在组织展会布展前需要到工商、消防、安保和海关等部门办理有关手续。有些城市还需要办理外地车辆进城证以方便外地企业运送展品到展会现场布展。在进行展会布展前,还需要与展会指定承建商和展品运输代理进行充分的协调和沟通,共同交流对展会现场环境布置和展位搭建的指导思想、意见和建议,及时解决展品运输过程中可能出现的各种问题,避免出现现场布展格调不统一或展品迟迟未到等情况,保证布展现场秩序井然、有条不紊。

办展机构要对布展工作进行全面协调和管理,包括展位画线工作、地毯铺设、参展商报到和进场、展位搭建协调工作、现场施工管理和验收、海关现场办公、展位楣板的制作安装和核对、现场安全保卫工作、消防和安全检查、现场清洁和布展垃圾的处理等。

在展位画线工作方面,办展机构要按照各参展单位租用的场地面积和位置画好每一个展位的地域范围,确定每一个展位的具体位置和面积大小。在参展商报到和进场时,各参展商必须凭合同及其他有关证明到展会现场报到,付清各种款项,领取相关证件,办理入场手续。在展位搭建协调工作过程中,办展机构要监督所有的承建商都按展会要求搭建;对于展位搭建中出现的各种问题,展会要及时协调处理。在现场施工管理和验收方面,展会要派出专门人员管理各承建商的现场施工,如现场用电、用火、噪声、展位高度控制、电线线缆的安装和走向、灯光的设计和使用、搭建展位的材料的防火性能、展位之间通道宽度的控制、重型机械的地面承重控制、标准展位的标准配置等要及时查验,避免施工现场秩序混乱和出现安全隐患。展会要负责展会的一般安全保卫工作,按照要求每 500 平方米配备一个保安,但对参展商的展品丢失、损坏和人员以外伤亡等不负责任。在展会临期的前一天下午,要申请消防部门对展会安全进行检查,协助消防和安保部门对所有的展位进行一次全面系统的检查,保证展会符合消防和安全要求,获得开展许可,彻底清除展会现场可能存在的安全隐患。

11.3.2 观众登记管理

观众登记是展会现场管理的重要工作。观众登记所获得的资料是展会客户资料数据库重要的信息来源,这些资料不仅可以及时准确地更新和补充客户数据库的信息,还是展会进行客户分析的第一手资料,对展会改善客户关系管理办法和调整宣传推广策略有重要的作用。

在展馆的序幕大厅或者专门的观众进馆大厅内设立专业观众登记柜台来进行展会的专业观众登记工作。展会可以根据以前对专业观众发放邀请函的情况,将专业观众登记柜台和通道分为"持有邀请函观众登记柜台"和"无邀请函观众登记柜台"。

观众登记表是用来收集采购商信息的一种问卷调查表,采购商需要填写它才能取得可以进入展馆参观展会的"专业观众证"。观众登记表主要包括两部分的内容:一是问卷调查的问题,一是观众的联系办法。

问卷调查的问题包括:调查观众参观本展会的主要目的,以了解观众为什么来参观本展会,以便今后更好地调整展会的功能;调查观众感兴趣的产品和技术种类,以了解本展会的展品范围是否符合市场的需要,以便今后据此作出适当的调整;调查观众所在单位的经营业务性质及领域,以了解观众对本展会展品范围的态度如何;调查观众从什么渠道得知本展会的信息,以检测展会宣传推广的效果以便今后适当调整宣传推广策略;调查观众对下一届展会的意向,以便在下一届展会中为他们更好地提供服务;调查观众在产品购买中的角色,以了解观众的质量如何。(表 11.4)

表 11.4　观众登记表

请在合适项目前空格内打"√"(多项选择)			
1.您参加展会的目的(　　)。			
采购设备	了解行业发展趋势	寻求合作或代理	贸易洽谈
2.您所感兴趣的产品(　　)。			
焊接设备	工业机器人和自动焊接设备	切割设备	
辅助设备与各种工夹具	过程监控器和测量装置	检验设备与仪器	
3.您公司的经营性质及领域(　　)。			
销售/代理公司	航空航天	科研院校	
船舶/集装箱	汽车制造	其他	
4.您是如何知道此次展会的?(　　　)			
信函	报纸广告	网站宣传	专业刊物
展商邀请	其他		
5.您对下届展会的意向(　　)。			
我公司希望参展	我公司希望参观展览会	其他	
选择其他请输入:			
6.您在企业采购中扮演的是(　　)。			
购买决策者	决策参与者	具体采购者	产品使用者

对于观众联系办法部分,主要包括观众的名称、职务及其所在的单位名称、地址、联系办法等,可以在观众登记表上设置专门调查栏目,也可以直接索要名片。直接索要名片是观众联系登记的最快捷的方法。

观众登记的秩序、便捷和专业性是会展服务质量的重要标尺。观众登记应注意的问题包括:要有专人负责管理观众登记的现场事务,观众登记现场要保持秩序井然,不杂乱;观众提交的资料要尽量完整,现场工作人员要提醒观众填写,并在观众按要求填写后才给其办理进馆手续;现场工作人员的工作态度要好,动作要迅速,并对展会有一定的了解,能回答观众提出的关于展会的一般问题等。

11.3.3　展览期间现场工作

展览期间现场工作是保证展会展览现场秩序的重要工作,是办展机构与参展商、采购商和其他有关各方进行直接沟通和交流的重要时机。

展会展览期间,现场的主要工作是参展商现场联络和服务、观众登记和服务、公关和重要接待活动、媒体接待与采访、展会相关活动的协调管理、现场安全保卫工作、知识产权保护工作、现场清洁、有关信息的收集整理、与场地部门结算工作、与有关方面商谈下一届展会的合作与代理事宜、为下一届展会招展预订展位等。

在参展商现场联络和服务方面,办展机构一般都会抓住这一机遇亲自到各参展商的展位拜访,或者邀请参展商座谈,了解他们的需求,征求他们对展会的意见和改进建议,及时为他们提供其需要的各种服务。安排互动是展会现场服务的主要内容,互动形式可以是产品演示、手把手互动、信息收集、观摩交流、老客户洽谈、新客户交流等。

在观众登记和服务方面,观众通过登记进入展会会场以后,展会要对观众参观、观众信息咨询、中场休息场地和设施的提供、观众与参展商贸易谈判等提供便利和服务。

在公关和重要接待活动方面,展会展览期间,展会往往会安排一些重要的公关活动,如邀请重要领导参观和视察展会、接待外国参展和参观代表团、接待行业协会和商会的考察、接待外国驻华机构代表的访问等。这些公关和接待活动对扩大展会影响、树立展会良好形象有重要作用。

在媒体接待与采访方面,展览期间展会会安排一些媒体对展会进行参观和采访,一些著名的展会媒体还会主动申请采访。接待媒体与安排媒体采访对扩大展会宣传推广有重要作用,展会要认真对待。另外,展会还可以通过展会的新闻中心有意识地对外发布一些展会方面的新闻以进一步扩大展会的影响。

在展会相关活动的协调管理方面,对于展会展览期间举办的会议、比赛、表演和其他相关活动,展会要积极安排和协调。

在现场安全保卫工作方面,展览期间的安全保卫工作主要是防止可疑人员进入展会、防止展品丢失和被盗、展会消防安全保护、协助参展商处理一些安全保卫方面的工作等。和布展时一样,展览期间展会也只负责提供一般的保护工作。

在知识产权保护工作方面,展会往往会邀请有关知识产权保护部门在展会现场设立专门的"知识产权保护办公室",负责处理参展商有关知识产权方面的侵权投诉,处理可能出现的侵犯知识产权的事件。对于被投诉侵犯了知识产权的展品,展会一般会禁止其展出。

在现场清洁方面,展会一般要负责展场公共区域如通道等的清洁卫生工作,展览期间以及每天闭馆后派出相关人员清洁和打扫这些区域;展会一般不负责各展位里面的清洁卫生工作,这些区域的清洁卫生工作由各参展商自己负责。

在有关信息的收集整理方面,展会期间各种信息汇集于同一个展馆里,展会要抓住这一时机收集有关信息,如对展会客户进行问卷调查,了解他们对展会各方面的看法和意见等。展览期间收集的信息是改进展会办展策略的重要参考资料,展会要认真收集、分析和整理。

在与场地部门结算工作方面,办展机构要派出专门人员与展馆场地部门核对展会租用面积、参展类别和各服务收费,准备相关资料和数据,为展会闭幕后与场地部门结算作准备。

在与有关方面商谈下一届展会的合作与代理事宜方面,展览期间展会的各合作单位和招展、招商代理一般都会亲临展会,办展机构这时需要与他们商谈下一届展会的合作与代理招展、招商等事宜,为下一届展会提前作准备。

在为下一届展会招展预订展位方面,展览期间行业内企业和人员大量汇集,展会可以在大会现场设立专门"招展办公室",负责为参展商预订下一届展会的展位。

11.3.4　撤展管理

展会的撤展工作主要包括展位的拆除、参展商租用展具的退还、参展商展品的处理和回运、展场的清洁和撤展安全保卫等。展会的撤展工作涉及大量物品和人员的进出,会产生许多安全隐患,需要办展机构的大力介入和进行必要的管理。

撤展管理工作重要内容包括:展位的拆除,展会要监督各参展商或承建商按规定的程序进行展位的拆除;参展商租用展具的退还;参展商展品的出售、赠送、销毁和回运;展品出馆控制,展会要对所有的出馆展品进行查验,出馆的展品需要在查验展品与"放行条"一致时才准许其出馆;展场的清洁,展会或其指定的承建商要及时处理;撤展安全保卫,展会撤展时往往比较杂乱,展会不要松懈撤展现场的安全和消防保卫工作。

11.4　会展服务外包

服务外包是社会发展、团队合作的象征。展会是一个系统工程,很难由一个企业单独完成。社会分工的发展,也为会展服务外包提供了条件。服务外包是展会提升服务质量,降低成本的基本举措。展会外包一般采取招标方式进行,或直接由会展商会内的不同企业分工负责完成。办展机构必须选择好服务商并对他们做好监督管理。

11.4.1　展位搭建外包

办展机构根据展会的规模和特点,指定一家或几家展位承建商来为会展服务。展位承建商为参展商的展位提供搭建服务,确保展位搭建质量,确保展位搭建工作按时完成,以便展会如期开幕以及确保展会期间的安全。

1) 展位承建商基本要求

展会选定的承建商通常被称为展会"指定承建商"。为了保证展位搭建施工安全,以及展位搭建后展览期间展品和展出人员的安全,展会通常会要求参展商接受展会选定的承建商来搭建展位。

(1) 技术全面性

展会的展位设计不仅要设计科学,有艺术上的美感,还要实用,有利于参展商展出目标的实现和做成买卖。要达到这样的效果,展位承建商必须要有全面的技术能力。这些技术能力包括室内设计与装潢技术、工程结构知识、绘图绘画和模型方面的知识、照明知识、文图和图表知识、展架展具以及施工材料和施工方面的知识、供排水方面的知识、电子和机械方面的知识。

(2) 经验丰富性

经验丰富的承建商能更好地处理这些问题:展位设计的目的性、艺术性、功能性、主题性。承建商对展位的设计,不仅要理解参展商的需求,还要了解办展机构的期望,更要知道观众的参观习惯。展位设计要能够用艺术的手法反映参展商的形象,传达展出者的意图,并能吸引观众的目光,使展位赏心悦目,富有魅力,既能给人以简洁、和谐和美的感觉,又能很好地处理展示和贸易、展示与艺术的关系。展位设计要能突出展出者希望表达的展出主题和形象,还要能突出展示的焦点,而不能只注重设计的吸引力和震撼力而不注重其本来的商业意图,要避免展位设计的华而不实。

（3）价格合理性

对展位承建商提供的价格合理性的关注,既要关注它们向办展机构提供的服务的价格,也要关注它们向参展商提供的服务的价格。同时,展具租用服务的价格也是一个值得关注的问题。展位承建商的价格并不是越低越好。一般来说,实力强大的公司,由于其工作质量有保证并值得信赖,其价格自然要高些。

（4）展馆熟悉度

各个展览场地的布局、结构及其设施各不相同,而展览会的布展和撤展时间有限,展位承建商要对展览场地及其设施有所了解,才能更顺利地展开工作。只有熟悉展览场地及其设施,展位承建商才能更好地考虑展位的空间设计和布局,才能更好地安排参观人流的流向。同时,承建商还需要了解展览场地方面对展位搭装的限制性要求、对展具展架使用的限制、有关通道和公共用地的限制、有关消防和安保方面的规定。

（5）维护保养服务情况

展位承建商搭装好展位以后,还要按参展商和办展机构的需要,对展位承担维护和保养的义务。展会开幕以后,如果有需要,参展商和办展机构要很方便地就能找到承建商,承建商要能及时地提供服务,能很好地完成参展商对展位进行改进和调整的要求。

2）指定展位承建商的方法

根据规模的大小和题材的不同,展会可以选定一个或者几个展位承建商来为参展商提供展位搭建服务。同时指定几个承建商的展会通常都是那些规模较大,或者展览题材较多,或者是展区划分较细致的展会。如果一个展会由几家承建商共同负责展位的承建工作,办展机构就要加强对各家承建商工作的协调,要统一安排进度,统一对各家承建商的工作进行监督和指导。办展机构按照展会对承建商的资质要求,通过招标、专家推荐等方式来具体选定展会的承建商。

展位种类对选择承建商数量有较大影响。标准展位的搭建比较容易,器材成套,可以在短时间内快速完成搭建。特装的搭建需要很多专业的知识和能力,工作量较大。特装多的展会需要多指定展位承建商。由于在室外展出的展品一般都是比较特殊的展品,与室内展位相比,它们对展位搭建的要求有较大的不同。因此,有些展会将室内展位和室外展位的搭建工作分开,交给不同的承建商来完成。

11.4.2　展会运输外包

办展机构需要选择合适的展会运输代理,来承担参展商展品运输工作。展会运输代理的基本任务是将参展商的展品、展具和宣传资料等物品安全及时地运到展会现场。海外运输代理需要熟悉各类运输方式综合使用。跨国运输基本上都是一种国际联运,整个运输过程基本都要经过陆运—海运—陆运,或者陆运—空运—陆运等几个环节,参展的货物要从一个国家运到另一个国家才能完成。海外运输代理必须是一家能力比较全面的公司,要有能力安排和协调陆运、水运和空运以及对它们的联合使用。

1)来程运输和回程运输

展览运输主要包括两个环节:来程运输和回程运输。来程运输是指将参展商的展品及相关物资自参展商所在地运至展会现场之间的运输,一般会经历展品集中与装车、长途运输、接运和交接、掏箱和开箱等。

回程运输是指在展会结束后,将展品及相关物资自展位运至参展商指定的其他地点的运输工作。回程运输的目的地可能是参展商的所在地,也可能是参展商指定的其他地点,如其经销商和代理的所在地或另一个展会的所在地等。对办展机构和运输代理来说,回程运输的筹备和计划工作在展会筹备时就要着手策划,不能等到展会结束时才开始,否则,将引起撤展现场的无序和严重混乱。

2)运输代理工作管理

为了给参展商提供最好的运输服务,办展机构有必要督促运输代理为参展商安排最佳运输线路和运输方式,坚持做到"门到门"的服务、尽量一次发运而不多次转运、尽量使用集装箱或其他安全运输方式等基本原则。

办展机构有必要让运输代理向参展商提供合理的运费及杂费的收费标准,防止运输代理收取的费用过高;要让运输代理向各参展商明确可以提供哪些现场服务及其收费标准以供有需要的参展商选择。办展机构一般不负责展出者的展品丢失、损坏等风险,因此要督促运输代理提醒参展商在安排运输时需要投保的险别。

办展机构需要注意联络、海关手续、搬运操作3个方面的管理。展会运输代理的工作很大程度上依赖于对这3个方面的有效管理。联络包括与办展机构和参展商之间的联络。要求展会运输代理必须配备懂外语的工作人员;必须在展会现场或合理的距离内设立办公设施;配备国际电话、电传和传真;必须提供详细、有效的邮政联系地址以方便客户联络和邮寄有关运输单据。在海关手续方面,对于国际参展商来说,不管是来程运输还是回程运输,都涉及海关报关的问题。展会运输代理要与海关有关人员商妥现场工作的期限和时间,包括正常工作日之外的工作时间,如周末、节假日和加班等,要有足够的时间办理海关手续。展会运输代理与办展机构共同为展会设立临时免税进口手续。根据海关的规定,对于有些题材如汽车的展会,展会运输代理可能还要担保和交纳保证金。在搬运操作方面,要熟悉展览现场,并在展位施工和撤展期间能随时使用合适的搬运设备和有经验的搬运工;要在展览现场安排仓储地,如果没有条件,要安排在尽可能近的地方;空箱应存放在离展会尽可能近的地方;卸车和装车必须按事先商定的时间进行;必须协调好所有参展商的搬运要求,并提前将相应的安排通知办展机构和参展商。

11.4.3 展会旅游外包

展会客户在展会开幕前后,有许多会希望去一些产业集中的地区或市场集中的地区实地深入了解一下有关商品信息和市场行情,或者到当地著名风景区去适度放松心情。

1)商务考察与观光休闲

商务考察就是以收集有关商品的市场信息,了解有关市场的行情为主要目的的商务活动。展会客户对展会具有贸易、展示、信息和发布四大功能的选择重点各有所不同。商务考察的主要目的是收集市场信息和了解市场行情。商务考察的主要目的地是:商品专业市场或大型的商场;商品的主要生产地或某些企业的所在地。前者主要是为了收集诸如商品销售价格、了解商品设计和流行款式、研究消费者需求等与市场有关的信息;后者主要是为了进一步了解企业实力、生产技术和生产规模等与产业有关的信息。

以观光休闲为主要目的的会展旅游主要集中在展会结束之后,主要是为了在游览风景名胜和文化古迹等旅游景点的过程中放松心身,增长见识。如果说商务考察是展会的一种补充的话,那么,观光休闲基本就是展会的一种延伸。在大型国际性展会中,有许多参展商和采购商是来自海外不同国家和地区,他们对展会所在地的市场可能有一些了解但没有亲身经历,对当地的名胜古迹和风土人情有一些耳闻但没有亲眼所见。商务考察的主要目的地是商品生产地和销售场所,观光休闲的主要目的地是风景名胜古迹所在地,因此,在筹划旅游线路时,要特别注意了解客户的需求,提升客户对会展服务的满意度。

在很多时候,客户参加会展旅游具有观光休闲和商务考察的双重目的,办展机构在安排旅游路线时需要统筹兼顾,不偏废其一。

2)展会旅游代理

办展机构在指定旅游代理时,一定要选择那些资质好、能力强的公司,以便以良好的旅游服务来加深参展商和采购商对展会的良好印象。

会展旅游不仅仅是旅游,还包括交通、住宿和餐饮等一系列问题,如展会客户往返机票的预订、展会期间和展会前后的住宿等。在指定展会旅游代理时,除了要考察各旅游公司的实力和服务水平外,还要注意考察它们的接待能力、收费标准和个性化服务等因素。

由于会展旅游的客户一般都是商务人士,他们的素质一般较高,独立意识强,个性化十足,加上会展旅游的时间一般都较短,随机性较大,所以会展旅游的安排一定要突出个性化特征。对于海外展会客户,旅游代理除了要安排好他们的旅游线路外,还要提供海关签证、交通指引、住宿选择、餐饮安排甚至语言翻译等多种服务。

11.4.4 其余服务外包

除了展会的展位搭建、展品运输、展会旅游外包之外,办展机构一般还会将安保、清洁、住宿、餐饮等外包。

办展机构需要委托专业的安保公司来为展会提供安全保障。展会安全主要内容包括消防安全、人员安全、展品安全以及公共安全等。在消防安全方面,展位搭建的材料必须是耐火材料;电力符合要求;通道保持一定的宽度,大的展位要考虑消防安全的需要。一般禁止在展会内抽烟。展会的消防安全计划以及特装展位的搭装计划还必须送交审批。在人员安全方面,办展机构对参展商在布展时或在展会开幕后有关人员的安全问题不负责任,但办展机构一般都要求参展商为其参展人员购买"第三者责任险"和"展出人员险"等以保障其人员的安全。在展品安全方面,展品在搬运时的风险要由参展商和运输代理负责解决,在布展时,参展商要负责保管好自己的展品,使之不出现损坏或丢失。在展会开幕后,办展机构将有专门的保安人员负责在展会内巡视,协助参展商保护展品安全,但如果展品被偷或者损坏,展会不承担责任。所以,为了保证展品的安全,办展机构一般也建议参展商为其展品购买"第三者保险"。在公共安全方面,办展机构负责大会的公共安全保卫工作。办展机构要聘请专门的保安人员 24 小时巡回会场,负责展会的公共安全工作,防范展会里的安全隐患。在制订展会的保安计划时,不仅要注意分清责任,制订措施,防患于未然,还要制订危机处理计划。

办展机构需要委托专业的清洁公司来为展会提供清洁服务。从时间上看,展区清洁包括布展时的垃圾清理和展会开幕后展区的清洁;从空间上看,展区清洁包括展位内的清洁和展馆通道及公共区域的清洁。一般情况是,展位搭装和布展时产生的大量垃圾由产生垃圾的参展商负责处理,如果该参展商不处理,办展机构或者承建商在清洁该垃圾后,会向他们收取一定的费用。展会开幕后,通道和公共区域的清洁工作由展会负责,展位内的清洁工作由参展商自己负责。展会有专门的工作人员在展馆内巡回处理通道和公共区域的垃圾,并在每天展览时间结束后对通道和公共区域的垃圾进行清理;参展商则需负责保持自己展位内的清洁。在展会闭幕撤展时,参展商还需要将自己展位内的搭建物和展品等及时撤离展馆。涉及办展机构相关的展区清洁,办展机构往往外包给专门的清洁公司进行;同时为了更好地服务参展商负责的展区清洁,办展机构也会指定展会清洁代理公司,方便参展商选择。

办展机构需要委托一定标准的宾馆来为展会提供住宿服务。办展机构和一些宾馆合作,使之成为协议宾馆,为展会客户提供低于市场价的协议价格。展会选择协议宾馆时,要考虑离展览场地的远近、宾馆信誉的好坏,同时要根据展会客户需求的不同,提供不同档次的宾馆,供展会客户选择。办展机构要把协议宾馆的入住价格、地址、联系人和联系办法、宾馆离展馆的距离远近、展馆与宾馆之间的交通等基本信息进行广泛传播。

办展机构需要委托专业的餐饮服务机构来做餐饮服务工作。展会现场餐饮服务的重点包括午餐和饮料提供。因为早餐和晚餐客商基本都可以通过展会指定酒店或自己解决,但午餐时绝大多数展会客户都在展馆,用餐时间集中,人员多,场地有限,需要认真对待。展会饮料提供地并不仅仅是供应咖啡、饮料的地方,更是一个休憩、洽谈和社交的地方。展会开幕期间,办展机构解决展会现场的餐饮服务问题是通过指定展会餐饮服务商,或者推荐展场周边餐饮设施等。如果空间允许,展会会指定一些品牌餐饮服务商入住展会现场为客户提供餐饮服务。

思考题

1.会展服务的对象、阶段与内容是哪些？

2.如何针对会展服务的特征提升会展服务的水平？

3.展会可能出现的服务质量缺口有哪几个？

4.展会展览期间，现场的主要工作包括哪些？

第 12 章
会展配套活动

【学习要求】

掌握会展配套活动策划的基本原则;理解专业研讨会和技术交流会的差异;理解产品发布会和产品推介会的区别;掌握评奖、比赛、表演运作管理的基本要求。

12.1 配套活动种类

会展配套活动是指为更好地实现展会的贸易洽谈、展示企业形象、获取行业发展信息和发布新产品四大功能。具体地说,举办配套活动必须能够进一步丰富和完善展会的基本功能,能活跃展会现场气氛,能吸引更多的潜在参展商和采购商,能提升展会档次、扩大展会影响,能活跃展会现场气氛。参展商和采购商是否欢迎,是否愿意买单是衡量配套活动策划成功的评价标准。配套活动策划一定要从展会客户的需求出发,服务于企业的营销推广工作。

会展配套活动紧密服务于展会的举办,推进展会贸易、展示、信息和发布四大基本功能最大限度实现。配套活动举办主题包括办展机构、参展商或其他有关单位,主要的形式有论坛、评奖、比赛、表演等。

12.1.1 论坛

论坛是展会最常见的配套活动。现代展会越来越讲究展览和论坛并重,办展机构在展览期间往往会组织各种与展览题材相关的论坛,并邀请一些著名的学者、专家、企业和政府官员参加。展会通过举办各种论坛,交流行业内的最新信息和动态,传播新技术,介绍新项目,提倡产业内发展的新理念和新思维。论坛是帮助展会加强行业信息交流、增进友谊、架设桥梁的有益纽带,对提升展会档次、增进展会质量和扩大展会的影响力有重要的促进作用。

12.1.2 评奖

评奖就是通过评比对优胜者进行奖励。展会期间众多的观众带来大量的人群聚集,展览使某个行业的有关企业齐集一堂,这给举办评奖活动带来许多有利条件,也会在行业内和社会上产生较大的影响。通过评比,对成绩优良的给予奖励,能够使行业先进者处于一个显著的地位,获得行业和社会的注意力,进而提升营销效果和传播效果,对活跃会场气氛和吸引潜在观众也有较大帮助。另外,有些专业性的评奖活动对吸引企业参加展会也有一定的帮助。

12.1.3 比赛

比赛是一种用来比较二者或多者的好坏,在多人之间进行能力和质量的排列的活动。比赛可由个人或者以团队参与,形式多样,如现场竞技、笔试考核;比赛采取优胜劣汰,所以往往具有较好的观赏性。在展会举办过程中,主办方在特定的规则之中,让参赛者在专业技术、专业技能以及智力体能等方面进行分别的或综合的较量,最终依照规则评定出胜负或者排名。目的主要是通过竞争促进行业技术技能的发展进步。

12.1.4 表演

展会期间,举办各种与展览主题或展览题材相关的表演也是一项十分常见的会展配套活动。展会期间举办的表演活动可以分为3种:一是文艺性表演活动,主要是为了活跃展会气氛和扩大展会影响才举办的。二是营销性表演活动,多是为了帮助产品营销和提升企业形象而举办,并且举办者多为参展商。三是程序性表演活动,多是依照行业惯例而按行业程序举办的。

除了上述配套活动的类型之外,招商洽谈、项目招标投标、明星及公众人物见面会以及其他一些群众性参与活动等,都可以成为会展配套活动。

配套活动的举办是为展会服务的,会展配套活动与展会之间应存在某种内在的联系,符合展会的需要。配套活动不能脱离展会而存在,更不能为举办活动而举办活动。策划举办会展配套活动必须要遵循以下基本原则:配套活动的主题与形式要符合展会的需要;能进一步丰富和完善展会的基本功能;要有助于展会吸引更多的潜在企业参展和观众参观;要有助于活跃展会现场气氛但不影响企业展出和观众参观;配套活动本身要能产生较好的效果。

12.2 论坛运作管理

专业研讨会和技术交流会是最为常见的配套活动类型。专业研讨会和技术交流会讨论的问题往往能紧扣展览题材所在行业的发展热点,论题富有一定的前瞻性和导向性,能给听众带来一些新思维、新理念和新技术。因此,它们不仅对参展商和观众有较大的吸引力,也对丰富展会的信息功能有着十分重要的作用。

专业研讨会和技术交流会相同点包括:第一,组织形式相似。专业研讨会和技术交流会都是以会议的形式出现,组织形式上有很多相同的地方,如都有主讲人,都要事先拟定会议的主题,都作为展会的附加活动而存在等。第二,筹备过程相似。专业研讨会和技术交流会的筹备过程有很多相似的地方,如专家的邀请和接待、听众的组织、会务的筹备、会议现场的管理、会场的安排和准备等,在会议筹备过程中都大同小异。第三,会议的某些功能相同。专业研讨会和技术交流会都是为了拓展和进一步丰富展会的信息功能而举办的,它们都是展会的重要组成部分,也都是展会的有益补充。它们都可以为提升展会档次作出贡献。另外,专业研讨会和技术交流会对吸引企业参展和观众参观展会都能起到一定的积极作用。专业研讨会和技术交流会的差异见表 12.1。

表 12.1　专业研讨会和技术交流会的差异

	专业研讨会	技术交流会
主题	偏重理论性的话题	偏重实用性的技术方面的问题
目标	为听众加深对行业发展现状、发展特点和发展趋势的了解	促进技术的交流和传播
主讲人	主要是科学研究机构、大专院校和专业杂志的有关专家	主要是企业技术部门以及科学研究机构、大专院校的有关技术人员
复杂程度	涉及的议题较为抽象,不需要太多的设备和演示	涉及的议题基本都和技术有关,在会议中需要较多的操作示范和技术演示

产品发布会和产品推介会的主办者可以是办展机构,也可以是参展商,还可以是行业协会。产品发布会的产品发布和信息发布功能强大,产品推介会的产品展示和贸易功能很强。这两种会议,除了能起其他配套活动对展会的各种促进作用外,对丰富展会的发布功能和展示功能的促进作用尤其显著。因此,按照展会的需要,在展会期间策划举办这两种活动,对于促进展会的成功举办有很大的帮助。

产品发布会是以发布新产品或者是有关新产品的信息为主要内容的活动,产品推介会是以向特定的对象推广某些特定的产品的活动。这两个会议的联系主要表现为会议的最终目的相同,会议的主办者相似,对展会的促进作用相似。产品发布会和产品推介会的差异见表 12.2。

表 12.2　产品发布会和产品推介会的差异

	产品发布会	产品推介会
标的	新产品	已大批量生产和销售的商品
形式	新闻发布会	用户座谈会、经销商会议
听众	新闻记者、产品设计等技术人员和企业管理人员	经销商及其最终用户
会议内容	强调产品的"新",包括技术、设计和款式	介绍产品的用途、性能和结构等实用性较强,与最终用户关系密切的一些内容和知识
展示平台	注重会议的环境布置,对展示平台的灯光、音响要求较高	以实用为主,对展示平台的设计和环境布置等的要求较低
服务要求	重在突出形象,因此,它对会议现场服务的要求相对较低	实物操作演示与示范,它的现场服务事项相对较多

12.2.1 专业研讨会策划

专业研讨会是以研讨行业发展动态为主要内容的会议,策划流程如下:

1) 收集市场信息

为了使研讨会研讨的内容有的放矢,在展会期间举办专业研讨会以前,办展机构要多方收集市场信息,对该行业做深入的研究,努力抓住行业热点问题,为下一步确定会议提供翔实的背景资料和参考依据。

2) 确定会议主题

会议要有能紧紧把握时代脉搏、能切实反映该行业某一领域发展动态的鲜明主题。会议的主题要有创意,具备前瞻性、总结性和时尚性等特征。所谓前瞻性,是指会议的主题针对行业的对发展现状和发展趋势要适度超前,行业热点问题要看得更远、更深,不能只局限于眼前情况;所谓总结性,是指会议主题要能高屋建瓴,能对行业发展有所总结,能体现行业发展的特点和趋势,不能脱离行业发展泛泛而谈;所谓时尚性,是指会议的主题要能有的放矢,紧扣行业热点和难点问题,不能远离现实。

为了更好地确定会议的主题,办展机构可以征询相关科研机构、大专院校有关专家的意见,也可以对行业中的各类企业展开调查,让他们提出一些建议,在此基础上,办展机构再综合各方面的意见,并结合展会的定位,确定会议的主题。

3) 准备会议方案

会议方案是有关会议召开的具体实施计划。要组织一个高水平的会议,会议实施计划一定要做到详尽周密、高效协作。

案例

专业研讨会策划书目录

1. 会议的名称、时间、地点和规模
2. 会议的主题和议题
3. 会议的主讲人和听众
4. 编制会议议程
5. 会议资料的准备
6. 会议的召开方式
7. 会议预算
8. 会议接待计划

4) 邀请会议主讲人员

会议的主讲人员对于会议的成功是非常重要的,因此,会议的组织者必须尽最大的努力邀请自己所期望的主讲人员到会。对于某主讲人员负责演讲的议题,会议的组织者至少应在会议开幕前的一个半月或更早通知他们以便其早作准备;要妥善安排主讲人员的吃住行,对于一些重要的主讲人员,要安排专人陪同;如果演讲者或者听众中有持不同语言者,还要注意配备翻译人员。

5)会议召开

当会议召开日期临近,组织者要妥善安排和布置会场,要安排专人落实会议召开的场地以及场地中电源、音响、投影、录音录像等相关设备,并备有后备的电源、音响等应急设备;要安排好会议现场的工作人员和技术设备维护人员,落实服务人员以及茶水的供应;保障会议现场的光电、温度和通风处于正常状态;制订会场纪律;组织专业人员对会议现场进行安全检查,疏通通道,开启安全门。

案例

某市委王书记到和平会展中心视察。该会展中心管理层高度重视,强调一定要使该次会议顺利举行,要求相关工作人员调试好音响,准备好演示设备和图片等。负责音响管理的人员反复调试了音响,确认音响系统正常;负责演示设备的人员也将设备调试到最好状态。结果会议当天,正当王书记一行到达会场要开会的时候,音响系统不响,拖延了半个多小时,还是没有弄好,只好在没有话筒的状态下开会。演示过程也因为中途穿插、细小失误等原因,时间比预计的超出了半个多小时,结果王书记一行取消了原定对会展中心的参观而匆匆离去。之后,市委办公厅对该会展中心由于该次会议准备不充分进行了严厉的批评,给会展中心造成了不可挽回的负面影响。经最后查验,音响系统出问题是因为老化所致;而中途穿插、细小失误等所花费的时间亦属于在正常时间范围。

讨论:是否有人应对该次事件负责? 有何教训?

6)会议总结

第一,会议总结要评估会议对于展览的意义和作用。第二,要对会议主题、议题以及主讲人和听众进行评估,要检讨会议的主题和议题是否适当,会议的主讲人是否合适,演讲的内容及效果是否达到原来的预期,分析听众的来源和构成。第三,要对会议的筹备和实施方案进行评估,考察会议的筹备各过程是否合理、会议的实施方案有无可以改进和调整的地方、会议的现场布置是否恰当、会议的工作人员是否称职。第四,对会议的收支情况进行评估,看看各项支出是否必要、是否可以进一步扩大收入来源等。从以上各项评估中,找出好的经验,总结出不足之处,作为改进和提高下一次会议的参考依据。

7)会议危机管理方案

会议危机管理方案包括两部分的内容:一是针对突发事件的管理方案,这与展会期间可能出现的危机事件的管理办法基本相同;二是会议备用方案,即针对一旦原会议策划方案因故不能全部或部分实施而制订的替代方案。由于会议涉及面广、影响大、牵涉的人众多,一且出现危机,影响较为严重,危机管理必不可少。

8)会议经费与会议赞助

会议所需要的各项费用,办展机构要事先做好预算。会议所需资金费用的来源有:第一,可以从展会收入中划出一部分作为会议筹备资金,做到"以展养会,以会促展";第二,可以向与会人员收取一定的会务费用;第三,可以寻求企业赞助。由于与会人员都是一些行内人士,如果会议举办出色,影响较大,很多企业愿意对会议加以赞助。企业对会议的赞助可以有很多种形式,如转让会议的冠名权,允许企业在会议的某些特定地方做广告,允许赞助企业在会议期间做简短发言介绍自己的企业,让企业赞助会议现场使用设备等。

12.2.2 技术交流会策划

技术交流会是以技术的交流和传播为主要内容的会议。与专业研讨会相比,技术交流会的策划需要注意:

1)关注最新技术发展

在收集市场信息阶段,技术交流会侧重收集展览题材所在行业的最新技术发展状况和发展趋势,了解该行业的实用技术发展状况。要多与该行业内著名的企业联系,或者是与专业的科研机构沟通,以确定技术交流会需要包括哪些技术。

2)注重务实易懂

在确定会议主题阶段,会议主题要与技术问题密切相连,要务实,尤其是会议的议题,既要反映技术方面的内涵,也要通俗易懂,能为一般人所理解。

3)现场演示要求高

由于技术交流会的演讲内容是关于技术的话题,因此很多演讲都需要伴有现场演示,这就要求会议的每一个具体议题的时间安排要留有余地,为在演示中途可能会出现一些细小的失误留出时间,在编制会议议程时不可太紧。技术交流会的数据比较复杂,准备时要小心,尽量不要出错。

4)主讲人员要求是技术人员

在邀请会议主讲人员阶段,主讲人最好要有一定的技术背景和经历,要能回答听众关于该技术议题的一些问题;如果会议需要现场翻译人员,要尽量让翻译人员事先熟悉该演讲所包含的一些技术专有名词,以保证翻译人员在现场能流利翻译。

5)场地布置要求高

在会议召开阶段,要根据技术议题的特殊要求对会议现场进行布置,要能够提供和维护会议所需要的特殊设备,要安排懂技术设备操作和维护的现场工作人员。

6) 收取一定的会议费用

技术交流会往往会向有关企业收取一定的费用来作为会议经费的主要来源。和专业研讨会一样,技术交流会一般也分节举行。所谓"节",是指办展机构对会议各演讲的时间安排,一"节"一般是两小时,也有两个半小时的。会议的主办方有时候会按演讲时间对演讲者进行收费,如每"节"收费 2 000 元。对演讲者进行收费很多是针对那些带有产品推广或者广告性质的演讲,这种现象在举办技术交流会时尤其普遍。

案例

国际会议运作的创新实践

理念先进、创意十足的会议已成为当今会议运作的主流。作为参会者阐述新思想、交流新观点的平台,成功的会议往往能以充满创意的安排,激发参会者的灵感,使参会者之间的交流达到最理想的效果。而令人耳目一新的会议创新形式能让参会者得到更加人性化的体验。

- 会议座位排法日趋体现互动性

会议的一个重要功能就是加强与会者之间的沟通交流。为了保证会议代表之间、演讲者和听众之间、参会者和新闻媒体之间的互动性达到理想的效果,国际会议在这方面做出了很大的努力。座位的排法已经突破了"剧场式""课桌式"等传统概念,"圆桌式"的座位排法使参会代表可以流动入座,并以小组的形式进行交流。在培训式讲座上,椅子的摆放采取弧形和平排并用,左右区排列交错,放置空间宽松,便于参会者自由讨论,以及演讲者走入听众区进行互动问答。在百人以上的观众区内,会议主办方事先设置了多处站式麦克风便于讲台上下交流。另外,有的国际会议在主席台上设置了两个主持讲台,由两位高层领导轮流并分别主持不同内容和板块的会议,既体现高层管理的和谐,又有利于调节会场的单调气氛。

- 变茶歇为社交活动

会议期间的茶歇,一改以往单纯的与会者享用茶点等活动安排,将"coffee break"(茶歇)改称为"Networking break"(社交时间),让与会者有充足的时间沟通交流,扩大结识面,整理获取的信息资料。很多大型国际会议还设计了多种形式的助兴活动,如当地历史文化的展示、扳手劲桌、棋盘桌、参与型纪念品制作等,看似与会议主题无甚关联,但有效地创造了更多社交机会,加强了与会者之间的感情联络。

- 高科技迅速渗透

Facebook、Twitter、Linkedin 等社交媒体已经成为国际会议不可缺少的一部分,正发挥着越来越大的作用。诸如会议推广营销、信息发布、会前交流、寻求商机、会中约见、实时议程查询、经验分享、会后联络、资料上传、内容回看等多种渠道的社交媒体已经渗透到大型国际会议的运作过程中。会议还可以在指定网站上有选择地进行直播或录播,以扩大会议的影响力,吸引更多未参会的从业者学习和获取前沿动态和观点。此外,形式多样、功能各异的会议 Apps(基于一种便携式互动信息终端)的应用正日渐普及。它可使与会者进行实时互动、获取最新会议进展、寻找目标对象等。以 Spotme 机型为例,该小型装置具有无线通信功能,备有微型键盘,以及主要应用功能键。大会将与会者的个人基本信息导入该设备中,以便其与目标对象进行联络沟通。会议结束后,参会者可通过大会专门网站下载个人收集积累的会议信息、电子名片和日记等。

需要注意的是,我们学习和借鉴国际先进的会议经验,应该深刻理解其创意的内涵,而非盲目仿效;形式和方法均需结合当时当地的情况不断创新。独特的创意是会议运作发展的源泉,优质高效的管理和服务是会议运作发展的保证。

讨论:如何运用现代科技进行会议运作创新?

12.2.3　产品发布会的策划

产品发布会的真正主办者一般是企业或者行业协会,因此,产品发布会的主要策划方案是由有关企业或者行业协会完成的。在产品发布会的策划和筹备过程中,办展机构主要是起一种穿针引线、提供展示平台和现场管理与服务的作用。对办展机构来说,策划产品发布会时的工作主要有三点:

1) 穿针引线

穿针引线就是办展机构在策划会展配套活动总方案时,将产品发布会作为一项活动列入其中。有了举办产品发布会的初步打算以后,办展机构就开始与相关企业或者行业协会进行联系和沟通,了解他们是否有举办产品发布会的需要,如果有,就进一步了解他们的意图和设想。通常来讲,由于展会所特有的功能和优势,很多企业和协会是愿意将新产品在一些较有影响的展会上首次发布。办展机构在了解了这些信息以后,就可以将这些拟在展会期间举办的产品发布会综合起来,统一安排和统一协调,制订一个现场实施方案。

2) 提供展示平台

在产品发布会中,产品的展示平台对发布会的成功举办有重大影响。办展机构要为每场发布会提供一个适合的展示平台,如果展会期间有多场发布会,就需要办展机构将所有场次的发布会统筹协调安排。例如,服装展中的流行趋势发布会,办展机构必须与企业协调,妥善安排好各发布产品的出场次序;在汽车展中,办展机构甚至专门安排一天的时间作为"媒体和 VIP 日",专供汽车厂家举行新款车型发布会时媒体采访和嘉宾参观。值得注意的是,展示平台以及平台的布置要适合产品的特点,符合产品的需要,如服装发布会的 T 形舞台等。

3) 提供现场管理与服务

产品发布会的现场管理和服务一般是由办展机构负责。办展机构首先要在提供合适的展示平台的基础上,按要求布置好发布会现场,提供必要的道具,安排好合适和足够数量的服务人员;其次,办展机构要妥善安排好各发布会的时间顺序,不要因时间安排不当而引起彼此冲突或者现场混乱;最后,如果发布会在展会现场举行,办展机构要协助发布单位控制现场人流和秩序,不能因为该发布会而影响相邻展位企业的展出。对于现场服务,办展机构主要是能按企业和协会的要求及时提供人员、道具和现场安全保护。产品发布会会邀请一些新闻媒体对会议进行现场采访报道，因此，办展机构在协助企业召开产品发布会时，还要注意为有关新闻媒体提供必要的安排和服务。

12.2.4　产品推介会策划

产品推介会的主办者一般是企业，办展机构在产品推介会中的角色与其在产品发布会中的角色有些相似，也主要是起着一种穿针引线、提供展示平台和现场管理与服务的作用。与产品发布会相比，产品推介会策划需要注意：

1) 内容侧重实用知识

产品推介会的策划重点在于采取何种方式或手段来推介产品，如何才能让听众更了解本产品，因此会议的主要内容是介绍产品的用途、性能和结构等实用性较强的、与最终用户关系密切的一些内容和知识，以求将产品尽快地推向市场；产品发布会更多的是强调该产品"新"在哪里，有哪些技术进步，或者设计和款式上如何与众不同等。

2) 展示平台要求相对较低

由于产品发布会所发布的产品一般都是新产品，发布新产品的企业对它也寄予厚望，因此，产品发布会更加注重会议的环境布置，对展示平台的要求因此也都较高，有些特殊的产品更特别在乎发布现场的灯光、音响等布置。产品推介会由于更在乎产品的最终用户是否了解该产品，因此，它对展示平台的要求基本上是以实用为主，对展示平台的设计和环境布置等的要求一般比产品发布会要低。

3) 服务要求相对较高

由于产品发布会一般是展示新产品，引起市场对新产品的注意力，它很多时候在发布一种产品"概念"，产品实物展示重在突出形象，因此，它对会议现场服务的要求相对较低。产品推介会由于有较多的实物展示，有的还有实物操作演示与示范，还有的会邀请现场观众亲自参与操作，因此，它的现场服务事项相对较多，也更需要办展机构的协助。

12.3　评奖运作管理

展会期间，办展机构会组织各种各样的评奖活动。评奖活动往往是与展览会现场表现有关，或者是产品评奖，或者是独立活动的评奖活动，比如关于展位设计和搭装以及展台布置的比赛，关于展会参展展品的比赛，关于其他展出内容的比赛等。其中，关于展会参展展品的比赛最为常见，这种比赛通常被称为"评奖"，如现在很多企业在宣传自己的产品时，往往会提到曾"获得某某博览会金奖"等。有些展会还会向社会或有关方面征集论文,并对应征论文进行评奖。有时候比赛也可以与表演结合起来进行,即通过表演来比赛。

12.3.1 评奖活动的组织程序

1) 成立评审评委会

为保证展览会评奖活动的可信度,主办单位首先要组织专门的专家评审团。有些大型展览会还同时成立评奖工作指导委员会和专家委员会,前者主要起指导、组织和服务作用,后者才是负责具体评审的主体。专家评审团负责对有关比赛的评比工作。在邀请专家组成专家评审团时,评审团的成员要有一定的代表性,并要向所有的参赛者公开,这样评出的比赛结果才更有说服力。

2) 制订发布活动方案

一般来说,展览会评奖方案包括活动目的、专家评审团、评奖范围、设立奖项、评奖程序(具体操作办法)、授予奖项等内容,并将其向所有的参展商公开,由参展商自行决定是否参与比赛。一般来讲,展会所有比赛的最后评比都是只评好不评坏,参展商因此参与比赛的积极性也比较高。因为,如果在比赛中能获奖,对参展商来说就是一个很好的宣传机会;万一不能获奖,参展商也不会有什么损失。对于比赛规则以及评奖办法,要做到公正、公开和合理,不能有所偏颇。比赛规则以及评奖办法制订出来以后,可以事先征求参展商的意见,以求更加合理和完善。有一点需要指出,评奖活动要针对参展商、专业观众和社会公众进行广泛宣传,提升评奖活动的效果。

3) 发动参会人员参与

评奖活动需要积极向参展商和专业观众宣传,发动参展商和专业观众积极参与评奖活动。评奖方案可以穿插在招展、招商函中,也可以单独作为附件放在最后,有些主办单位还将评奖活动作为展览会的亮点来宣传。

4) 评委会评选

按照预先制订的评奖办法组织实施。为了提升专业观众参与度,除了依托专家评审团外,办展机构还可以组织专业观众对参展商和产品进行评选。多元主体参与评奖活动,有利于评奖活动举办目的的实现。

5) 公布评奖结果

在比赛评奖结果揭晓时,需要举办一个公开的颁奖仪式,这样会使得比赛更加正式和有影响力。要为所有的获奖者颁发一些对获奖有纪念意义的物品,如奖杯、奖状、获奖证书等,还可以颁发一定的奖金。除此之外,还可以以其他方式给获奖者奖励,如以下一届展会一定面积的展位作为奖励,这样可以鼓励企业继续参加本展览会。

案例

××××评奖方案

一、活动背景

参考格式:为了更好地促进行业向规范化发展,贯彻国家名牌发展战略,鼓励为行业作出突出贡献的企业家,促进产业繁荣发展。由××××主办,并联合开展此次评审活动。旨在给企事业单位的品牌提升、渠道拓展、产品宣传、企业信誉等注入有力的保障。

二、活动宗旨

参考格式:提高企业及产品品牌知名度,拓展企业产品销售渠道;为参展单位的发展提供更有利的环境;对参展单位的优质产品给予肯定和表彰;改善大众的消费观念和行业企业整体服务状况;增进社会对行业的关注,促进行业的健康、规范化发展。

三、活动时间和地点

列明时间、地点。

四、组织机构及成员

组织机构及成员包括批准组织单位、指导单位、主办单位、承办单位、协办单位、媒体支持、评审团嘉宾成员、专家顾问、秘书长、副秘书长、执行主任等。

五、颁奖仪式嘉宾代表

列明嘉宾名单,往往是政府主管部门官员或行业著名人物。

六、奖项设置

列明奖项设置情况。

七、参赛条件及原则

列明参赛条件。

八、评审原则

参考格式:做到公开、公平、公正,为确保评审的代表性、科学性、权威性、公正性,届时将邀请公证部门和媒体进行现场监督。

九、产品申请报送办法

1.产品报送方法与要求

参考格式:①所有参评者必须在规定截止时间内将完备的相关申请材料提交给评委;②通过初审者,每个参评项目须向评委会交纳专家评审费,用于专家评审劳务、评选材料损耗、奖牌与奖证制作等费用,在汇款时需清楚注明参评项目,将汇款凭证传真至组委会;③所有参评者提交的参评材料必须一式三份,附注清楚联系人、电话、传真、电子邮箱、通信地址及邮编,并同时提供企业合法的营业执照、税务登记证复印件等;④所有参评者的参评材料及复印件均不退还。

2.产品报送时间及地点

①报名:参展单位向组委会申报参评的项目,备齐评选内容中所要求的材料(申请表、企

业营业执照等公司和产品文件原件或复印件)寄交组委会。列明参评项目的具体报送地点和截止时间。②初选:列明具体时间。③评选:列明确定评选最终结果的具体时间。④列明颁奖仪式和安排媒体专访时间。

十、评审费用

列明评审费用的具体金额。

十一、参评须知

①参评者只限于参加××××展会的参展企业;②所有参评者必须在规定截止时间内将完备的相关申请材料提交给奖项评委会;③所有参评单位的参评材料及复印件均不退还;④评委会保留对本次活动的最终解释权。

十二、组委会秘书处

写清楚地址、邮编、电话、邮箱、传真等。

12.3.2 评奖活动的操作技巧

1)确保权威公正

展览会的主办单位首先必须确保评奖活动的权威公正,取得参与者的信任,同时切忌利用展览会设立名目繁多的奖项。有的评奖未经有关部门审批,没有专家小组考核,评奖成了卖奖,企业出的钱多就给大奖,出的钱少就给小奖,与评奖的意义背道而驰。

2)合理控制时间

评奖活动最好提前 3~6 个月发布评奖方案以给参展商充足的时间作准备,并确定揭晓评奖结果的合适时间。一般来说,揭晓评奖结果安排在展览会结束的前一天比较好,这既会让所有参与评奖活动的参展商有所期待,从而在展览会期间表现更加积极,又不至于在最后一天要闭幕时匆匆收场。组织比赛时,要事先让比赛的所有参加者知道比赛评比结果的揭晓时间。比赛评比的揭晓时间一般会安排在展会结束的前一天,这会让比赛充满悬念,并让比赛所有的参与者都有所期待,使他们对展会准备与展出活动更加投入,而展会的整体展出效果也会更好。

3)提升展会价值

组织任何评奖活动都是为了提升展览会的价值,而不能为了评奖而评奖。对于参展商,设计精美、功能合理的展台或质量优秀、创新性强的产品的确能受到认可,并通过奖杯、奖状等一定形式表现出来;对于专业观众甚至是大众消费者,能通过组委会组织的评奖活动切实了解最新、优质的产品。

4)制造新闻事件

比赛一般都会评出获胜者和获奖者。在展会上,一些关于参展展品的获奖有时会引起行业和新闻媒体的极大关注。在展览会现场尤其是颁奖仪式上,本行业的不少领军人物、许多参展商的主要领导都会出席,众多媒体自然也会慕名而来。此时,办展机构应该抓住时机,围绕颁奖活动,适当制造新闻事件,以提升展览会在业内和公众心目中的形象。

12.4　比赛运作管理

比赛运作管理是由运作管理机构运用财力、物力、人力、信息等资源,通过计划、组织、协调和控制,向社会提供精彩的比赛及相关服务的全过程。

比赛运作管理如同其他运作管理一样,都是投入向产出的转换过程。其中投入是指比赛所拥有的资源,是比赛运作管理的约束条件,产出则是比赛运作管理所达到的目标,而价值转化过程正是比赛运作管理的核心环节,是决定能否有效配置、整合比赛资源,实现比赛资源增值,创造比赛经济效益和社会效益的过程。比赛运作管理中需要注意:

12.4.1　牢牢把握比赛的目的

比赛的目的是行业的切磋和交流,促进专业技术技能的发展,必须本着"友谊第一,比赛第二"的原则,不然就会脱离比赛的本意。主办机构在突出观赏性的同时,必须把握好火候,控制好节奏,通过比赛达到增进友谊、促进交流的目的。

12.4.2　设计好比赛流程

比赛的流程首先是比赛阶段,可以描述为:报名/海选—初赛—复赛—决赛。当然作为会展配套活动的比赛,比赛运作的周期不可能太长,所以操作上可以简单一些,不一定包含所有的流程。

比赛的具体流程包括:前期工作,参赛队伍签到,参赛队伍到场后带领到指定座位,宣布比赛开始,介绍领导嘉宾并安排代表发言,主持人宣布比赛开始并宣读比赛规则,比赛队伍进场引领,比赛中的评委评选,计分安排和分数公布规则,宣布比赛结果,评奖及评奖仪式,领奖和奖杯奖品派发,活动结束等。除此之外,还需要考虑比赛的安保和消防安全等。

比赛流程设计需要考虑各种情况,如报名参展商数量充足时和数量不足时的解决方案。应该和各个办展参与机构协调,或者采取优惠措施吸引参展商参加比赛;可以在比赛过程中插入互动游戏和表演,以增加比赛的丰富性。

12.4.3　制订好赛场规则

赛场规则是比赛顺利进行的基本法则,对比赛顺利进行至关重要。赛场规则必须明确的基本点包括:所有进入赛场人员须遵守大赛纪律,维护赛场秩序,注重仪容仪表,讲究文明礼貌,不得大声喧哗,不得嬉笑起哄,不得四处走动;所有进入赛场人员须将手机调至静音状态,赛场内不得接打电话;裁判员、工作人员、参赛选手、领队进入指定比赛区域,观摩人员在指定观众席观看;竞赛裁判和工作人员要提前入场做好赛前准备工作,参赛选手要准时入场,过时作自动弃权处理;与评判工作无关人员不准进入比赛评判场地,不准干扰选手比赛和裁判员工作,不准以任何方式给参赛选手暗示或提示;各参展商要做好其所在企业参赛选手和观众的组织管理工作,发现违规违纪行为要追究当事人或参展商的责任或取消比赛资格。为确保比赛公平公正,可以设立仲裁委员会。

比赛的运作管理上和评奖有一些相像,甚至有时候是相融的,但比赛的运作管理要比评奖要求高一些,比赛往往涉及一个行业技能技术规则,需要根据比赛确定的技术规则的给分点进行打分;而且涉及众多参赛选手,现场比赛的管理需要一定的技术设备支撑,需要为此配备熟悉设备的专业人员;评委们也需要在现场进行打分且需要确保公正公平,工作量和压力都比较大。当然,作为配套活动的比赛,可以不断简化,便于操作。但是所有的比赛都必须充分考虑好安全问题,把安全作为第一原则进行把控。

12.5　表演运作管理

展会期间举办的各种表演活动可以是参展商牵头举办的,也可以是办展机构牵头举办的。一般来说,如果场地等条件允许,那些由办展机构牵头举办的表演活动通常与展会在同一个地方举行,因为这样更有利于将表演活动和展会联为一体,借表演活动的影响扩大展会的影响,借表演活动来扩展展会的潜在观众。对于那些由参展商牵头举办的表演活动,其举办场地可以按企业的需要自由安排,但从实际操作来看,多数参展商都倾向于把表演活动安排在展会现场。还有些表演活动是办展机构和参展商联合举办的,有些行业协会和政府主管部门也会利用展会的影响和便利的条件,与办展机构合作,在展会期间举办一些表演活动。

表演活动既可以调动现场气氛、丰富展出内容,也有助于参展商优化展出效果。越来越多的参展商倾向于选择用演出(包括演示)来宣传自身的产品和服务。要成功地组织展览会的表演活动,主办单位必须考虑:

12.5.1　提前策划

主办单位要清楚自己正在策划的是什么性质的表演。是与展览会主题相关的还是纯粹的娱乐性表演,是开幕式表演还是欢迎晚宴表演(或答谢晚宴表演),是为整个展览会服务的还是由某家参展商出资委托的表演……在明白了这些问题后,项目人员才能对整个展览会的所有表演活动(参展商自身的演示除外)进行策划和宏观把握。

12.5.2　选择场地

为表演活动预先选择合适的场地。如果是为整个展览会服务的表演,譬如开幕式上的乐队或舞狮表演,则应该选择在展览会的公共场所举行;如果由某家参展商出资委托的表演,则应安排在该参展商的展台上或附近举行。总之,除了闭幕式上的活动外,各类与展览主题相关的表演安排在展出现场比较合适。当然,具体选择在什么地方表演,要根据实际情况而定。

12.5.3　现场协调

对展览会现场的各种表演活动进行有效协调是很重要的。首先,主办单位应该对由组委会自身组织的表演进行统筹安排,并做好现场调度与服务,确保表演活动顺利、安全举行;其次,参展商与参展商之间有时候也会因为对方的表演(或演示)活动影响了自己的展出效果而发生纠纷,这时就需要主办单位出面进行协调。

12.5.4　安全防卫

无论是为整个展览会服务的表演,还是参展商自己组织的表演或演示,现场表演活动往往会吸引大量专业观众驻足观看,因此,主办单位要事先和场馆协商,提前制订危机处理方案并安排适当人力,努力做好安全保卫工作。

现在,参展商越来越有兴趣通过表演来增加展台人气,吸引观众参观。对于参展商在展会现场举办的表演活动,办展机构一般都要求他们事先向展会通报审查,并由展会综合各企业的活动计划时间安排,对各企业计划举办的表演活动从时间上加以统筹安排,以免他们在举办时间上彼此冲突而影响到其他展品的展出效果。

思考题

1.如何运用现代科技进行会议运作创新?

2.策划举办会展配套活动要遵循的基本原则有哪些?

3.专业研讨会和技术交流会的差异表现在哪些方面?

4.产品发布会和产品推介会的区别主要表现在哪些方面?

5.简述评奖、比赛、表演运作管理的基本要求。

第13章
会展客户关系

【学习要求】

掌握会展客户关系的概念;理解客户关系生命周期;理解影响关系盈利性的主要因素;掌握促进潜在客户向现实客户转化的要点;掌握增加客户价值的方法。

13.1 会展客户关系界定

信息技术的飞速发展使会展客户关系管理体系日益成熟。这些技术使办展单位可以从大量繁杂的客户信息中找出有用的信息,分析客户的需求和偏好,预测客户的需求和行为,创造更好的客户管理和服务流程。借助数据库、互联网、计算机联机数据分析处理、数据挖掘和聚类分组算法等的会展客户关系管理系统,办展机构可以将基本的客户数据转变为有用的客户信息,并进一步将这些信息转换为实用的客户知识,进而把潜在的客户变成忠实的客户,把老客户变成终身客户,展会因此而长盛不衰。

13.1.1 会展客户关系的定义

客户关系(Customer Relationship)是指企业为达到其经营目标,主动与客户建立起的某种联系。良好的客户关系不仅仅可以为交易提供方便,节约交易成本,也可以为企业深入理解客户的需求和交流双方信息提供机会。客户关系管理,英文为 Customer Relationship Management,缩写为 CRM。

会展客户关系管理(会展 CRM)就是要在全面了解客户的基础上,通过办展机构内部的资源整合和对客户提供创新服务,与客户建立互利、互信和合作双赢的关系来促进展会长期稳定发展。它是指办展机构通过收集客户信息,在分析客户需求和行为偏好的基础上积累和共享客户知识,并有针对性地对不同客户提供个性化的展会专业服务,以此来培养客户对展会的忠诚度和实现展会与客户的合作共赢共荣。办展机构实施会展客户关系管理的目的,是实现展会与客户之间的合作共赢共荣。

办展机构销售的产品是服务,高质量的服务必须以客户为中心,个性化地满足客户的需求。因此,从办展机构企业整体的战略高度上看,会展客户关系管理是一种现代展会经营管理战略。这种战略强调"以客户为中心",将客户视为和企业的设备、资金一样的企业重要资产。

会展客户关系管理是一种"以客户为中心"的展会营销战略。通过对客户的有效识别,发展与特定客户之间的良性、长期和有利可图的关系;同时,由于不同的客户具有不同的价值,办展机构的个性化营销策略的重点是那些对展会价值最大的客户,必须用差别化的措施最大限度地满足他们的个性化需求。

从技术层次上看,会展客户关系管理意味着一套基于数据库、互联网、计算机联机数据分析处理、数据挖掘和聚类分组算法等信息技术而形成的 CRM 应用软件系统。会展 CRM 应用软件系统要有一个强大的客户数据库;有较强的数据聚类分组分析功能;有较强的数据挖掘功能;符合一般展会的办展业务和服务流程,能促进该流程的合理化和规范化。

13.1.2　客户关系管理的作用

办展机构实施会展客户关系管理能够提高销售和服务功能;降低获取客户的成本;增加客户价值,提高客户满意度。

1)提高销售和服务功能

会展客户关系管理是一种以客户为中心的营销策略,它在信息技术的支持下,通过分析不同客户的不同需求来提供个性化的应对措施,制订有针对性的营销计划,对不同客户提供符合其需求的个性化服务,这极大地提高了展会展位销售能力,提高了展会的服务质量和服务水平。

2)降低获取客户的成本

研究表明,开发一个新客户的成本比挽留一个老客户的成本平均要高出 5 倍。会展客户关系管理通过有针对性的个性化服务,能够很好地挽留老客户,赢返流失的客户,从而降低展会获取客户的成本;在开发新客户时,会展客户关系管理可以通过客户聚类分组技术,识别有价值的客户,减少新客户开发的盲目性,节省不必要的开支。

3)增加客户价值,提高客户满意度

参展商和观众参加展会的主要利益,在于通过参加展会来实现自己的参展(参观)目标。展会通过分析不同客户的特殊需求,采取积极的应对措施,最大限度地满足客户的各种需求,努力帮助他们实现其参展(参观)目标,客户的价值因此而增加,他们对展会的满意度也因此而提高,客户与展会的长期合作关系因此也变得更加牢固。

13.2 客户关系的盈利性

13.2.1 客户关系生命周期

1) 客户关系生命周期的阶段

①关系培育阶段。针对客户需求采取有效的营销手段吸引他们对展会的注意,使目标客户逐步对展会产生一种认知。在这一阶段里,展会的宣传推广等营销手段和口碑传播至关重要。

②关系确认阶段。客户通过对参加该展会所期望获得的价值和准备付出的成本的评估,决定是参加该展会还是参加其他同类展会。客户一旦参加了该展会,则客户与展会之间的关系就得到初步确认。

③关系信任阶段。客户刚开始参加某一个展会,很多时候可能是出于一种尝试,即他对展会还并不是特别信任,他必须通过自己的亲身经历来增强自己对展会的判断:该展会是否值得参加? 如果参加几次展会以后,客户已经完全信任该展会能实现自己参加展会的目标,那么他就会成为展会的忠实客户,展会与客户之间的信任关系就得以建立。

④关系弱化阶段。客户的需求和参加展会的目标是随着时间的变化而不同的,除非展会能不断创新以满足客户的需求,否则,客户在参加展会几次之后必然会发现展会已经对自己没有吸引力,参加展会的所得很小而成本却很大,这时,他们对展会就会由信任而变为不信任。一旦客户对展会产生不信任,客户与展会的关系就将开始弱化。

⑤关系消失阶段。一旦客户与展会的关系开始弱化,如果展会不及时采取补救措施,那么该关系就会继续弱化。当这种弱化的客户关系达到某一个客户不能容忍的临界点时,客户就将不再参加展会,这时,客户就会流失,展会与客户的关系就将基本结束。如果经过展会的客户挽留措施,客户还是难以挽回,那么,展会就将失去该客户,展会与客户的关系就将消失。(表 13.1)

可以说,客户关系生命周期是指展会与客户的关系所能维持的时间。对于新客户,客户对展会一般都会有一个从不信任到信任、从不熟悉到熟悉的过程;对于老客户,他们对展会也会有一个从信任到不信任、从熟悉到陌生的过程。客户从对展会的不信任到信任,从信任到不信任的过程,就是客户关系生命周期的变化过程。延长客户关系生命周期是会展客户关系管理的重要任务之一。

客户关系生命周期的 5 个阶段可以用于分析展会与客户的关系发展的一般过程,揭示展会与客户的关系由弱到强又由强到弱的一般变化规律。当然,并不是所有的客户关系都要经历上述 5 个阶段。

表 13.1　客户关系生命周期的策略与目标

阶　段	策　略	目　标
关系培育阶段	展会的宣传推广等营销方面	提升潜在目标客户对展会的认知
关系确认阶段	提高展会的效果	满足客户需求,增加客户价值
关系信任阶段	跟踪客户的需求变化,采取措施满足客户变化的需求	保持信任,延长信任时间
关系弱化阶段	采取措施消除客户不满的因素	重新赢得客户的信任
关系消失阶段	继续进行客户挽留或流失后联系,针对性改进展会服务	尽量消除客户流失给展会带来的不利影响,通过创新继续保持展会的吸引力和竞争力

2) 认识客户关系生命周期的价值

认识客户关系生命周期具有重要价值:第一,延长客户关系生命周期,最重要的是要延长客户关系的关系确认阶段和关系信任阶段,尤其是要延长关系信任阶段。只有这样,展会才能不断地将现有客户变成展会的忠实客户,将忠实的客户变成展会的终生客户。

第二,要延长客户关系的关系确认阶段和关系信任阶段,最重要的是要努力提高客户对展会的满意度,增加客户的价值。只有这样,客户才能在参加一次或几次展会后在最短的时间内对展会产生信任,否则,客户将对是否参加该展会始终处于摇摆状态,会展客户关系管理的难度将加大,展会也难以赢得客户的持续支持。

第三,在客户关系的不同发展阶段,展会客户工作的重点应有所不同:在关系培育阶段,展会客户工作的重点应放在展会的宣传推广等营销方面,这样才能更好地让客户认知展会;在关系的确认阶段,展会客户工作的重点应是提高展会的效果,这样才能满足客户的参展需求,增加客户的价值;在关系的信任阶段,展会客户工作的重点应是跟踪客户的需求变化,采取措施满足客户变化的需求,这样才能继续保持客户对展会的信任;在关系的弱化阶段,展会客户工作的重点应是找出客户对展会产生不满意的原因,并采取措施消除这些使客户产生不满的因素,重新赢得客户的信任;在关系的消失阶段,展会客户工作的重点应是尽量消除客户流失给展会带来的不利影响,并通过创新继续保持展会的吸引力和竞争力。

第四,处于不同发展阶段的展会要注意特别关注客户关系发展的不同阶段。对于新开发的展会,由于绝大多数客户都是新客户,客户基本还没有对展会产生信任,这时,关系的培育阶段、关系的确认阶段就尤其重要,因为只有培育更多的新客户,让更多的客户参加展会,新开发的展会才能发展。对于已经成熟的展会,就需要特别关注客户关系的弱化阶段,因为尽量减少客户流失对于成熟的展会来说至关重要。对于处于培育期的展会,就尤其需要关注客户关系的信任阶段,因为只有不断地取得客户的信任,将现有客户变成忠实客户展会才能稳定。

展会必须通过客户关系管理,让尽可能多的客户满意并帮助客户增加价值,以此来延长客户关系的生命周期,达到实现展会与客户之间的合作共赢共荣、保持展会长盛不衰这一目的。

13.2.2 客户满意

客户满意是客户参加展会后对展会的综合满意的程度。办展机构必须把满足客户的现实需求和潜在需求作为展会发展的重要组成部分,并在展会服务的各个环节中尽可能地满足客户的需求;同时,展会还要及时跟踪研究客户对展会满意度的变化,并据此改进展会服务、研究展会定位、调整办展业务流程,以稳定老客户,赢得新客户。(表 13.2)

表 13.2 客户满意的层次

满意	纵向层次	物质满意	客户对展会的功能、品质、定位和效用等感到满意,这是客户对展会满意的核心层
		精神满意	客户对展会的服务、展会展场环境、工作人员的态度、服务的有形展示和服务的过程等感到满意,是客户对展会满意的外延层
		社会满意	客户对在参展(参观)过程中所体验到的展会对社会利益的维护感到满意
	横向层次	对展会办展理念的满意	展会的办展理念给客户带来的满足程度,包括展会的定位、价值观、经营理念和经营哲学等
		对展会营销的满意	展会的运行状态给客户带来的满意程度,包括展会的参展规则、行为规范、宣传推广、业务流程和布展、撤展规定等
		对展会的外在视觉形象的满意	展会的有形展示给客户的满意程度,包括展会的标志、标准色、标准字、展场环境和办展机构的外在形象等
		对展会实物的满意	展会包装、档次、价格等的满意程度
		对展会服务的满意	展会服务的专业性、规范性、灵活性、及时性以及便利性等

客户满意度是客户在参加展会前对参加展会的期望与其参加展会后对展会的实际感受的吻合程度来决定的。基本公式为:

$$客户满意度 = 参加展会的期望所得 - 参加展会的实际所得$$

"参加展会的期望所得"是客户在参加展会前,根据种种信息而对展会产生的期望,或者说是客户认为自己参加展会能够实现的利益;"参加展会的实际所得"是客户参加展会后的真实所得,即他们参加展会而得到的实际利益。如果前者大于后者,客户就不满意;如果前者与后者基本吻合,客户就基本满意;如果前者小于后者,客户不仅会感到满意,而且还会产生意外的惊喜。办展机构对客户满意度的追求目标不是客户基本满意,而应该是"客户惊喜",即努力使客户在展会的实际所得大于客户参加展会的期望所得。

客户满意度与客户期望紧密相关。办展机构对展会的宣传推广是客户形成对展会的期望的重要信息源,尤其是在客户对展会的了解还不多的时候,这些信息能极大地影响客户对展会期望的形成。例如,如果办展机构言过其实地宣传自己的展会,结果必然会导致客户对展会产生过高的期望,等到客户参加展会,必然发现自己上当,由此也必然对展会产生不满;如果办展机构实事求是地宣传自己的展会,客户对展会产生的期望必然与参加展会的实际所得相接近,客户就会对展会基本满意;如果办展机构在宣传自己的展会时有意识地留有余地,客户参加展会后,必然发现自己的所得超出当初参展的期望,他们肯定会喜出望外。有鉴于此,办展机构可以有意识地调整自己的宣传推广策略,引导客户对展会期望的形成。当然,办展机构对展会的宣传切不能言过其实,并且只宣传自己能办到的事情,一旦对外宣传,到时就务必兑现承诺。(表 13.3)

表 13.3 影响客户满意度的因素

因　　素	说　　明
展会效果	展会的效果是客户参加展会的基本理由
展会服务和系统支持	在展会同质化倾向日益严重的环境下,需要通过展会创新服务和系统支持来与其他展会区别开来,增加客户满意度
现场环境	展会现场环境布置、展位装修等对客户满意度的影响
承诺兑现	承诺与期望直接关联,期望的实现是满意的前提和基础
客户互动	会展业是一个高度频繁接触的服务行业,展会工作人员与客户的互动过程和结果对客户的满意度会产生较大的影响
情感因素	人是兼具理性和感性的动物,建立良好的客户情感能够提升满意度

展会必须深刻理解客户对展会的期望以及客户参加展会的不同需求,理解客户对展会满意的不同层次。通常,鉴于以往的参展经历和在别的展会的参展经验,客户在参加一个展会时,往往会事先认为应该理所当然地获得某些收益、享受到某些服务;参加展会以后,即使这些收益和服务得到满足,客户通常只是基本满意,他们并不会感到特别满意。同样,大多数办展机构并不能让客户特别满意,因为他们的工作往往按部就班。如果每件事情都按部就班,那么展会为客户所做的是不够的。只有超出客户的期望,让他们惊喜,才能在激烈的市场竞争中高人一等。所以,展会必须为客户提供与众不同的个性化服务。

13.2.3 客户总价值与客户总成本

为了让客户最大限度地对展会满意,办展机构必须充分注意增加客户的总价值。同时,办展机构还必须努力减少客户参加展会的总成本。客户考虑是否参加一个展会的过程其实就是客户对这些价值和成本进行比较参考的过程。

1) 客户总价值

客户总价值是客户从参加展会及享受其服务中所获得的全部收益,包括展会价值、服务价值、人员价值、形象价值和个人价值 5 个方面。

①展会价值。即展会的功能、特点、品质、品牌等展会自身的效果。展会本身的价值是客户价值的第一构成要素,办展机构必须努力按客户的需求健全展会的各项功能,提高展会的效果,这样展会对客户才有核心吸引力。

②服务价值。客户参加展会的过程也是客户享受展会服务的过程,客户评价展会服务的标准只有一个:满意。客户对展会服务的评价不仅包括展会展览现场的服务,还包括展会的展前和展后服务。办展机构的展会服务一定要比展会本身更加为客户着想,投其所好,在提供规范化的展会服务的同时尽量为不同的客户提供不同的个性化服务。

③人员价值。展会工作人员和服务人员的语言、行为、服饰、服务态度、专业知识、服务技能等极大地影响到客户在特定时期的情绪和心情。因此,展会工作人员和服务人员的价值就是让客户满意,让客户时时刻刻感受到被关怀,时时刻刻感受到被尊重。

④形象价值。品牌可以帮助其整理、加工、储存和解决展会的识别信息,简化参展决策。良好的展会形象可以降低客户的参展风险,增强其参展的信心,可以使客户获得超出参加展会所获得的收益之外的社会收益和心理收益。

⑤个人价值。客户参加展会,除了完成本职工作之外,往往在增加个人知识和阅历、广泛开拓社会关系网络等方面受益匪浅。因此,展会不仅要努力搞好自身的建设,还要时刻关注从展会、服务、人员、形象和个人价值等方面增加客户的价值。

2) 客户总成本

客户总成本是客户为参加展会而支出的所有耗费,包括货币成本、时间成本、精力成本和心理成本 4 个方面。

①货币成本。客户参加展会的所有货币支出,包括展位租赁费、展品运输费、展位装修费、人员费和相关宣传费等。货币成本是客户在决定是否参加展会时首先需要考虑的成本。

②时间成本。和行业规律一样,客户对自己的时间往往也有安排,有些时间很重要,有些时间相对不很重要。客户在参加一个展会之前,往往会考虑展会是否符合自己的时间安排,自己花费在展会上的时间是否值得等。

③精力成本。客户参加展会时在精神和体力等方面的支出。参加一个展会往往会涉及很多相关问题,如交通、住宿、吃饭、安全等,客户为了解决这些问题往往要花费大量的时间和精力。

④心理成本。客户参加展会是要付出一定的心理成本的,如参加展会前对展会效果的担心,对参加展会的花费、社会和安全等感知风险的担忧,对展会噪声和拥挤的忍受等。心理成本是无形的,由于接收到的有关展会的信息的不同,不同的客户参加展会的心理成本是不一样的。办展机构减少客户参展成本并不仅仅是减少他们参展的货币支出,还必须减少他们的时间成本、精力成本和心理成本。

客户价值和客户成本是一种相对的指标,不同的客户对展会的收益期望是不一样的。客户价值和客户成本有些可以精确计算,如贸易成交额和货币支出等;有些只能为客户所感知但不能精确计算,如展会的服务价值和客户心理成本等。所以,展会及时与客户沟通,多与客户交流,及时采取措施解决问题,对增加客户价值和减少客户成本将有很大的帮助。

13.2.4　关系盈利性

1)关系盈利性的定义

关系盈利性是指在客户关系生命周期里客户能给展会带来收益的可能性,并不是所有的客户都能给展会带来盈利。客户关系到底能不能盈利取决于客户关系给展会带来的价值和展会发展该关系所付出的成本之间的差额。基本公式为:

客户关系的盈利性 = 客户关系给展会带来的价值 - 展会发展客户关系所付出的成本

①客户关系给展会带来的价值。a.经济价值。即客户能直接带给展会的经济效益,主要表现为其经济盈利性。经济盈利性是所有商业性展会在考虑客户关系时首先考虑的因素,因为如果客户不能给展会带来利润,展会将失去根本。b.示范价值。即某一特定客户参加展会后给行业带来的示范效应。在每一个行业里都有一些大的知名企业,这些企业的一举一动深受行业同行关注,如果这些企业参加展会,可以带动一大批企业跟进;如果这些企业不参加展会,将极大地影响其他企业参加展会的积极性。c.推荐价值。即某一特定企业参加展会后向行业同行进行的口碑传播作用。有些客户在参加展会后会充当推荐人的作用,积极向同行推荐该展会;有些客户则相反,他们会积极劝告同行不要参加该展会。d.能力价值。即展会通过维持与该客户的关系而从他们那里学到和吸收自身缺乏的知识的价值。例如,有些客户经常参加世界各地的展会,他们会将别的展会好的做法告诉本展会,帮助本展会改进办展思路和方式;有些客户对行业了解很深,他们能给展会提供很多改进的好的建议;等等。

可见,不同的客户给展会带来的价值是不同的,即使是同一客户,给展会带来的价值也不是唯一的。展会发展客户关系不能只着眼于经济价值,还要兼顾示范价值、推荐价值和能力价值,这在展会的大客户管理方面表现尤其突出。展会的大参展商一般参展面积大但价格低,展会从他们那里在经济上基本无利可图,可是,这些大参展商往往具有极大的行业号召力,他们的示范价值很大。还有一些客户,如行业专业杂志和行业协会,展会在他们身上基本也无利可图,但他们的推荐价值和能力价值很大。

②展会发展客户关系所付出的成本。a.关系的初始投入成本。即展会与客户建立起最初关系所耗费的成本,它主要花费在客户关系的培育阶段。b.关系的维持成本。即客户关系建立后,展会为持续维护和培育该关系所花费的成本,它主要花费在关系的确认阶段、信任阶段和弱化阶段。c.关系的结束成本。展会与客户的关系结束时,展会并不就对客户置之不理,而是要对客户施加积极的影响以免客户给展会散布负面的影响,展会为此而花费的成本是关系的结束成本,它主要发生在客户关系的消失阶段。

2)影响关系盈利性的主要因素

从长期看,只有能给展会带来盈利的客户关系才是值得延长的客户关系。客户关系的

盈利性反映的是该关系主体能给展会创造利润的能力,显然,凡是影响关系创造利润的因素都将影响关系的盈利性。(表 13.4)

表 13.4 影响关系盈利性的因素

因　　素	说　　明
客户参加展会频次	客户在其生命周期内参加展会的次数,对参展商而言是参展的次数,对观众来说是参观的次数
客户消费能力	参展商每次参展面积的大小
客户消费份额	客户参加本展会在其所有参加展会计划中份额的大小
协议价格	展会与客户就客户参加展会所达成的价格
办展成本	展会的办展成本也极大地影响到客户关系的盈利性
关系策略	展会的客户关系策略直接影响到关系成本的大小
客户忠诚度	高忠诚度的客户对价格的敏感性较低并能多次参加展会,这直接影响到关系的盈利性

13.3　会展客户关系策略

13.3.1　开发新客户

1) 开发新客户基本步骤

①在目标市场中寻找潜在客户。会展客户关系管理的新客户开发方法是:通过市场细分选定特定的目标市场以后,经过特定的渠道收集目标客户资料,然后将这些资料输入客户数据库,通过聚类分组将客户按展会的需求分成不同群体,再通过数据挖掘技术,从大量的数据中发现有用的信息,寻找展会的潜在客户。

②与潜在客户沟通。与潜在客户进行卓有成效的沟通是将潜在客户转化为现实客户的第一步。他们是否最后认知我们的展会并变为我们的新客户,还需要我们与潜在客户进行有效的沟通。

③将潜在客户转化为现实客户。展会还要通过各种营销手段将展会的有关信息传递给潜在客户,以便促进他们向展会现实客户的转化。展会必须站在客户的角度考虑问题。一方面,展会可以借助 CRM 软件系统仔细分析客户的需求和欲望,跟踪客户的动态,了解客户的参展(参观)阻力;另一方面,展会可以根据已经掌握的客户信息制订有针对性的营销和客户沟通策略,促进潜在客户对展会的认知和接受,使他们成为展会的现实客户。

2) 寻找展会的潜在客户

①确定目标市场。经过市场细分确定目标参展商范围;根据展会展览题材产品用户特征,经过市场细分确定目标观众的范围。

②收集客户信息,编制客户数据库。确定目标客户范围以后,可以通过行业企业名录、商会和行业协会、政府主管部门、专业报刊、同类展会、外国驻华机构、专业网站、电话黄页、朋友熟人和社会行业知名人士去收集展会目标客户的具体信息。

③通过聚类分组和数据挖掘技术找到潜在客户。我们可以借助 CRM 软件系统的帮助,先通过将客户进行聚类分组来分析、统计和归类客户的行业属性、产品特性和需求特点,然后通过数据挖掘技术来筛选出符合展会定位需求的潜在客户,并将他们作为展会开发新客户的来源。

3) 与潜在客户沟通

①确定与谁沟通。沟通的第一步是要首先弄清楚我们将与哪类客户打交道,也就是说,要按照展会定位的需要,将经过上述筛选的客户进行再分类:他们哪些是潜在的参展商? 哪些是潜在的观众? 潜在参展商主要生产什么产品? 潜在观众主要采购什么产品? 这些潜在的参展商和观众都分布在什么地方,各有什么特点?

②确定预期沟通目标。要有计划一步一步地实现我们的沟通目标。五个阶段的反应过程:知晓、认识、接受、确信、参展(参观)。只要我们每次接触都能达到上述五个目标中的一个,这个潜在客户就有可能最终变成我们的新客户。

③设计好沟通信息。沟通要达到预期的目标,我们就必须根据展会的优势和特点,结合客户的需求来精心设计沟通的信息。对于那些理性诉求倾向较强的客户,我们的信息设计就应从客户的利益出发,着重描述展会的优势、特点以及能给客户带来什么样的利益;对于那些情感诉求倾向较强的客户,我们的信息设计就应努力激发起客户的某种特定情感;对于那些道德诉求倾向较强的客户,我们的信息设计就应利用客户的道德感来强化他们参加本展会的理由,如此等等。

④选择好沟通的渠道。要根据潜在客户接收信息的渠道偏好来选择合适的沟通渠道,可以多渠道同步与客户沟通,并且,对于一些重点客户,面对面的沟通是非常必要的。要特别注意沟通的连续性和一致性,沟通的信息在实体上和心理上要彼此关联。从信息的实体上看,通过不同渠道沟通的信息要遵从展会定位的统一要求,要采用同一口径和展会 LOGO;从心理上看,不同渠道向客户传递的信息不仅要有同一口径和展会 LOGO,还要有统一的客户利益主张和展会定位诉求,只有这样,才更有利于与潜在客户沟通。

4) 促进潜在客户向现实客户转化

①重视客户的需求。必须从客户的需求出发,强调展会的特点和品质与客户需求之间的一致性;在与客户沟通时,要对潜在客户的参展(参观)需求、客户的个性品位、客户对展会的评价标准等进行充分了解,根据这些信息制订营销和沟通策略。

②完整地传播展会信息。展会可以通过精心策划展会的营销,以及多渠道和多途径的营销来完整地向潜在客户传播展会的信息,使潜在客户对展会有一个全面而完整的认识,从而促进他们参展(参观)。

③尽量降低客户的成本付出。客户参展(参观)展会的成本绝对不仅仅是货币支出,它还包括客户为此而付出的时间成本、精力成本和心理成本。

④重视与客户的每次接触。展会与客户的接触通道包括人员接触和媒体接触两种,对于不同的客户,展会可以选择不同的接触通道。对于某些客户,如果以媒体接触为主,展会首先就要了解客户的媒体接触习惯和类型;对于某些客户,如果以人员接触为主,展会要选择合适的接触地点、时间和方式,强化接触的主题。不管以哪种通道与潜在客户接触,展会都要解决两个重要问题:一是最能影响潜在客户信息传递的关键通道是什么? 二是最能影响潜在客户参展(参观)决策的关键通道是什么?

⑤了解客户的参展(参观)阻力。在潜在客户准备参展(参观)的决策过程中往往会遇到各种阻力,这些阻力可能来自经济方面,也可能来自社会、时间、心理和竞争者的影响等其他方面,它们影响着潜在客户的参展(参观)决策。展会要及时了解潜在客户所面临的参展(参观)阻力,做好客户意见的收集和整理分析工作,并及时采取措施,对展会的营销和客户沟通策略进行有针对性的调整,尽量消除潜在客户的参展(参观)阻力,促使他们参展(参观)。

⑥尽量提供参展(参观)便利。由于多数潜在客户没有参加本展会的经历,他们对如何参加本展会,如何办理各种参展(参观)手续,如何解决参展(参观)期间的食、住、行等问题基本不了解。展会要站在潜在客户的角度考虑如何解决这些问题,如何将解决这些问题的信息传递到潜在客户手中,让他们以最便捷的方式来参展(参观)。

13.3.2 留住老客户

忠实的老客户是企业最为有价值的资产。开发一个新客户比留住一个老客户的成本要高出许多倍,而一个老客户为企业所带来的利润比一个新客户要高出许多。因此,留住老客户比开发新客户更重要。

1)客户容忍的范围

客户参展(参观)的潜在收益期望:展会与它的老客户之间的很多互动和交往经常是发生在一定的范围里,时间一长,双方对这些互动和交往中的许多做法就习以为常,它们也就成为彼此今后交往和互动的惯例。展会服务和收益在这个范围内,客户就基本接受该展会;展会服务和收益低于这个范围,客户就不能接受该展会;展会服务高于这个范围,客户就会从展会获得意外的收益和惊喜。这里的范围就是客户"容忍的范围"。从本质上讲,"客户容忍的范围"代表着客户参加展会过程中所隐含的一系列期望。这些期望的产生,与客户认为展会必要的服务和收益以及客户参加展会所获得的意外服务和收益有关,这两者之间存在的区域就是客户容忍的范围。

客户对展会不满意,往往是因为他们参展(参观)所实际享受到的服务和获得的收益低于某一个特定的合理界限,即他们潜在的收益期望,这是他们所不能容忍的;相反,客户对展会基本满意,是因为他们参展(参观)所实际享受到的服务和获得的收益基本符合他们潜在的收益期望,这是他们可以容忍的。

认识"客户容忍的范围"对留住客户的意义在于:第一,它有利于展会提高服务水平,争取更多客户对展会满意。第二,它有利于展会消除客户的不满意。认识"客户容忍的范围"以后,展会可以采取措施,尽量使展会服务和客户收益不低于客户容忍的范围,尽量减少使客户产生不满意的可能性。第三,它促使展会努力去了解不同客户参加展会所隐含的不同期望,使展会服务更具有针对性并更能满足客户的需求。第四,它有利于培育客户的忠诚度,有利于展会与客户建立长期稳固的关系。一旦客户对展会具有很高的忠诚度,客户往往会觉得自己与展会的关系不仅仅是一种商业关系,进而对展会产生一种亲近感,而这种亲近感正是培育长期客户关系所最需要的。

2)识别正在弱化的客户关系

展会与很多客户的关系是处于不断变化之中。一旦展会与客户之间的联系或沟通出现意外,这些脆弱的关系就可能弱化。正在弱化的客户关系是客户从展会流失的前兆。展会必须定期评估一下自己与特定客户之间的关系是否健康,定期为展会的客户关系把脉。通常,当一个客户关系开始弱化或者出现裂痕时,它往往会显现某些信号。展会的客户管理人员要善于识别这些信号。

客户关系弱化的显著信号是:客户参展面积减少;客户投诉增多;客户对展会不满增加;客户与展会的接触减少;客户觉得自己受到了不公正的待遇。一旦我们发现某个客户与展会的关系正在弱化,我们在采取挽救措施之前,还必须慎重地分析该关系的价值,判断展会是需要通过努力挽救这种关系,还是让该关系继续衰退直至消失为好? 分析该关系的价值,我们就要弄清楚这些问题:挽救并修复该客户关系对展会有多重要? 如果成功挽救该关系能给展会带来什么回报? 要挽救该关系并得到该回报,展会需要付出什么? 什么样的策略才可以挽救并加强该关系?

弄清这些问题所需要的信息,一部分可以取自 CRM 数据库,另一部分需要展会工作人员的亲自调查。通过分析,负责会展客户关系管理的部门要明白,哪些客户关系需要改善和补救,哪些关系需要维持,哪些关系有待加强,展会需要将客户关系管理的重点投放在哪里。面对正在弱化的关系,只要展会留住一个老客户的边际成本低于获取同样条件的一个新客户的边际成本,展会就应该采取有效措施对其进行挽救;否则,展会就可以决定终止该关系。要终止该关系,除了要确认终止该关系对展会基本无伤害外,还应该确保终止该关系不会影响和威胁到展会与其他有价值的客户的关系,也不会影响到展会的口碑。

3)赢返流失的客户

一般地,即使展会暂时有客户流失,展会一般都不会立即放弃该客户,而是还会继续跟踪该客户并希望通过努力赢返他们。对于流失的客户,展会要赢返他们,既有优势又有困难。优势在于展会已经拥有该客户的大量信息,可以很方便地分析出该客户的特征和偏好;困难在于展会要重新树立该客户对展会的信心。(表 13.5)

表 13.5　展会流失客户的类型

类　型	说　明
展会有意摒弃的客户	因不具备潜在价值或不符合展会参展(参观)要求而被展会主动摒弃的客户
需求无法满足的客户	展会试图挽留,但因展会本身功能无法满足客户的参展(参观)需求而流失的客户
被竞争对手吸引的客户	不是因为竞争对手的价格更低,而是因为他们展会对该客户而言价值更大,客户因此而流失
低价格寻求型客户	因认为本展会的价格太高,或者转向更低价格的同类展会而流失的客户
条件丧失型流失的客户	因客户本身的某些条件发生变化,如产品市场方向的改变、产品转产、突发事件影响、营销策略的调整、关系生命周期的影响等原因而流失的客户
服务流失型客户	因不满意展会服务而流失的客户

　　并不是所有的流失客户都值得赢返。展会希望赢返的客户主要是需求无法满足的客户、被竞争对手吸引走了的客户和服务流失型客户三种。如果展会认为他们值得赢返,就要注意倾听他们的意见,处理好他们的投诉,并针对各客户的特点制订客户接触计划,促进流失客户的赢返。在与流失客户的沟通中,要特别注意对他们流失原因的回应,要消除他们对以前促使他们流失的原因仍继续存在的担忧,增强他们对展会的信心。赢返流失客户的策略包括:一是健全展会功能,改善展会服务。展会独特的功能和良好的展会服务对客户最具有吸引力,这也是展会的核心竞争力,展会健全展会功能和改善展会服务能赢返大批流失的客户。二是寻求与客户建立某种社会连接。展会将客户参加展会赋予一种社会责任,让客户与展会之间建立起一种超乎商业关系以外的更为亲近的关系,客户会将参加展会视为自己的一种必然。三是寻求与客户建立某种结构连接。例如,与客户建立一种合作伙伴关系,或者提高客户退出展会的转换成本,将客户的发展和展会的兴旺紧紧捆在一起,客户就不会轻易流失。

案例

降价赢返策略的运用

　　出于竞争的需要,某展会办展机构开了一个内部会议,就是否采取降低价格的办法来赢返被竞争对手吸引过去的客户。以下是内部会议记录:

　　A 认为:降价赢返策略能够赢得企业的重新参展,打击竞争对手,提升市场占有率,并给展会带来经济效益。这些都是展会提升行业影响力和高质量举办的基础。

　　B 认为:降价赢返策略虽然有缺点,但是始终被市场强者采用,如果没有足够的企业参展,展会也就无法持续举办。

　　C 认为:降价是最容易被竞争对手复制的策略。用降价来赢返流失的客户尽管也是一种可以在短期内起作用的方法,但它不是一种长期有效的方法。如果我们不做任何事情来区分展会的核心优势和服务,那么客户就只有错误地选择价格作为唯一的区分标准了。

D 认为:降价赢返策略没有充分考虑到那些始终支持展会的忠诚客户,而不忠诚的行为似乎通过降价而得到了奖赏,这会极大地挫伤忠诚客户的积极性。如果一旦降价行动带有某种可预见性,那么,一些客户就可能持久地等待展会的这种行为,这将给招展带来很大的危害。

讨论:办展机构应如何运用降价赢返策略?

展会也可以采用降低价格的办法赢返流失的客户。虽然降价策略常常会被办展机构采用,但是采用这种办法,展会需要特别考虑和平衡忠诚客户的感受和利益,同时把精力放在展会的核心优势和服务的提升上。

4) 增加客户价值

增加客户价值的方法最基本的是两个方面,一方面是积极提高客户感知的价值收益,另一方面是千方百计降低客户感知的成本支出。展会是否最终为客户创造了更多的价值并不是由展会说了算,客户才是最终的评判者,只有客户才能判定展会所采取的各种措施是否为客户增加了价值。要为客户创造更多的价值,展会首先必须要了解客户的需求和愿望,然后有的放矢,对症下药,这样才能真正地给客户增加更多的价值,才有利于留住老客户。

①提高客户感知的价值收益。a.提高展会本身的价值。即健全展会的功能,提高展会的品质,完善展会品牌形象,突出展会的优势和特色,提高客户的参展(参观)效果。展会本身的价值是客户价值的第一构成要素,是客户参加展会的核心价值所在。b.改善展会的服务。展会服务包括展会展览现场的服务、展前和展后服务。展会服务一定要比展会本身更加为客户着想,如对参展商最好的服务就是为其邀请到大批高质量的观众;对观众最好的服务就是邀请到大批高质量的企业参展。c.提高人员价值。加大对展会工作人员和服务人员的培训,使他们在语言、行为、服饰、服务态度、专业知识、服务技能等方面得到提高,让客户满意。d.提高展会形象的价值。良好的展会形象可以降低客户的参展(参观)风险,增强其参加展会的信心,使客户获得超出参加展会所获得的收益以外的社会收益和心理收益。e.增加个人价值。通过展会相关活动等手段,增加客户个人知识和社会阅历,为他们广泛开拓社会关系网络提供平台。

②降低客户感知的成本支出。a.减少客户参加展会的货币成本。展会的展位租赁费一般难以变动,但我们可以帮助客户降低其展品运输费、展位装修费、人员费和相关宣传费用。b.减少客户参加展会的时间成本。安排好展会的开幕时间、展览时间,对重要客户参加展会的时间安排提出合理的建议,尽量帮助客户合理安排自己花费在展会上的时间。c.节省客户参加展会的精力成本。尽量为客户着想,帮助和指导客户安排好交通、住宿、吃饭、安全等问题,节省客户为了解决这些问题而花费的时间和精力。d.降低客户参加展会的心理成本。通过营销和人员沟通等手段降低客户对参加展会各种可能风险的担忧,通过良好的现场布置来降低展会噪声和拥挤对客户的影响,使客户参加展会时心情舒畅。

13.3.3 与客户合作双赢

与客户建立合作伙伴关系,形成展会与客户共荣双赢的局面,是会展客户关系管理的终极追求,也是展会长期稳定健康发展的客观需要。通过会展客户关系管理,经营好客户这一核心资产,必将为展会的持续快速发展开辟出一条通向成功的捷径。

1) 与客户结成合作伙伴

很多展会在做客户管理工作时,一般总不外乎这样 4 种手段:保持、关系、推荐和修复。所谓保持,就是通过各种措施来满足和超过客户的需求来留住他们;所谓关系,就是通过与客户交流,相互理解,彼此守信和互相信任,争取客户对展会的长期支持;所谓推荐,就是通过使客户满意来带动客户对展会的良好口碑传播;所谓修复,就是挽救那些处于弱化中的客户关系和赢返流失的客户。

成功的会展客户关系管理是通过各种客户工作,使客户自愿与展会结成合作伙伴关系,最终实现展会与客户的合作双赢。一旦展会与客户形成了一种合作伙伴关系,这个客户就将成为展会最为忠实的客户。

要与客户建立合作伙伴关系,展会必须向客户提出一个为其所喜爱的富有吸引力的客户价值主张,这个主张可能是展会的定位、品质和功能,也可能是展会在客户营销策略组合中所处的位置。但不管是什么,这一主张一定要为客户所接受和喜爱。展会主张要为客户所接受和喜爱,与展会的责任感和客户对展会的信任感有很大的关系。一方面,展会要富有责任感,自己承诺的东西就一定要实现;另一方面,客户对展会的信任是建立在客户价值持续实现的基础上的。所以,建立合作伙伴关系,首先离不开责任感和信任。影响展会与客户建立合作伙伴关系的其他因素还有:第一,轻松感和互动频率,即客户参加展会的感觉和客户与展会之间彼此互动的频繁程度;第二,接近程度,即展会和客户之间的亲和力、熟悉程度和亲近的感觉;第三,相似程度,即展会和客户之间拥有相同或相似的价值观、态度和目标;第四,相互关系,即展会与客户相互联系在一起的感觉和对展会的共同愿望;第五,相互依赖感,即展会和客户为了达到彼此的目标而对另一方的依赖。

2) 实现合作双赢

不论客户的大小,每一个客户都不能被忽视;每一个客户都有一种能力和影响力,它既可以给我们带来一定数量的业务,也可以导致我们丧失一些业务,每一个客户都代表着某种水平的参展(参观)能力和利润率。客户的真实感觉才是最重要的。如果每一个客户都有被重视的感觉,他们与展会的关系自然会更进一层,客户与展会之间的合作自然会更好。

展会与客户建立合作伙伴关系的目标是实现合作共荣双赢,展会为客户所做的一切都是向这个方向努力。当客户的参展(参观)目标得以很好实现,客户得到很好的服务时,客户自然也会给展会以丰厚的回报:持续地参展(参观);给展会组织改进以好的建议;发挥自己的影响在行业里传播展会的口碑;向有关企业和行业人士推荐本展会等。

展会只有在自身利益与客户利益之间找到平衡点,提高展会的品质,健全展会的功能,充分为客户着想,满足客户的需求,才能最终实现展会与客户的精诚合作,实现展会与客户的共荣和双赢。

思考题

1.办展机构应如何运用降价赢返策略?

2.如何理解客户关系管理是基于应用软件系统的管理?

3.客户关系生命周期包括哪几个阶段?

4.影响关系盈利性的主要因素包括哪些?

5.哪些是会展客户关系弱化的显著信号?

第 14 章
会展宏观管理

【学习要求】

理解会展行业管理的定义、主体、目标和手段；掌握国际展览的性质和职责；理解会展职业道德的内涵；了解违背会展职业道德的具体行为。

14.1 会展行业管理

14.1.1 会展行业管理的定义

会展行业管理是政府会展主管部门及各类会展行业组织通过对会展业的总体规划和总量控制，制定出促进会展事业发展的方针、政策和标准，并以此为手段，对各种类型的会展企业进行宏观的、间接的管理。

会展业赖以生存的体制基础是市场经济体制，会展业管理体制和管理的方式方法必须符合市场经济的普遍原则，遵循会展业的发展规律，并适合中国国情。在市场经济条件下，会展行业管理是一种公共行政行为，管理的主体主要有两个：一个是政府及其职能部门，是政府公共行政的执行者；一个是行业协会，是非政府的公共服务的实施者和提供者。

14.1.2 会展行业管理的目标和内容

会展行业管理的目标就是通过会展的行业管理所期望达到的目的，概而言之，主要包括3个方面：一是实现发展会展业以达到社会、经济、就业等收益的政府目标；二是使会展业的发展处于政府可控制、可调整的范围内，使会展业与其他行业、会展业内部的各要素之间保持良好的秩序和合理的比例关系；三是维护处于弱势地位的会展者的权益。不同国家在不同的时期对会展行业管理目标的侧重点有所不同。

政府及其职能部门、行业协会这两个不同层面的管理内容各不相同，两者有明晰的分工，各自不能缺位，相互间也不越位、错位。会展行业管理需要以政府及其职能部门为主体构建会展宏观调节体系。就会展行业而言，宏观调节的内容十分丰富，大量工作需要开展，包括:制定相关的法律法规,将会展业纳入法制轨道;制定行业发展政策;根据会展行业发展所需的环境和配套设施要求,对交通、通信、旅游、商检、货物通关等项业务和所涉部门进行协调,使会展业与这些部门和行业在互动中共同促进、协调发展;对会展经营秩序和会展市场进行有效监管。会展行业管理需要以会展行业协会为主体建立功能完善的、统一的行业协调服务体系。由会展业协会开展的行业协调管理工作主要有:制定会展业的行业规范,对办展单位的资质进行评定,实行行业自律;对办展计划和办展项目进行协调;对展览会的统计数据进行公正审核,推动本行业诚信建设,为国家统计部门、宏观管理部门和经济研究部门提供真实的数据统计等。

14.1.3　会展行业管理的模式与手段

1) 会展行业管理模式

(1) 建立权威会展行业协会

几乎所有发达国家都设有单一的国家级的会展行业协会,如德国、法国、意大利、西班牙、日本、新加坡等国。虽然这些展览管理机构的名称有所差异,但都有一些共同的特点,即唯一性、全国性、权威性和服务性。他们的主要职能有 4 个方面:制定全国性的会展管理法律法规和相关政策,设立、使用会展发展基金,组织展览代表政府出席国际会展界的各种活动,规划、投资和管理会展基础设施。围绕这些主要职能,政府管理机构制定了一整套扶持、服务、规范、协调和发展计划,保护名牌展,增强市场的透明度,使用会展基金大力扶植出国展览,建设大型会展中心,调控会展市场等。

我国目前还没有全国统一的会展行业管理机构,在当前会展业发展迅猛,同时政府和会展公司都难以高效地完成协调、促进会展业规范、健康发展的职能的时刻,组织一个由政府授予会展业管理权力的全国范围的会展业协会,已是十分必要。

(2) 建立信誉评级制度

建立一套有效的信誉评级制度将会大大提升会展业整体的服务水平和会展公司、会展项目的知名度。随着会展活动的日益频繁与竞争的日趋激烈,我国急需通过会展行业协会建立信誉评级制度,对公司举办展会的宣传与实际情况进行全面的考察评估,对其信誉进行打分评级,促进会展业的良性竞争与发展。目前,《专业性展览会等级的划分及评定标准》已由中商科学技术信息研究所正式出版发行。作为我国第一个专业展览会行业的推荐性标准,它的正式出版发行意味着会展界终于可以用专业行规来规范发展了。《专业性展览会等级的划分及评定标准》的出台及其配套机制的完善,将对展览会行业建设、技术进步、管理进步起到积极的推动作用,对促进我国展览市场优胜劣汰机制的建立,引导国内展览会不断提高专业化、国际化的水平必将起到积极的促进作用。

(3) 开展会展统计数据审计

会展统计数据审计可以规范行业发展。由会展业协会等业界权威机构建立和实行会展统计数据审计,并向社会公布。参展商和观众可以依据权威部门公布的会展数据,选择适合自己的会展项目参展或者参观,不同会展间则依靠会展的质量和服务水平展开公平竞争,从而有效遏制了重复办展现象的发生。我国会展业需要借鉴国外的成功经验和做法,实行会展统计数据审计,不是依据行政命令和行政审批的方式进行,而是以其公正透明权威性来吸引会展组织者自愿参加。会展统计数据经过业界权威部门组织的审计机构的审计并由其向社会公布,逐渐成为会展品牌和信誉的象征。公平有序的会展竞争秩序逐步建立和完善,是市场经济的会展行业管理的成功做法。

(4)联合举办品牌展会

目前,国内会展业存在重复办展、多而滥、经济效益不佳等情况。通过会展行业协会整合会展资源,联合主办相关的会展活动,精心培育会展品牌也成为会展行业协会的重要工作之一。展会的大型化、专业化发展是不可阻挡的发展趋势,会展行业管理组织应该更多地为会展公司提供交流的机会,协调好联合办展公司之间的风险承担和利益分配等敏感问题,尽可能地减少展会撞车带来的恶性竞争,通过集合各公司优势,提升展会的规模和档次。

2)会展行业管理的手段

按照市场经济发展的要求,政府对会展业主要通过法律的、经济的、公共财政的方式来进行宏观调节,而会展行业协会则主要是采用协调、自律、服务和市场的手段。所以,会展行业管理是面向全行业的宏观的、间接的管理,因而体现在管理方式,主要为指导与监督、协调与规范、审批与认定等几个方面。

(1)指导与监督

指导是通过协商渐进的方式指明发展的总趋势和基本方向,意味着管理上的开诚布公。指导这一种管理方式广泛地应用和存在于我国的会展行业管理活动中,并在行业管理上体现了经济民主的政策导向。指导作用的发挥,在很大程度上取决于决策行为和政策形成的质量。指导性决策的形成一般通过吸收多方面的意见,兼顾到各方面的利益,作出初步决策,再通过不断加深认识,不断宣传说服,作出修订,使政策较易为多方接受和采纳。这种非发号施令式的管理方式不仅行之有效,也有助于企业追求利益最大化目标的实现。

监督是实行行业管理和进行宏观调控的重要手段。对会展行业实行全面的、严格的监督,有利于会展产业有计划地协调发展,有利于提高会展企业的经济效益。通过监督,不仅可以保证会展行业的各企业、各部门贯彻执行党的方针政策,遵守国家法令法规,保证会展活动健康、有序地发展,还可以维护会展举办地的良好经贸声誉,维护公平竞争的市场经济秩序,促进会展企业不断改进经营管理,提高管理水平。当前,监督的重点之一是制止、严厉查处会展知识产权的侵权和假冒行为。

(2)协调与规范

所谓协调,就是通过协商而调整,争取达到认识的一致、政策的认同、操作的支持和实施的有效。会展业的协调活动是多层次和多部门的,核心则是部门协调。由于各个部门的侧重点和既定目标不尽相同,因此部门协调经常表现为利益上的妥协和力争。这种协调作为多方面、多部门的复合式协调,往往需要协调人从推动和发展会展业的战略目标出发,作出符合大局利益的决策。

规范工作的出发点是促进会展业的健康发展,落脚点是市场秩序,其的重点则是调整企业间、行政管理部门与企业间、市场主体与消费主体(即企业与消费者)间的关系。我国的各项法律法规并不健全,尤其是会展方面的法律和法规。虽然,我们已经加快了会展立法的进程,但是由于法律制定程序的复杂性决定了一些重要的会展法律法规难以在短期内出台,因此,规范工作仍然是会展行业管理的一件十分重要的内容,政策规范手段仍然十分重要。而运用法律、政策以及技术标准等手段进行会展市场的规范则是大势所趋。

(3)审批与认定

审批是最能体现政府行为特性的手段。目前我国对会展业实行的是分类管理和分级管理。外经贸部、中国贸促会等机构有权审批各自负责范围内的展览,各省市也有了当地展览会的审批权。为进一步规范在中国境内举办会展活动,我国对举办涉外经济技术、文化艺术交流展览会的境内主办单位资格进行较为严格的审核和认定。按照我国行政审批管理体制改革和《中华人民共和国行政许可法》的精神和要求,行政审批在会展行业管理中使用的范围应该受到严格的限制,尽量减少直至彻底取消行政审批环节。但是目前我国由于相关配套制度、机制和法规跟不上,缺乏对展会的事后监督,有些地方取消审批制以后,会展业出现重复办展、多头办展、恶性竞争加剧的混乱状况。所以,审批与认定作为会展行业管理的有效方式还将在一定时期和范围内存在。

2014 年 9 月,国务院决定"取消商业性和群众性体育赛事审批"。这一决定是在加快体育产业发展和政府简政放权的背景下作出的。得益于这一利好,相信中国的商业性和群众性体育赛事将会呈现爆炸式增长,在市场主导之下,体育产业有可能会成为中国经济的一个新亮点。而随着政府简政放权和群众路线实践教育活动的深化,对于市场化运作的会展项目的政府审批项目将会进一步减少。

14.2　会展政策法规

14.2.1　我国会展业法律法规架构

会展业法律架构是指由调整会展业领域市场进出和市场行为的众多法律、法规和规定等法律文件以及与之相关的监管机构组织原则、监管权限和监管程序等制度组成的系统。它主要包括 4 个层面:

1)地方行政机关制定的规章

会展业作为一个新兴产业在各省市迅速崛起,为了制约会展业的无序竞争,约束会展各方的利益,进一步促进会展业的发展,各地的省市权力机关纷纷出台了一系列的规章制度。如江苏省出台了《关于对本省举办的大型会展实施知识产权监督管理的意见》,加大知识产权方面的审核,对冒充专利产品、伪造他人注册商标等行为进行打击。大连市委市政府出台了《大连市展览会管理暂行办法》,对大连市的展览进行协调和规划。规定各类展览会的承办单位要办展,须提前向市展览管理办公室报批,没有获准的单位不得举办展览,从而一定程度上避免了重复办展、无序竞争等现象的出现。

2) 国家行政机关制定的法规

当前,国家行政机关制定的法规在规范会展活动中发挥着重要的作用。针对会展业发展中存在的亟待解决的问题,国家行政机关有针对性地颁布了一些行政法规,如《商品展销会管理办法》《对外经济贸易部关于举办来华经济技术展览会审批规定》《关于加强对各类商品展销会管理的通知》《中国商业联合会会展活动管理暂行办法》和《出国举办经济贸易展览会审批管理办法》《中华人民共和国海关对进口展览品监管办法》等,对申办各种展会的管理作了一些规定。

3) 全国人民代表大会制定的法律

我国目前还没有由全国人民代表大会制定的专门对会展业进行规范的法律。因而,会展中发生的纠纷都要借助于《中华人民共和国合同法》《中华人民共和国知识产权法》《中华人民共和国消费者权益保护法》等调解裁决。如《中华人民共和国知识产权法》中对知识产权所有人的保护,同样适用于会展业中对参展商知识产权的审查。但是,《中华人民共和国知识产权法》也出现了解决会展活动中出现的新情况、新问题的空白点,也亟待完善。随着会展业的发展,我国已经需要制定一部专门的会展法,使我国会展业在规范、健康的轨道上快速发展。

4) 国际展览协会章程及国际条约

我国加入的国际展览协会,其章程也是我国会展行业管理中的重要文件。我国积极参与了许多国际展览协会。1993年,中国国际贸易促进委员会以国家名义加入《国际展览会公约》,成为巴黎国际展览局(BIE)的正式成员。中国又于1994年加入国际园艺生产者协会(AIPH)。1995年,中国国际展览中心率先加入国际展览管理协会(IAEM)。到1999年,已有中国贸促会展览部和上海、北京、深圳分会等十几家单位成为该会会员。此外上海的一些展览组织也参加了总部在美国的贸易展览展商协会(TSEA)及亚太地区展览会及会议联合会(APECE)等国际展览组织。另外,国际条约中也有一些涉及了会展业管理。如我国加入了世界海关组织制定的《展览会和交易会公约》《货物暂准进口公约》及其附约B1《关于在展览会、交易会、会议及类似活动中供陈列或使用的货物的附约》,以及我国加入世贸组织签署的《服务贸易总协定》。

　　迄今为止,我国已经制定并颁布了一些与会展业有关的法律法规,这些法规在调整会展业结构规范、会展业市场、解决会展纠纷、保护各方的权利和义务等方面起到了一定的作用。但是,我国的有关法律法规基本上集中在国务院制定和颁布的行政法律及国务院所属的部、局等国家行政规章以及地方性法规文件这两个层次上,它们多以办法、通知的形式出现,从法律的效力角度讲不是特别高。

14.2.2　我国会展业法规的主要内容

　　我国已经颁布的《商品展销会管理办法》《技术交易会管理暂行办法》《中华人民共和国海关对进口展览品监管办法》等一系列会展业法规条例,从不同的角度对会展业进行了监管。它们的主要内容可概括为:

1) 审批管理

　　我国对会展的审批管理是按主办单位的隶属关系进行分渠道、分级审批的。如《技术交易会管理暂行办法》中规定举办全国综合性的技术交易会,应经举办地所在省、自治区、直辖市科委同意后,提前半年向国家科技部提出申请。举办省、自治区、直辖市范围的技术交易会或两个省、自治区、直辖市联合举办的技术交易会,由举办单位向交易会举办地的省、自治区、直辖市科委提出申请。从发展趋势来说,政府对市场化运作的会展活动的审批会越来越放权和简化,该类展会随着市场经济的发展而发展空间巨大;对政府主导的会展活动的审批则会越来越严格,这类展会的举办将呈现严格规范、实效简朴的办展风格。

　　由于中国的经济发展特点,中国的政府主导型会展活动还是比较多的。随着党中央的群众路线实践教育、反对"四风"的深入,各级政府本着"从严控制、坚决压减、严格规范"出台了各类通知对会展活动进行规范和管理,严格控制以市政府名义主办的各类活动,规范审批程序,严格各类活动经费预算管理。

　　政府出台的法律法规和通知中,还涉及对政府领导出席会展活动进行管理的,如江苏省委办公厅、省政府办公厅 2014 年 1 月印发《关于进一步精简会议文件简报和规范领导同志出席节庆论坛展会活动的补充规定》,明确今后原则上不再批准各级党政机关新举办各类节庆、论坛、展会活动。确因工作需要举办的,必须严格按照有关规定,先报批后筹办。同时规定,省委、省人大、省政府、省政协举办节庆、论坛、展会活动,应根据"谁分管、谁出席"的原则,原则上安排分管省领导出席,其他省领导一般不出席;各地各部门举办的,一般不邀请省领导包括老同志出席,因特殊情况确需邀请的,应报省委办公厅、省政府办公厅统筹办理,不得直接向省领导包括老同志本人发函、致信邀请。并特别强调,未经省委、省政府批准,不得邀请中央领导出席活动;确需邀请中央领导出席的,应事先报省委、省政府同意后,由省委办公厅统一办理请示事项。

　　各级政府对政府主导型会展活动的规范,将会使这些会展活动更加趋于实效,同时政府也会进一步回归本位,把精力放在会展主体培育、会展市场环境优化等本职之中,所以,长远来看是有利于中国会展业发展的。

2) 办展资格管理

我国会展法规要求,办展单位应具有独立法人资格和工商部门批准登记的办展资格,能够履行和承担相应的会展活动民事责任,有较好的信誉,实力较强,经营状况良好,能够保证会展前期投入资金,具有一定的抗风险能力;有组织招商招展能力,有固定办公场所和专门从事办展的部门或机构,有专业的展览策划、设计、组织、管理人员和完善的办展规章制度等。如《商品展销会管理办法》规定:"各级工商行政管理机关对商品展销会进行登记和监督管理,举办商品展销会,应当经工商行政管理机关核发《商品展销会登记证》后方可进行。未经登记不得举办商品展销会……"《关于加强对各类商品展销会管理的通知》中规定:"要坚持以社会效益为主,合理收取办展费用,严禁高额收费和乱评比。举办各类商品展销会,必须经过商品流通主管部门批准,非商品流通主管部门和社会团体组织无权审批商品展销会。凡冠'中国''全国'字样的全国性商品展销会要报国内贸易审核批准,属于省市地方性的商品展销会必须报经省级商品流通主管部门审核批准。各类商品展销会,经审核批准后,主办单位方可向当地工商行政管理等部门办理其他有关办展手续。"

2003年,《国务院关于取消第二批行政审批项目和改变一批行政审批项目管理方式的决定》(国发〔2003〕5号)中确定,"境内举办对外经济技术展览会主办资格审批权"取消。展览主办资格审批取消后,我国各级政府仍对展览项目进行审批,以便对展览进行规划协调和安全监管,提高办展效益。

3) 法律责任界定

首先,会展组织者负有对参展商的法律责任的规定。会展组织者除要提供必备的服务设施外,还应该对参展商负有其他的义务和责任。如《关于对外经济贸易展览会期间加强商标管理工作的通知》中规定:展览会期间发生的商标侵权行为,主办单位应及时协助商标所有人予以制止,并将商标侵权行为、商标纠纷发生及处理情况通知有关组团单位;对于不能认真履行或推卸商标管理责任,玩忽职守的主办单位或组团单位,参展企业可随时向对外经贸部反映。

其次,会展组织者负有保护消费者权益的责任的规定。如《关于加强技术交易会管理的通知》第十五条规定:参展经营者的经营行为损害消费者合法权益的,消费者可以依照《消费者权益保护法》第三十八条的规定,向参展经营者或者举办单位要求赔偿。举办单位为两个以上的,消费者可以向具体承担商品展销会组织活动的举办单位要求赔偿,其他举办单位承担连带责任。又如《关于加强技术交易会管理的通知》规定:利用技术交易会从事非法活动的,除给予行政处罚外,情节严重构成犯罪的,移交司法机关,依法追究刑事责任。对擅自更改交易会名称、规格和内容的或利用举办技术交易会非法牟取暴利或敷衍塞责、弄虚作假,造成不良社会影响的,审批单位责令主办单位或承办单位进行检查。视情节轻重,可给予通报批评、取消举办技术交易会资格、没收非法所得等处分。对利用技术交易会欺诈行骗、中饱私囊的违法行为,应追究当事人的法律责任。

4) 运作管理

为杜绝文山会海,厉行节约,推进干部深入群众,政府对涉及财政资金和政府主导举办的会展项目,已经采取了规模和频次控制的办法。如财政部、国家机关事务管理局、中共中央直属机关事务管理局制定的《中央和国家机关会议费管理办法》(下称(《办法》)于 2014年 1 月起施行。根据《办法》,中央和国家机关会议分为 4 类。一类会议是以党中央和国务院名义召开的,要求省、自治区、直辖市、计划单列市或中央部门负责同志参加的会议。二类会议是由党中央和国务院各部委、各直属机构召开的。三类会议是由党中央和国务院各部委、各直属机构,最高人民法院,最高人民检察院,各人民团体及其所属内设机构召开的。四类会议是除上述一、二、三类会议以外的其他业务性会议,包括小型研讨会、座谈会、评审会等。《办法》规定,各单位应当严格控制会议规模。其中,一类会议参会人员按照批准文件,根据会议性质和主要内容确定,严格限定会议代表和工作人员数量。二类会议参会人员不得超过 300 人,其中,工作人员控制在会议代表人数的 15% 以内;不请省、自治区、直辖市和中央部门主要负责同志、分管负责同志出席。三类会议参会人员不得超过 150 人,其中,工作人员控制在会议代表人数的 10% 以内。四类会议参会人员视内容而定,一般不得超过 50人。但值得指出的是,政府管理和控制的是政府主导型会展活动而非纯市场化的会展活动。随着进一步简政放权,政府将对市场化的办展活动越来越采取支持和鼓励的姿态,以推进文化交流、经济转型和新型城镇化建设。

各级政府也对会展运作中的安全管理高度重视,各自出台了相关法规。《浙江省人民政府办公厅关于加强各类展会和节庆活动安全管理工作的通知》(浙政办发〔2004〕33 号)规定:一、严格审批,加强管理。要控制或减少以政府名义直接主办、承办的各类展会和节庆活动,特别是要严格控制以省政府名义举办的各类展会活动。省政府一般不作为各地各部门举行各类展会和节庆活动的主办单位,确有需要的,省政府可作为支持单位,或经省政府常务会议审定作为主办单位。在审批过程中,主办单位或承办单位必须提供有关展会和节庆活动的安全工作方案和应急预案。同时,对展会活动内容进行严格把关,与展会无关的大型群体性活动,不得作为活动内容予以安排,否则不予审批。二、落实责任,强化监督。各地、各部门在展会和节庆活动中,要严格制订安全管理措施,落实安全管理责任制,做好处置各种突发事件的应急准备,消除事故隐患,严防安全事故的发生,做到万无一失。各地、各部门要求以省政府名义主办的各类展会活动,承办单位必须切实承担起责任,制订切实有效的安全管理方案,并明确安全管理的领导责任人,否则不予审批活动方案。省政府有关部门要强化对安全管理的督查工作,保证各类展会活动的安全和健康有序地进行。三、严格执行事故责任追究制度。各地、各部门在举办各类展会和节庆活动中,发生重特大事故的,要严格按照《中华人民共和国行政监察法》《国务院关于特大安全事故行政责任追究的规定》等法律、法规的规定,对有关职能部门的直接责任人和直接主管人员及负有领导责任的责任人予以政纪处分;情节严重的,依法追究刑事责任。

14.3 会展行业组织

14.3.1 国际会展行业管理组织

1)国际展览局

国际展览局是政府性质的国际展览机构,负责协调管理世界博览会。1928年世界上31个国家的政府代表在法国巴黎签署了《国际展览公约》,以促进世界博览会的健康发展。1931年成立了国际展览局,为《国际展览公约》的执行机构,其秘书处设在巴黎。国际展览局通过实施《国际展览公约》维持世界博览会的正常秩序。国际展览局的最高权力机构是代表大会,每年召开两次。大会主席由代表大会选举产生,任期两年,可连任。国际展览局是政府性质的机构,申请加入公约和展览局必须由申请国的外交机构正式提出,展览局的事务必须经由外交途径办理,成员国的代表必须由成员国政府任命。一个成员国可以有2~3名代表,但是在表决时只有一票资格。1993年中国国际贸易促进委员会以国家名义加入《国际展览会公约》,成为巴黎国际展览局(BIE)的正式成员。

2)国际展览者协会

国际展览者协会下设专业委员会,分别负责工业协调、出版、培训等事务。该协会组织专业培训,合格者获"认可的展览经理"称号。该协会与美国德雷克斯大学合作提供展览营销强化课程,这个课程是专为展览人员设置的。该协会每年为出色的展览营销工作和成就评奖,奖励名称为"展览焦点奖"。该协会还出版期刊和书籍,包括"年度成员目录和产品/服务导购",这是全面详细介绍展览产品和服务的期刊,对展览经理很有用处。

3)贸易博览会国家参展组织者协会

贸易博览会国家参展组织者协会成立于1955年,协会每年开会一次。会议选举主席和秘书长,日常事务由秘书长处理。协会是一个规模不大的机构,办公地点通常由在任秘书长来定,成员主要是受国家或者商业机构委托组织集体展出(包括组织单独展览会、参加国际博览会和展览会等)的展览公司、团体、部门。协会的目的是加强成员之间的信息交流和技术合作,不断提高集体展出的水平,并经常与政府、新闻界、其他机构和展览会接触。

4) 国际展览服务联合会

国际展览服务联合会总部设在比利时首都布鲁塞尔,代表展览施工者的利益。协会主要成员在欧洲,因此,该协会致力于在欧洲范围内统一展览标准、展览电器标准、展台标准等,并力求与欧洲共同体的标准一致。

5) 国际展览运输协会

国际展览运输协会于 1985 年由来自 5 个国家的 7 个公司发起成立,1996 年增加到 36 个国家和地区的 73 个成员。总部设在瑞士,代表展览运输者的利益。协会设标准和职业道德委员会、海关委员会、组织者委员会、新闻委员会和会员委员会。该协会是在会展业不断发展、展会越来越专业的形势下成立的。协会的目的是使展览运输业专业化,提高展览运输的效率,更好地为展览组织者和展出者服务。此外,为展览运输业提供一个交流信息的论坛,向海关及其他部门施加影响。

6) 国际场馆经理协会

国际场馆经理协会是历史比较长的场馆协会,一些展览场馆和设施经理加入该协会。但是,由于这里所指的场馆主要是体育馆,与展览场馆有所不同,因此,也有不少展览场馆和设施经理加入其他有关国际组织。

7) 欧洲主要展览中心协会

欧洲主要展览中心协会于 1992 年成立,在 1993 年有 14 个成员,展场面积超过 200 万平方米,每年举办 800 多个展览会,约有 30 万个展出者。该协会建立宗旨是为参加重建新欧洲,具体的目标包括加强欧洲会展业以抵御亚洲和美洲的竞争,简化有关会展业的法规,协调展览技术标准等。

8) 亚太地区展览会议联合会

亚太地区展览会议联合会于 1989 年在韩国创建,目前有会员 24 个。它每年举办一次年会,在主席、副主席领导下,下设秘书处、章程委员会、会员委员会、使用标准码委员会、筹划指导委员会。秘书处设在韩国展览中心。其宗旨为通过密切合作,推动太平洋周边地区会展业的发展,提高会员的商业利益。出版物有 APECC 新闻通迅、宣传手册等。该联合会的资金主要靠会员入会费、会费、年费、出版物中的广告费来筹集。

除上述会展行业管理组织以外,国际博览会联盟(UFI)、国际展览会管理协会(IAEM)、国际园艺生产者协会(AIPH)和总部设在美国的贸易展览商协会(TSEA)都是著名的会展行业管理组织。

14.3.2　国际会展行业协会的职责

国际会展行业协会既是行业利益的代言人,也是政府跟企业进行沟通的最主要渠道。

一些欧美国家和个别亚洲国家和地区,政府管理会展行业的职能已经和会展行业协会紧密地结合在一起,他们共同合作、相辅相成。行业协会既是展览企业的代言人,也是贯彻政府意图,执行政府政策的可靠助手。国际会展行业协会的主要职能是:

1)制订行规,进行行业间的协调和管理

随着会展行业的发展与成熟,世界上发达国家的会展行业协会主要是利用市场机制和行规对会展业进行协调性的管理,其着眼点在于会展业的秩序、效益和发展。新加坡展览会议协会成立于1980年,其会员有专业展览公司、专业会议公司、场馆设施及其他展览服务机构。它的最主要职能就是行业管理和协调,一方面,它与政府密切配合,共同制订一套行业道德与行为规范,一旦有会员违反有关规定,就召集会议讨论解决,甚至提出制裁措施,以维持公平竞争的秩序;另一方面,在展览会题目、展出时间安排、摊位价格、展览会质量水准等方面,在会员单位之间进行协调,以更好地维护会员的正当权益。

2)对展览会进行资质评估

每年世界上展览会成千上万,这既造就了展览市场的繁荣,也难免良莠不齐、鱼目混珠。因此展览行业协会在这方面义不容辞地承担着对展览会的调查和评估的职能。会展行业强调展览会的名牌效应,从世界范围看,最有效地对展览会进行评估和资质认可的组织是世界展览会联盟(UFI)。该联盟的成员是建立在品牌展览会的基础上的。目前得到UFI资质认可的展览会有579个。世界博览会联盟对申请加入其协会的展览项目和其主办单位有着严格的要求和详细的审查程序,取得UFI的资质认可、使用UFI的标记便成为名牌展览会的重要标志。欧洲国家如英国会展业联合会则往往会要求会员对其展览会进行第三者审计,即聘请一家独立的审计公司对展览会的整体效果进行评估。法国则采取对展览跟踪调查的方法,一般调查要进行两次,一次在展出期间,就展览组织本身征求参展商的意见;另一次在展览结束后,就参展是否成功向企业了解,由此来获得对展览会的客观而公正的评估。各国评估方法虽各不相同,但目标都是共同的,即创造品牌展览会的声誉,更好地维护参展商、观众和主办者的利益。

3)培训专业人才,提高展会的水平和质量

会展业是一个有着广阔发展前景的行业,需要有很强的指导和专业人才的培养,展览协会在这方面承担着重要的任务。美国国际展览管理协会(IAEM)创造了一套系统完整的专业人才培养计划,通过课堂学习、工作实践、参与协会活动和考试等方式给予被培训人员各种机会,每完成一个专业测定后,协会将授予一个注册展览管理人(CFM)资格证书,以此来培养会展业的专门人才。而我国目前会展专业方面的人才人数、水平都难以满足国内急剧扩大的会展市场的需要。国内大专院校至今未闻有展览专业的设置,短期培训的课程也不多见。有计划、有层次地培训中国展览专业人员确实是未来中国展览协会的一大任务。

14.4　会展职业道德

14.4.1　职业道德概述

职业道德是人们在一定职业活动范围内所共同遵守的行为规范的总和。会展职业道德是会展参与者在会展活动中所应该共同遵守的行为规范的综合。

14.4.2　违反会展职业道德的行为

改革开放以来,全国各地更新、更大的展览馆不断展现在人们面前,各类会展公司也陆续出现,会展业推动着各行各业的综合发展,在不断创造经济效益的同时,创造着更多的社会效益。但是,在商品经济的浪潮中,会展行业群雄并起,市场竞争日趋剧烈,各种各样的场所遍地开花,许多违背会展行业职业道德的行为屡见不鲜,不能不引起重视。

1) 展览场所和价格无序竞争

有些市场、广场、体育场或未开张的商场等,为搞创收也成了许多"皮包"会展公司或会展专业户大显身手的地方,由于这些场馆并非专业展览场所,没有一整套的设施和管理方法及善后处理措施,租金便宜,办会率极高,成了正规展馆的不公平竞争对手。不停地举办各种换汤不换药的展销会,其中无证经营者有之,伪劣假冒商品有之,侵权商品有之,隐患不少。办展机构会举办山寨展会,虚假承诺品牌展会最佳位置,打折的价格,极具诱惑力,企业等到展会开幕才大呼上当。这类展会宣传推广中展览场地模糊不清,甚至不标识展馆。招展时口头上展览场地是与正规展会同一知名馆,报名表上则含糊不清,用很小的字体标识展馆名称(虚假展馆)或者在报名表上没有标识展馆,等到开展时却是另一个不专业办展的地方,简单搭建甚至没有搭建,效果谈何而来。

2) 背离办展宗旨倒买倒卖

有些名目繁多的"会""节"已经背离办会宗旨。有些展览会的组织者请来几家合资企业参展,打上外方招牌,就成了国际展,令各远道而来的观众啼笑皆非、无所适从。路边摊、大路货、无证摊贩,堂而皇之地挤进展馆,利用宝地借台唱戏,搞得面目全非,使合法参展厂商和与会观众大有上当之感。有些同类展览会在一个地区重复举办,有的则是一个展览会挂上几个不同的招牌招展,见机行事,尽管名不副实,反正只要能凑上一个会,就有钱赚。

有些会展的主办单位拿到批文后,就将摊位分别卖给几家招展个体户,结果有时一个厂家同时收到几份相同的招展书,或重复接待几个上门同招一个展览的人。有时几家为争客户,计较回扣,唇枪舌剑,争论不休,甚至搜刮定金,携款潜逃。有些规模高的博览会、洽谈会也被个别捧着铁饭碗的参展工作人员将寸土寸金的部分摊位转租给不具备条件参展的不法商人,转手倒卖为个人获利,以至于投诉不断,影响展会声誉。

3) 游击办展编造仿冒

有些完全没有办会经验和实力的各种公司巧立名目，利用各种途径，买来一个承包权，采取各式各样的"包装"，为展览会"乔装打扮"，挂上时髦的招牌，广告铺天盖地，打一枪换一个地方，成了名副其实的展览"游击队"。推销积压商品，以假充真、以次充好、短斤少两、浑水摸鱼，不少人成了展销的暴发户。而会后，许多花了冤枉钱被侵权的消费者，却纷纷要求讨个说法，讲个公道，此时"游击队"早已"南征北战"去了，投诉无门，展馆只好代人受过，蒙受不白之冤。还有的仿冒展会名称、展会 LOGO、展会工作人员名字、展会平面图、展会申请表甚至展会网站等编造主办单位。现在的展会一般都有行业协会或是权威机构作为主办单位，有些展览公司办展得不到主办单位的支持，就编造一个与有影响力的行业协会只有一字之差、子虚乌有的主办单位。而参展商不会注意到，仅这一字之差，实际上根本就没有这个单位。

4) 乱拉赞助乱评奖

有些展览会上各种各样的赞助也成了个别人的生财之道，只要出钱就可以上主席台参加开幕式，甚至剪彩，发表讲话。有些人利用展览会会刊广告、增刊广告大做文章，全方位征集，只要肯出钱，不管是否与该会有关，是否符合广告发布条件，只要征集越多，利润就越高。有些人利用展览会设立各种名目繁多的奖项，不经有关部门审批，没有专家小组考核，评奖成了卖奖，钱多就给大奖，钱少就给小奖。更荒唐的是有人掌握生产厂家求奖心切的心理，利用根本就没有办的展览会评奖骗钱。

以上各类丧失职业道德不合格的展览从业人员和涉及展览行业的各种团体和个人，他们的行为已极大地损害了会展业队伍的形象。

案例

违背会展职业道德的典型案例

××××公司注册与著名会展集团相似的新会展公司名称，并注册与某品牌展会相似的名称的新展会。虽然属于合法申办，但是展会名称打擦边球，既能通过相关管理机关审批，又能混淆参展商，让人产生误解。之后，租用简易廉价的会展馆作为办展地点，通过互联网或者从正牌展会中得到的名录，以传真参展邀请函或者电话邀请的方式进行招展，并以仅剩很少展位为诱饵，要求参展商尽快确定展位。招展函、参展申请表和展位图都与某品牌展会相关资料的内容及格式相似，仅仅做个别字符修改，让参展商误以为是某品牌展会。因为那些品牌展会的展位很紧张，有的参展商急着定展位而疏于防范，最后作出错误参展决定，没有取得参展的预期效果。虽然，这个会展公司、账户、展会都是合法的，合同和其他有效的文件上也没有任何可认定违法犯罪的内容，但是这种行径是严重违背会展道德的行为，是不利于会展业持续健康发展的。

讨论：该案例有哪些违背会展职业道德的具体行为？

14.4.3　会展职业道德建设

在我国,会展业的基本任务是以经济建设为中心,为社会主义物质文明建设和精神文明建设服务,归根到底就是为经济基础服务。其服务的根本目标是:促进与发展社会主义市场经济,促进商品生产和商品流通,促进社会主义物质文明和精神文明建设。会展业属于第三产业。它不同于物质生产部门的产品销售经营。它是以会展馆的固定建筑为基本条件,为社会各界提供会展场所,并为国家建设和满足人们物质、文化生活的需要,提供会展服务的劳动。

任何个人,在职业活动中都要遵守一定的行业规范,这是职业道德的具体体现。热爱本职、忠于职守、为人民负责是各行业道德的基本规范,但是每一种具体的职业又都有独特的不同于其他职业的道德要求。随着社会主义现代化的蓬勃发展,职业道德已处于越来越重要的地位。而会展业是社会主义事业的重要组成部分,它的健康发展除了需要增强整个城市的综合实力,配备先进的展览场地和设施,营造一个宽松、和谐有序能按国际惯例运作的展览环境外,还必须加强会展业的思想政治工作,培养全体会展从业人员树立良好的职业道德。

会展作为一种特殊商品,同时具备使用价值和交换价值,具备有形价值和无形价值,既有精神价值,又有物质价值,它同样应通过交换向社会和民众提供消费和服务。一方面通过商品展示的方式为供需双方提供展示、交流、洽谈、订货;另一方面通过各种政治文化展、成就成果展,提高全民各项素质,提供各种会展服务,同时推动着两个文明建设的发展。会展服务是会展活动的重要组成部分,也是实现会展目的的唯一方式。会展的价值和会展的使用价值,只有通过会展服务才能实现。因此,为观众服务是会展的宗旨,也是会展行业职业道德的综合体现。

会展服务的要求是以树立真心真意为顾客服务的思想,把观众和参展商作为“主人”“上帝”,满足他们对会展活动一切合理的要求。落实服务项目,制订服务计划,完善服务设施,建立服务网络,端正服务态度,加强服务管理,提高服务质量。展览会的主承办单位工作人员及全体参展人员都必须具备良好的职业道德,共同维护会展业的整体形象,推动我国会展业的健康发展。

在加强职业道德建设的同时,办展机构要帮助参展企业和潜在客户提高防范意识,指导这些企业做好以下几点:第一,必须谨慎甄选,尤其是那些初次参展的企业,更要擦亮眼睛,明辨真伪,选择有品牌的展会,并要求对方出示展会批文,明确展会时间、地点、主办单位信息,了解往届展会情况等,做多方考察方可作出决策。第二,在展会现场与参展企业工作人员取得联系,提供相应参展资料,保持与固定参展企业工作人员的联系,明确展会进度,提供更多展会信息,稳固与参展企业的关系。第三,提醒参展企业本品牌展会展位、展区、价格是相对固定的,不要听信“好的展位、折扣多多”等谎言;促进参展企业之间的相互交流和信息互换;提醒参展企业收到展位通知和付款通知后,要与主办单位再次确认账号及付款方式,防止受骗上当。

20 世纪 90 年代以来,国家有关部门相继发布了关于加强展览会、交易会,特别是商品展览会管理的有关规定,这些都是我国会展行业逐步走向规范化、制度化、科学化的有力保障,也是全体会展从业人员必须遵守的法规依据。让我们紧紧抓住 21 世纪世界经济一体化快速发展的历史机遇,共同维护会展市场的正常秩序,推进会展业可持续的蓬勃发展。

思考题

1.何谓会展职业道德?

2.违背会展职业道德的具体行为有哪些?

3.什么是会展行业管理?

4.国际展览局的性质和职责是什么?

参考文献

［1］张健康,任国岩.会展概论［M］.北京:高等教育出版社,2004.

［2］张健康.会展学概论［M］.杭州:浙江大学出版社,2013.

［3］马勇,肖轶楠.中国会展概论［M］.北京:中国商务出版社,2010.

［4］马勇.会展学原理［M］.重庆:重庆大学出版社,2015.

［5］马勇,冯玮.会展管理［M］.北京:机械工业出版社,2006.

［6］刘大可,陈刚,王起静.会展经济理论与实务［M］.北京:首都经济贸易大学出版社,2015.

［7］刘大可.会展项目管理［M］.2版.北京:中国人民大学出版社,2017.

［8］刘大可.会展营销教程［M］.2版.北京:高等教育出版社,2013.

［9］史国祥,贺学良.会展经济［M］.天津:南开大学出版社,2008.

［10］朱运海.会展旅游［M］.武汉:华中科技大学出版社,2016.

［11］张凡.会展策划［M］.武汉:武汉大学出版社,2014.

［12］华谦生.会展策划［M］.2版.杭州:浙江大学出版社,2014.

［13］华谦生.会展营销［M］.广州:广州出版社,2010.

［14］王春雷.国际城市会展业发展理论与实践［M］.北京:中国旅游出版社,2014.

［15］王春雷.参展管理:从战略到评估［M］.武汉:华中科技大学出版社,2016.

［16］王春雷,陈震.展览项目管理:从调研到评估［M］.北京:中国旅游出版社,2012.

［17］许传宏.会展服务管理［M］.北京:北京大学出版社,2010.

［18］韩小芸,梁培当,杨莹.会展客户关系管理［M］.北京:中国商务出版社,2008.

［19］龚平,赵慰平.会展概论［M］.上海:复旦大学出版社,2009.

［20］张丽.新编会展概论［M］.天津:南开大学出版社,2015.

［21］孙明贵.会展经济学［M］.北京:机械工业出版社,2006.

［22］邹树梁.会展经济与管理［M］.北京:中国经济出版社,2008.

［23］张红,郝庆智.会展概论［M］.2版.北京:高等教育出版社,2015.

［24］JeAnna Abbott, Agnes DeFranco,王向宁.会展管理［M］.北京:清华大学出版社,2004.

［25］张敏.中外会展业动态评估研究报告(2016)［M］.北京:社会科学文献出版社,2016.

［26］唐熹.城市产业结构对会展业发展途径的影响分析［D］.成都:四川大学,2006.

［27］赵春容.关于会展业与城市发展的认识［J］.西南科技大学高教研究,2006(2):8-10.

[28] 陈仲球.关于会展业与城市产业发展的互动效应分析[J].经济与社会发展,2008,6(6):27-30.

[29] 杜泽文,张伟伟.会展业对城市产业结构的优化路径研究[J].黑龙江科技信息,2016(30):295.

[30] 张建军.中部地区国际型会展中心绩效考核浅析[J].现代商业,2009(35):117.

[31] 葛永军,许学强,阎小培.中国城市产业结构的现状特点[J].城市规划学刊,2003(3):81-83.

[32] 袁勤俭.国际标准产业分类体系的演化[J].统计与信息论坛,2004,19(1):26-29.

[33] 方家,王德,谢栋灿,等.上海顾村公园樱花节大客流特征及预警研究:基于手机信令数据的探索[J].城市规划,2016(6):43-51.

[34] 陈波.地铁车站大客流组织措施[J].都市快轨交通,2015(3):20-23.

[35] 裴岩,于斌,付江.常态大客流背景下轨道交通恐慌奔逃事件探析[J].公安教育,2017(12):35-38.

[36] 余向洋,朱国兴,沙润,等.基于月度数据的景区客流预测优化研究:以黄山风景区为例[J].经济地理,2012(7):152-158.

[37] 黄粟."大数据客流分析系统"助景区智能管理[J].通信与信息技术,2015(5):26.

[38] 张欢.景区旅游高峰期游客分流优化控制管理:以喀纳斯景区为例[D].乌鲁木齐:新疆大学,2016.

[39] 李彬.2010年上海世博园区大客流状态下园外交通系统预警及应对方案[J].城市公用事业,2010(2):1-4.

[40] 王瑜,代宝乾.人员密集公共场所大客流预测预警[J].现代职业安全,2016(3):112-113.

[41] 李文辉.上海世博交通组织与管理一体化研究[D].武汉:武汉理工大学,2012.

[42] 李焘,金龙哲,马英楠,等.大型活动客流监测预警方法研究[J].中国安全生产科学技术,2012(4):75-80.

[43] 冷燕冰.社群的交互设计:场景需求下的连接变革[J].现代装饰(理论),2016(9):90-91.

[44] 张晓东,隋涌.基于使用场景进行任务需求分析的交互设计方法研究[J].北京印刷学院学报,2016,24(1):46-49.

[45] 周腾.体验式展示空间设计研究[D].长沙:湖南师范大学,2016.

[46] 齐宪臣.2014—2016年6月中国会展行业现状观察及发展前景分析研究报告[N/ON].中国经济网,2016-09-27.

[47] 潘建军.2016应是中国展览市场兼并收购转型年[N].中国贸易报,2016-03-01.

[48] 李婕.中国会展经济为何这么"火"(热点聚焦)[N].人民日报海外版,2017-06-07.

[49] 李臻.青岛啤酒节强势带动周边景区客流[N].中国旅游报,2011-09-19.